科技创新战略研究专项科技创新政策体系框架与重点方向研究（ZLY2015051）、科技创新政策理论与方法研究（ZLY2015059）、我国科技创新政策体系与未来发展方向研究（ZLY201621）项目成果

中国科技创新政策体系报告

《中国科技创新政策体系报告》研究编写组　编著

科学出版社
北京

内 容 简 介

本报告基于科技创新理论和我国科技创新政策实践，研究提出了科技创新政策的分析框架，进而对我国科技创新政策进行了类别划分。本报告在科技创新政策体系划分框架的基础上，以改革开放以来发布的政策原文为分析对象，对不同类别的科技创新政策进行了梳理和总结分析，描述了不同类别政策的发展脉络和政策重点，以期真实反映我国科技体制改革和国家创新体系建设过程中的政策发展情况和具体政策内容。

本报告可供科技创新政策制定者和研究者，以及高校相关专业师生参考。

图书在版编目(CIP)数据

中国科技创新政策体系报告/《中国科技创新政策体系报告》研究编写组编著.—北京：科学出版社，2018.5

ISBN 978-7-03-057595-1

Ⅰ.①中…　Ⅱ.①中…　Ⅲ.①技术革新-政策体系-研究报告-中国
Ⅳ.①F124.3

中国版本图书馆CIP数据核字（2018）第108315号

责任编辑：王　倩／责任校对：彭　涛

责任印制：赵　博／封面设计：无极书装

科学出版社 出版

北京东黄城根北街16号

邮政编码：100717

http://www.sciencep com

保定市中画美凯印刷有限公司印刷

科学出版社发行　各地新华书店经销

*

2018年5月第　一　版　开本：889×1194　1/16

2025年2月第六次印刷　印张：18

字数：350 000

定价：188.00元

（如有印装质量问题，我社负责调换）

前　言

科技创新政策是塑造创新环境和激发创新活力的重要条件。改革开放以来，伴随着科技事业快速发展和科技体制改革不断深化，我国在不同时期研究制定了大量的科技创新政策，尤其在21世纪以来更是密集出台了大量政策措施。2006年为落实《国家中长期科学和技术发展规划纲要（2006—2020年）》，各部门颁布了70多项配套政策及其实施细则。2012年，中共中央、国务院发布了《关于深化科技体制改革加快国家创新体系建设的意见》，各部门截至目前共出台了200多项改革政策文件。2015年以来，围绕创新驱动发展战略的实施，党中央国务院连续发布若干重要文件，包括：2015年3月，中共中央、国务院发布的《关于深化体制机制改革加快实施创新驱动发展战略的若干意见》；2015年9月，中共中央办公厅、国务院办公厅印发的《深化科技体制改革实施方案》，该文件部署了10个方面共143条的政策修订和制定。2016年5月，党中央、国务院发布《国家创新驱动发展战略纲要》，与此同时，各地方也根据国家发布的政策要求和精神，出台近2000个相关政策文件。

党的十八大明确提出，“科技创新是提高社会生产力和综合国力的战略支撑，必须摆在国家发展全局的核心位置”，强调要坚持走中国特色自主创新道路、实施创新驱动发展战略。当前，我国正处于实施创新驱动发展战略的关键时期，要求我们不断完善和优化科技创新政策，充分发挥政策体系的环境营造和创新激励作用。鉴于我国现有科技创新政策的丰富性和多样性，有必要对我国科技创新政策体系进行系统性梳理和分析，为政策分析、优化和决策提供整体性参考，提升政策制定的目的性和针对性。

为此，我们组织编写了首部《中国科技创新政策体系报告》。本报告基于科技创新理论和我国科技创新政策实践，研究提出了科技创新政策体系的分析框架，进而对我国科技创新政策进行了分类划分。本报告在科技创新政策体系划分框架的基础上，以改革开放以来发布的科技创新政策原文为分析对象，对不同类别的科技创新政策进行梳理和总结分析，描述了不同类别科技创新政策的发展脉络和政策重点，以期真实反映我国科技体制改革和国家创新体系建设过程中的政策发展情况和具体政策内容。本报告共分为六部分，十八章。第一部分为科技创新政策理论和实践，包括我国科技创新政策发展历程、科技创新政策理论发展及科技创新政策体系；第二部分为要素政策，包括科技投入政策、人才政策、科技创新基础条件平台与基地政策；第三部分为主体政策，包括企业创新政策、科研院所与高等院校政策、创新创业服务机构政策；第四部分为关联政策，包括产学研结合政策、促进科技成果转化政策、军民融合政策；第五部分为产业与区域创新政策，包括产业技术政策和科技创新区域创新政策；第六部分为创新环境政策，包括科技金融政策、知识产权与技术标准政策、创新国际化政策和文化环境政策。

本报告的编写由科学技术部组织，中国科学技术发展战略研究院牵头，清华大学和浙江工业大学参与研究。在本报告的研究编写过程中，我们得到了科学技术部政策法规与监督司（创新体系建设办公室）领导的多次指导，中国科学技术发展战略研究院领导多次参与本报告框架、主要内容等的讨论。本报告的审校工作由李哲、周华东、林娴岚负责。各章作者如下：第一章，李哲；第二章，梁正、陈佳；第三章，周华东、陈佳；第四章，周华东；第五章，郝君超；第六章，康琪；第七章，张赤东；第八章，周华东；第九章，李研；第十章，张赤东；第十一章，赵捷；第十二章，李研；第十三章，李哲；第十四章，杨洋；第十五章，杨洋；第十六章，陈衍泰、范彦成；第十七章，陈衍泰、范彦成；第十八章，郝君超。另外，朱丽楠和吴芳为本报告的出版做了大量工作。同时，我们得到了国务院各部门、行业协会、学术团体、科研机构、高等学校、企业等相关单位和专家的大力协助与支持，在此一并表示衷心的感谢。

《中国科技创新政策体系报告》研究编写组

二〇一六年十月

目　录

第三部分　主体政策

第六部分　创新环境政策

第一部分　科技创新政策理论和实践

第一章　我国科技创新政策发展历程

摘要：中华人民共和国成立以来，从“向科学进军”到“科学技术是第一生产力”，从“科教兴国战略”到“创新驱动发展战略”，我国的科技创新政策经历了从无到有、从点到面、从零散到系统、从中央到地方等不同维度的变化，已形成多主体、多元化、多层次的科技创新政策体系。这些政策的实施，对指导各类科技活动开展，促进科技与经济紧密结合，支撑国家科技创新能力稳步提升发挥了根本性的保障作用。科技创新政策发展过程中，始终立足中国特色的科技创新实践，将促进科技与经济紧密结合作为科技创新政策设计的一条主线；始终面向世界科技发展前沿，在不断深化改革开放中提高自主创新能力；始终借鉴吸收科技创新理论的新趋势、新观点，从线性创新、开放创新、协同创新等方面不断加强国家创新体系建设。

历史上，中华民族创造了光辉灿烂的科学文化，结合生产实践孕育出了丰富的科技成果。中华人民共和国成立以来，党和政府高度重视科技事业，为有效推动科技进步和创新，采取了颁布技术政策、实施科技计划、财政直接投入或补贴、税收优惠扶持、金融杠杆调节、政府采购、实行科技奖励和技术管理要素参与分配等方式，在科技人才、科技重点发展领域、科研机构建设、科研条件和基础平台、科技成果转移转化、国际科技合作等多个方面，陆续制定实施了大量政策文件。这些政策的实施，对指导各类科技活动开展，促进科技与经济紧密结合，支撑国家科技创新能力稳步提升发挥了根本性的保障作用。从科技政策到科技创新政策，我国已经基本形成体系完整、多层次的科技创新政策体系。整体上，我国的科技创新政策发展经历了五大阶段。

第一节　第一阶段：向科学进军

此时，国际上对科技政策制定的理念主要是基于线性模型，其代表是美国 1945

年发表的《科学——永无止境的前沿》。线性模型认为创新是一个单向的、顺序的、由多个环节构成的链条，这些环节从起始到终点的顺序是基础研究—应用研究—产品开发—生产与销售。政府负责基础研究，市场负责应用研究与市场化。我国的科技政策设计也重点关注基础研究、科技人员等方面。

“五四”新文化运动以后，一大批怀着“科学救国”理想的知识分子把近代科学的种子引到中国大地。他们使科学传播、科学教育、科学研究从无到有，从小到大，许多门类的学科、许多科研机构在我国落地生根（科学技术部，2009）。中华人民共和国成立后，科学技术事业进入了新的发展阶段，通过科学技术政策支持、引导和调整科技事业发展成为党与政府一项重要的使命。这个阶段，我国在科技政策方面开始了起步性的探索，坚定了基本的制度基础。

1949 年 9 月，在中国人民政治协商会议第一届全体会议上，通过了起临时宪法作用的《共同纲领》。《共同纲领》第四十三条规定：“努力发展自然科学，以服务于工业农业和国防的建设。奖励科学的发现和发明，普及科学知识。”

1954 年召开的第一届全国人民代表大会，第一次明确地提出要实现工业、农业、交通运输业和国防的四个现代化的任务①，1956 年又一次把这一任务列入中国共产党第八次全国代表大会所通过的党章中。1956 年，中国共产党领导的对农业、手工业和资本主义工商业的社会主义改造基本完成，为了集中力量发展经济，对技术能力的提高开始进入中央政府的议程。1956 年 1 月，中共中央发出了“向科学进军”的号召。同期，经过全国 600 多位科学专家的共同努力，中华人民共和国第一个科学技术发展远景规划，即《1956—1967 年科学技术发展远景规划纲要（修正草案）》成功颁布。从此我国的科学技术事业有了一个长期、全面的规划，这是我国科学技术史上的一件大事。1956 年《1956—1967 年科学技术发展远景规划》提出 12 个重点任务，对全国科研体制、人才用方针、机构设置等做了规定。在此基础上，根据我国社会主义建设的任务，并参照世界科学技术进展的情况，在 1963 年又制定了《十年科技规划》等文件。

1961 年 6 月，国家科学技术委员会党组和中国科学院党组提出《关于自然科学研究机构当前工作的十四条意见（草案）》（简称《科研工作十四条》），同年 7 月中共中央批准试行，后来被称为科学工作的第一部“宪法”，是第一个全面系统的科技政策文件。《科研工作十四条》中最重要的是知识分子政策，从对我国知识分子阶层做出正确的政治判断，到保障他们的科学研究工作条件，必要的选题自由度、科研

① 1963 年 1 月 29 日，周恩来在上海科学技术工作会议上讲话指出：我们要实现农业现代化、工业现代化、国防现代化、科学技术现代化，简称“四个现代化”。

机构中党的领导体制和责任。

在当时，科学技术活动基本上都是由财政支持开展的。有了科技成果产生的基础，对成果的评价就成为不可回避的政策议题。例如，1961 年 4 月 22 日，国务院发布了《新产品新工艺技术鉴定暂行办法》。

第二节 第二阶段：科学技术是第一生产力

约瑟夫·熊彼特在其 1912 年发表的《经济发展理论》中最早明确提出了创新概念及理论。从 20 世纪 50 年代中期到 70 年代中期，美国、欧洲和日本等国家和地区，在新科技革命浪潮的推动下实现了科技和经济的迅速发展。随着国际竞争的加剧，创新理论越来越关注如何在既有的资源约束下通过资源的合理配置与协调实现创新。创新理论开始关注科学技术与市场需求间的关联和互动，如双螺旋理论。这些创新理论强调，产业的形成发展是一个非常复杂的过程，无论是科学技术还是市场需求，都不可能成为产业形成发展的唯一决定因素，而是由二者共同发挥作用。

而同期，中国则经历着“大跃进”“文化大革命”等事件，严重影响着科技事业的发展，直至“科学的春天”的来临。这个阶段，国家从科技人员、科技投入、科研机构、产业技术等多个方面开展改革，并布局设计了各类科技政策，为科技活动的全面恢复提供了有力的制度保障，将科技这一关键的生产要素从沉闷的政治空气和僵化的体制中解放出来，进而支撑了中国经济此后 30 多年的高速发展。

1978 年 3 月，中共中央召开全国科学技术大会，邓小平在会上做了重要讲话。他明确指出“科学技术是生产力”，重申知识分子是工人阶级的一部分，是“为社会主义服务的脑力劳动者，是劳动人民的一部分”，强调“必须打破常规去发现、造就和培养杰出的人才”，把“尽快培养出一批具有世界一流水平的科学技术专家，作为科学、教育战线的重要任务”。该大会还通过了《1978—1985 年全国科学技术发展规划纲要（草案）》。由此，中国迎来“科学的春天”。一大批知识分子的冤假错案得以平反，大批知识分子重新回到教学科研岗位。国家科学技术委员会和地方科学技术委员会相继恢复。中国科学技术协会和专业学会积极开展工作。中国科学院大批划归地方的研究机构重新回归，并成立了一批新的科研机构。《中华人民共和国发明奖励条例》《中华人民共和国自然科学奖励条例》《中华人民共和国技术改进奖励条例》《中华人民共和国科学技术进步奖励条例》《中华人民共和国专利法》相继颁布实施。1982 年，党中央明确地把科学技术列为国家经济发展的战略重点，并提出了中国的科技事业应以“经济建设必须依靠科学技术，科学技术工作必须面向经济建设”为战略方针。“依靠”和“面向”战略的核心思想是促进科技与经济相结合，促进科学技术的生产力功能的发挥。这一期间的政策重点包括以下几方面。

第一，改革科技体制。1985 年，中共中央发布了《关于科学技术体制改革的决定》，全面启动了科技体制改革。《关于科学技术体制改革的决定》提出，改革的主要内容是转变科技工作运行机制，调整科学技术系统的组织结构，改革科技人员管理制度等。①在运行机制方面，要改革拨款制度，克服单纯依靠行政手段管理科研工作；②在国家项目方面，要引入经济杠杆和市场机制；③在组织机构方面，改变部门分割、行业分割等科研与生产脱节现象，提高企业 R&D[①] 能力；④在人事制度方面，推进人才流动。在这些措施的引导下，科技界以空前的热情投入到经济建设主战场。1987 年，国务院颁布了《关于进一步推进科技体制改革的若干规定》，在进一步放活科研机构，放宽放活科研人员管理政策，促进科技与经济结合方面提出具体措施。

1988 年，国务院颁布了《国务院关于深化科技体制改革若干问题的决定》，进一步明确了改革思路，同时强调积极推进各种形式的承包经营责任制，鼓励和支持科研机构与高等院校以各种形式直接介入经济领域，并支持集体、个体等多种所有制科研机构的发展；在智力密集地区兴办高新技术产业开发区，发展高新技术产业；大力推动企业和农村科技进步；积极推行各种形式的承包经营责任制。这是科技体制改革工作在认识和实践上的一次飞跃。

1992 年 8 月 27 日，国家科学技术委员会、国家经济体制改革委员会联合发布了《关于分流人才、调整结构、进一步深化科技体制改革的若干意见》，将科技改革的重点逐步转向结构调整和综合配套改革，尝试性地提出了“进行分流和调整的基本路子是稳住一头，放开一片”。“稳住一头”是希望稳住基础研究，稳住科技人员这支队伍。“放开一片”是继续鼓励科技工作面向社会，面向经济建设。这一阶段的政策措施，包括增加各级政府对科技活动的财政投入，优化科技投入的结构，推进院所管理制度改革，鼓励各类科研机构变为企业、进入企业、与企业结合，支持和扶持技术中介机构等。1992 年 8 月，国家科学技术委员会发布了《全民所有制技术开发型科研机构实行技术经济承包责任制暂行办法》，拉开了“放开一片”的序幕。

第二，设立国家科技计划。这阶段的科技政策，大部分是关于基础研究、高技术发展。例如，1982 年出台的“国家重点科技攻关计划”，这是中国第一个国家科技计划，面向国民经济建设的主战场，重点解决中国国民经济建设和社会发展中的

① R&D 指 research and development，即研究与开发。

重大科技问题。面向高技术研发、国家高新技术开发区、科技企业孵化器等活动，还设立了星火计划（1986 年）、863 计划（国家高技术研究发展计划，1986 年）、火炬计划（1988 年）等。1986 年 2 月，国务院批准成立国家自然科学基金委员会，支持基础研究，形成和发展了“项目”与“人才”两大资助板块；建立了以面上、重点、重大项目三个层次为主，一系列专项基金相互配合衔接的项目资助格局。

第三，制定实施产业技术政策。1986 年以后，中国形成了单独的技术政策制定方式，改变了以前一直与科学政策合在一起制定的局面。技术政策是编制科技发展规划、经济和社会发展规划，指导科技攻关、技术改造、技术引进、重点建设及产业结构调整和发展的重要依据，是中国顺利进行现代化建设的重要保证。技术政策与产业政策和经济政策既有联系，又有区别①。1986 年，国务院发布了能源、交通、通信、农业、消费品工业、机械工业、材料工业、建筑材料工业、城市建设、村镇建设、城乡住宅建设和环境保护十二个领域的技术政策要点，在全国予以贯彻执行。1986 年的技术政策的制定不仅形成了一批国家级的技术政策，而且推动了各部门、各地区技术政策的研究，许多部门已制定并实施了本系统的技术政策，有的地方也在制定本地区的技术政策，如《铁路主要技术政策》《林业技术政策》《公路、水运交通主要技术政策》等。内蒙古、江苏等地还制定了本地许多领域的技术政策。

第四，加强实验室、技术市场等载体建设。1984 年，国家发展计划委员会启动了国家重点实验室计划和国家重点工业性试验计划等；原国家经济贸易委员会于 20 世纪 80 年代初和 1982 年分别颁布的《国家重点技术发展项目计划》和《国家技术改造计划》，这些技术政策都体现了国家对技术发展基地的重视。这一时期技术市场的发展，已经有了一定的规模。1985 年 1 月，国务院做出了《关于技术转让的暂行规定》，1985 年 3 月，《中共中央关于科学技术体制改革的决定》中又进一步指出：“技术市场是我国社会主义商品市场的重要组成部分。”技术市场在中国的地位和作用得到充分肯定。技术成果商品化中的一些原则问题取得了重大突破，中国技术市场顺应改革的潮流迅速发展。

第三节　第三阶段：科教兴国战略

在经济全球化背景下，科技、教育、产业、贸易等领域不同创新要素的互动变

---

①　产业政策是跨行业的，主要回答经济布局、产业结构和各行业的比例关系等。经济政策主要包括价格、财政、金融和贸易等方面。纯属经济政策和产业政策的内容，不在技术政策中规定。技术政策大体包括发展目标、行业机构、技术选择和促进技术进步的途径与路线及措施四个方面的内容。

得更为重要，人们对创新活动的组织也有了更深的认识，创新系统、三螺旋等创新理论应运而生。1987 年，经济学家弗里曼分析日本当时经济的腾飞，他认为在缺乏技术和资金的情况下，通过政府的干预，如产业政策、技术贸易政策，迅速地使日本赶了上来。后期有很多经济学家从制度、主体等角度对创新体系进行了深化和阐述。例如，1992 年，丹麦经济学教授伦德瓦尔将国家创新体系定义为在生产、扩散与使用新的和经济上有用的知识的过程中各种成分及关系的相互作用。在此基础上衍生出了区域创新体系和部门创新体系的概念。相类似的还有三螺旋创新理论，其主要观点是搭建大学、企业和政府间的沟通桥梁，鼓励各主体间的互动与各自的混合发展。根据三螺旋创新理论，政策应着力于搭建不同主体间沟通的桥梁与平台，为系统内部的通信与合作研发打好基础。

1992 年，中国确立了社会主义市场经济体制的发展方向，要求科技政策围绕市场经济的发展进行调整。党的十四届三中全会发布的《中共中央关于建立社会主义市场经济体制若干问题的决定》，对深化经济体制改革做出了全面部署。科技体制改革作为经济体制改革的配套工程，将走向全面推进、配套实施的新阶段。1995 年 5 月 6 日，《中共中央、国务院关于加速科学技术进步的决定》颁布，表明中国将重点依靠科技、教育来推动经济发展和社会进步，《中共中央、国务院关于加速科学技术进步的决定》指出，“科学技术是第一生产力，科技进步是经济发展的决定性因素……要从国家长远发展需要出发，制定中长期科学发展规划，统观全局，突出重点，有所为，有所不为，加强基础性研究和高技术研究，加快实现高技术产业化。”1999 年召开的全国技术创新大会，发布了《关于加强技术创新、发展高科技、实现产业化的决定》，促使科技体制改革进一步深化。与创新大会相呼应，当时国家在全国技术创新大会前后出台了许多新的政策，如关于促进科技成果转化的政策，1999 年 2 月，国务院办公厅转发的科学技术部、国家经济贸易委员会等六部门《关于国家经贸委管理的 10 个国家局所属科研机构管理体制改革的实施意见》，其他有关于风险投资的意见，以及在 2000 年 6 月，国务院发布的《鼓励软件产业和集成电路产业发展的若干政策》等。这样，在 1999 年前后，形成了一股推动技术创新，发展高科技的高潮。2001 年，中国加入了世界贸易组织（World Trade Organization，WTO），对科技创新政策也提出了新的参考标准，在研发补贴、投资、税收、知识产权等政策方面需要进行对应的调整或新的设计。在前期基础上，这个阶段的政策重点则从科学、技术逐步拓展到创新领域，科技与经济的紧密结合成为科技体制改革和政策设计的一条主线，面向高技术发展、科技成果转化等领域出台了大量的财税、金融和产业政策。

第一，科技体制改革啃“硬骨头”。1999 年，以调整结构布局和优化科技资源配置为主要内容，以原 10 个国家局所属 242 个科研机构向企业化转制为突破口，中国科研院所体系进行了大幅度调整。国务院办公厅转发了科学技术部等部门《关于国家经贸委管理的 10 个国家局所属科研机构管理体制改革意见的通知》，对国家经济贸易委员会管理的内贸局、煤炭局、机械局、冶金局、石化局、轻工局、纺织局、建材局、烟草局、有色金属局 10 个国家局所属 242 个科研机构的管理体制改革。该通知要求，242 个科研机构按照实现产业化的总体要求，从实际情况出发，自主选择改革方式，包括转变成科技型企业、整体或部分进入企业和转为技术服务与中介机构等。2000 年，《关于深化科研机构管理体制改革的实施意见》等文件，从国有资产、税收、职工养老等多方面进行了政策配套。

第二，促进科技进步与创新的管理制度不断完善。财政部会同有关部门于 1996 年和 1997 年分别制定了《科技三项费用管理办法》《关于促进企业技术进步有关财务税收问题的通知》《科技周转金管理办法》《国家级重点新产品补助经费管理办法》《重大装备国产化创新研制项目贷款贴息资金管理办法（试行）》《电子信息应用贷款项目贴息资金管理暂行办法》《技术改造专项贷款贴息资金管理暂行办法》等；2002 年，财政部、科学技术部颁布了《关于国有高新技术企业开展股权激励试点工作的指导意见》；2004 年，财政部、科学技术部颁布了《应用技术研究与开发资金管理暂行办法》等相关的财政政策。这些政策的颁布和实施，有力地促进了技术政策的实施和执行。

第三，有利于科技创新的金融和财税政策不断颁布。该时期颁布的很多金融和财税政策都与当时的科技发展密切相关，这些政策的出台和实施都不同程度上促进了科技快速发展，而且随着市场经济的逐步建立，以金融和税收等手段来促进科技发展的形式也越来越占有较大比重，此时比计划经济时期单一靠行政划拨的支持方式有了很大调整和改进。其中，与科技密切相关的财税政策主要有：①1996 年，国家税务总局颁布的《关于促进企业技术进步有关财务税收问题的补充通知》；②1996 年，财政部、海关总署颁布的关于修订《科教用品报运进口免税办法》的通知；③1997年，国务院、海关总署颁布的《科学研究和教学用品免征进口税收暂行规定》。与科技密切相关的金融政策主要有：①1995 年，国务院颁布的《中华人民共和国预算法实施条例》；②1996 年，财政部颁布的《科技三项费用管理办法》《关于促进企业技术进步有关财务税收问题的通知》等。

税收政策的颁布起到的效果比较明显，因为这段时间与科技密切相关的税收政策比较多，如 1999 年，财政部、国家税务总局发布的《关于促进科技成果转化有关税收政策的通知》；1999 年国家税务总局发布的《关于国家经贸委管理的 10 个国家局所属科研机构转制后税收征收管理问题的通知》；1998 年，财政部、国家税务总局发布的《技术改造国产设备投资抵免企业所得税暂行办法》等。

第四，产业技术政策深入发展。2000 年，国家部委很多部门都颁布了与科技紧密相关的产业政策，其中包括：①国家计划委员会、国家经济贸易委员会颁布的《当前国家重点鼓励发展的产业、产品和技术目录》《关于深化改革建立面向行业的技术开发基地的意见》；②国务院颁布的《国务院关于印发进一步鼓励软件产业和集成电路产业发展若干政策的通知》；③国家经济贸易委员会颁布的《关于加速实施技术创新工程形成以企业为中心的技术创新体系的意见》。

2002 年，国家经济贸易委员会、财政部、科学技术部、国家税务总局颁布了《国家产业技术政策》《关于用高新技术和先进适用技术改造提升传统产业的实施意见》；2002 年，对外贸易经济合作部、国家知识产权局颁布了《关于加强对外贸易中的专利管理意见》；2002 年对外贸易经济合作部、财政部颁布了《出口产品研究开发资金管理办法》；2002 年全国人民代表大会颁布了《中华人民共和国中小企业促进法》；2003 年，国务院颁布了《关于加快科技成果转化、优化出口商品结构的若干意见》；2003 年，国家发展和改革委员会颁布了《关于办理技术改造项目〈符合产业政策的技术改造项目确认书〉有关问题的通知》等。

第四节　第四阶段：提高自主创新能力

从互联网到大数据、云技术，信息技术正在全面改变着经济、科技活动的组织模式，使创新的网络化、互动水平有了飞跃性的提升。以往的各类创新理论，往往围绕创新主体而进行，而在全球化的创新网络条件下，创新主体间的关联变为异常复杂的“巨系统”，创新过程的不确定性大幅度增加，政策的着力点需要更多面向如何激励资源的流动和整合。这个时期，创新政策的设计，在创新系统的基础上，又增添了创新网络、开放创新、协同创新等理念。

经过 40 年的改革开放，我国已经成为世界经济大国，工业化发展取得了巨大进步，制造业在全球形成了史无前例的影响。这种粗放型的经济增长模式在一定时期内是中国发展的必然选择，是客观、合理的。但当经济增长到一定规模后，这种发展方式就无法持续，并带来了一系列的矛盾和问题。在社会主义市场经济体制的框架初步建立后，2003 年 10 月召开的中共十六届三中全会通过了《中共中央关于完善社会主义市场经济体制若干问题的决定》，开始进一步深化财税、金融、投资等体制改革。2004 年，在中央召开的经济工作会议上，明确地提出“自主创新是推进经济结构调整的中心环节”的论断。2006 年 1 月，全国科学技术大会召开，发布了《国家中长期科学和技术发展规划纲要（2006—2020 年）》（简称《规划纲要》），以此为标志，预示了我国科技发展战略向自主创新的重大转变和调整。该《规划纲要》立足国情、面向世界，以增强自主创新能力为主线，以建设创新型国家为奋斗目标，对我国未来 15 年科学和技术发展做出了全面规划与部署、《规划纲要》提出我国科学技术发展的指导方针是自主创新、重点跨越、支撑发展、引领未来。这一方针，是我国半个多世纪科技事业发展实践经验的概括总结，是面向未来、实现中华民族伟大复兴的重要抉择。在这个阶段，经过前期积累，我国面向科学、技术的政策已涉及方方面面，创新政策正在快速形成，进入了更加注重协调、衔接的创新体系时代。

第一，科技创新政策体系初步形成。2006 年，全国科技大会召开以来，国家更加重视科技政策的制定和实施，有利于自主创新的科技政策体系正在形成，将为提高自主创新能力，建设创新型国家创造良好的政策环境。围绕着《规划纲要》的贯彻实施，国家层面出台了 78 条配套政策及实施细则，主要涉及科技投入、税收激励、金融支持、政府采购、知识产权保护、加强统筹协调、科技创新基地与平台、引进消化吸收再创新、人才、教育、科普十一个方面。这促进了国家科技创新政策体系的建设，形成了多层次、较为完整的科技创新政策体系，体现了科技政策与经济政策相融合、引导企业成为技术创新主体的特点。

第二，全面推进国家创新体系建设。2012 年，中共中央、国务院召开了科技创新大会，发布了《关于深化科技体制改革加快国家创新体系建设的意见》，全面部署了科技体制改革，围绕该意见的落实，各部门共出台了 200 多项改革政策文件，在中央财政科技计划管理改革、院士制度改革、科技奖励制度改革等方面，在新时期制定科技创新政策、发挥科技创新政策作用、科技创新政策执行与监督等方面已经取得了重大进展。

第三，优化宏观科技资源配置。2006 年，科学技术部发布了《关于国家科技计划管理改革的若干意见》，对国家科技计划体系进行了调整，形成了由重大专项和基本计划组成的新体系，突出了重点目标，进一步夯实了创新基础。例如，设立科技重大专项，突出国家重大战略需求；加强科技基础条件建设，发布了《2004—2010 年国家科技基础条件平台建设纲要》《关于开展国家科技基础条件平台认定和绩效考核工作的通知》等政策；完善政策引导类计划，加速了科技成果转化应用。

第五节　第五阶段：创新驱动发展战略

近年来，世界多极化、经济全球化、文化多样化、社会信息化深入发展，世界经济在深度调整中曲折复苏，新一轮科技革命和产业变革蓄势待发。从理论上来看，创新系统仍是政策框架涉及的主流。与此同时，治理理论、分享经济理论、包容性创新理论等理论也对创新政策制定产生着越来越大的影响。

我国经济发展进入新常态，处于经济发展方式转变和经济结构调整的关键时期，这要求进一步解放思想，加快科技体制改革的步伐，破除一切束缚创新驱动发展的观念和体制机制障碍，更充分发挥科技创新的支撑引领作用，让科技创新更加紧密地面向经济社会发展。从科技自身发展来看，经过中华人民共和国成立以来特别是改革开放以来的不懈努力，我国科技发展取得了举世瞩目的伟大成就，科技整体能力持续提升，一些重要领域方向跻身世界先进行列，某些前沿方向开始进入并行、领跑阶段，正处于从量的积累向质的飞跃、点的突破向系统能力提升的重要时期。从整体上看，国家整体发展对科技创新的期待和重托前所未有。

党的十八大以来，党中央放眼世界、立足全局、面向未来，做出了实施创新驱动发展战略的重大决策，把科技创新作为提高社会生产力和综合国力的战略支撑，摆在国家发展全局的核心位置，围绕实施创新驱动发展战略、加快推进以科技创新为核心的全面创新。2016 年 5 月 19 日，中共中央、国务院印发《国家创新驱动发展战略纲要》。2016 年 5 月 30 日召开的全国科技创新大会，习近平总书记提出了中国科技发展“三步走”的战略目标，吹响了建设世界科技强国的号角。这些任务的落实，需要健全科技创新政策体系，完善各项对应政策，最终调整形成新的生产关系，释放科技生产力。2015 年 9 月 25 日，《深化科技体制改革实施方案》的颁布，以构建中国特色国家创新体系为目标，围绕企业技术创新主体地位、激发科研院所和高等学校的创新活力、改革人才评价和激励机制、促进科技成果等 10 个方面进行了全面部署，提出了 32 项改革举措、143 项政策措施。综合 2012 年以来的政策措施，我国已全面进入了科技创新政策的阶段，既强调科技自身发展，又关注各类创新主体建设及其之间的协同、互动、开放，也围绕激励创新的公平竞争环境，将保护知识产权、制约行业垄断、改进市场准入、健全产业技术政策等作为未来政策完善的重要方向。

第一，提升企业技术创新能力。在充分发挥市场配置资源的决定性作用、引导企业加强研发的同时，以贯彻落实国务院办公厅《关于强化企业技术创新主体地位全面提升企业创新能力的意见》为主线，积极发挥政府的政策引导作用，加快推动以企业为主体、市场为导向、产学研相结合的技术创新体系建设。不断完善引导企业加大研发投入的机制，出台了《国家科技计划及专项资金后补助管理规定》《民口科技重大专项后补助项目（课题）资金管理办法》，引导企业按照国家战略和市场需求先行投入开展研发活动。完善和落实企业研发费用税前加计扣除等政策。扩大中关村国家自主创新示范区“1+6”相关税收政策的试点范围，做好相关试点政策在其他具备条件区域的落实工作。

第二，推进协同创新。重点围绕着深化科研院所改革和高校科研体制改革、促进民办科研机构发展、推动区域创新体系建设、完善军民科技融合创新体系建设、加强科技中介服务体系建设等展开部署，促进各创新主体协同发展，加速要素流动，提升国家创新体系整体效能，如发布《国务院关于加快科技服务业发展的若干意见》。

第三，加强资源统筹协调和开放共享。2014 年，中央以科技计划改革为突破口，发布了《关于深化中央财政科技计划（专项、基金等）管理改革的方案》等重要文件，从体制机制上为创新驱动发展战略的实施建立了良好的政策环境。

第四，完善人才评价和激励机制。重点围绕着深化科技评价和奖励制度改革、完善科技人才流动机制、推进院士制度改革等展开部署，充分发挥科技评价和激励的导向作用，改革和完善创新人才发展机制，以充分调动和激发人的积极性与创造性，真正做到人才驱动。制定《关于深化高等学校科技评价改革的意见》，推动建立激励约束并重，与科技、教育、经济规律相适应的评价体系，建立以创新质量和实际贡献为导向的科技评价机制。推进《国家科学技术奖励条例》及其实施细则的修订，加大对团队协同创新、青年人才和企业技术创新奖励力度，推进《社会力量设立科学技术奖管理办法》的修订，推动社会力量设奖有序发展。

第五，促进科技成果转化。重点围绕着加速科技成果转化展开部署，加强相关制度环境和服务支撑体系建设，完善相关法律法规和政策措施，打通成果转化通道，使科技成果转化为实实在在的产业活动和经济效益。例如，《中华人民共和国科学技术进步法》的修订实施，国家中长期人才规划、教育规划相继出台，使知识产权战略实施力度明显增强。科技与金融结合机制建立健全。

第六节　科技创新政策发展的主要特征

科技创新政策是国家公共政策的重要组成部分，是推进科技创新的重要工具。完善的科技创新政策，是实现创新驱动发展的基础保障，是国家创新体系的关键要素，直接影响着创新主体的发展及其相互关系，影响着国家创新体系整体效能和国家竞争力的提升。回顾60多年的发展，中国科技创新政策的发展呈现出以下几个特点。

第一，更加全面。改革开放40年来，历经经济体制改革和科技体制改革，中国科技创新政策不断积累和完善，已基本形成覆盖财政、税收、政府采购、金融、知识产权等各个领域和中央、地方多层次的政策体系。

第二，更加系统。党的十八大以来出台的科技体制改革举措涉及科技创新发展的方方面面，散落在不同文件之中。历次改革，特别是近年出台的《国家创新驱动发展战略纲要》《深化科技体制改革实施方案》等文件，把各项改革任务和政策措施串起来了，并进行了全面的贯彻落实。

第三，更加协调。在科技创新政策的制定实施中，更加注重系统梳理科技自身与市场、产业、金融、教育、人才等相关领域的改革举措，这有利于统筹布局，一体化推进。

第四，更具特色。从创新理论、制度发展的历史来看，往往基于发达国家的经验，中国改革开放以来的创新活动具有鲜明的中国特色，随着创新驱动发展战略的实施，将激发出更旺盛的活力。因此，完全有必要、有条件不断探索总结基于中国创新活动的规律，形成有中国特色的科技创新政策实践。

第二章　科技创新政策理论发展

摘要：基于对科技创新政策理论和发展历程的梳理与研究，提出科技创新政策就是为实现国家目标，政府能够而且已经实行的关于推进科学、技术知识的生产、扩散和应用的公共政策，其功能主要是通过政策手段影响创新对经济与社会发展的价值实现（如提升国际竞争力、提高生活质量、提供就业机会等），解决创新活动中面临的问题。科技创新政策具有系统性、协调性、多层次性、广领域等特征。

在经济与科技全球化的背景下，各个国家都将经济与社会发展竞争力聚焦在知识的生产、扩散和应用上，积极探索如何制定有利于科学研究、技术开发和商业化、创新创业的政策，以更好地引导和推进科学、技术与创新活动。我国正在探索提升科学技术创新能力、增强综合国际竞争力的科技发展道路，实现从“科技推动经济发展方式转变”转向“创新驱动发展”的目标。创新驱动经济增长已成为新的发展范式。

第一节　科技创新政策的基本内涵

一、科技创新政策的概念界定

随着科技与经济的发展，科技与经济的关系在不断地变化，政府治理科技创新活动的新思路、新方法也不断涌现，推动着政策重点从经济政策向科学、技术与创新政策（science，technology and innovation，STI）的演变（方新，2001）。

科技创新活动包括科学、技术和创新三类，其本质上存在差异但又紧密相关。伦德瓦尔（Lundvall and Borrás，2006）把科学、技术和创新政策定义为“为实现国家目标，政府能够而且已经实行的关于推进科学、技术知识的生产、扩散和应用的公共政策”。科技创新政策是以创新为核心的有关科学、技术和创新政策的统称，可以分为科学政策、技术政策和创新政策，但不是三者的简单叠加，存在内在有机联系。

科技创新政策的内涵体现在以下几个方面。第一，科技创新政策涉及多个不同领域，并与贸易、金融、财政、外资等广泛的产业政策相联系；第二，从广义视角理解创新，即不仅仅是科学技术层面的创新，还包括组织与管理等方面，如传播网络的创新、商业模式的创新、服务方式的创新及渠道的创新等；第三，科技创新政策强调内在的协调一致，即以创新为核心的相关政策的有机整合。

科学政策、技术政策和创新政策均着眼于国家创新体系中的不同部分，其政策目标、作用对象等也有很大差异。

（1）从政策着力点来看，科学政策关注如何产生科学知识，为创新提供知识来源；技术政策关注技术知识的进步与商业化，促进产业技术进步和技术革新；创新政策主要是解决运用知识创造价值的问题，关注如何提供好的环境和机制促进创新绩效（表2-1）。

表 2-1　科学政策、技术政策与创新政策之间的区别

比较要素	科学政策	技术政策	创新政策
定义	反映国家根本目标，主要涉及基础科学的研究、科学经费的拨款、科研组织管理、科研成果的推广应用和国际科学交流与合作	规划和指导技术的发展方向、目标和任务，是一个领域技术发展和经济建设进行宏观管理的重要依据	一国政府为促进技术创新活动的产生和发展，规范创新主体行为而制定并运用各种直接或间接的政策和措施的综合
目标	提高一个国家创造新知识、吸收新知识的能力	通过适当的、有计划的研究和开发活动来提高现有技术能力、更新技术体系，最终增强工业竞争能力	提高企业的技术创新能力，创造良好的技术创新环境与条件，通过缩短技术创新过程中从发现到商业化应用的时滞，加快科学技术成果转化
主要特征	大学和政府实验室的研究；基础研究；集中于大问题上，如空间问题、核能问题等	对创造战略性和通用性技术的支持，如信息技术、生物技术等，以及对信息技术企业的鼓励等	资助技术扩散，鼓励科学转移，以中小型企业为重点
研究内容	国民安全与纯科学、科学经济发展政策，科学服务政策，科学教育政策，科学发展政策	技术产业政策，技术贸易政策，技术进步与技术成果评价，技术信息和中介服务，技术环境政策	创新的需求政策，创新的供给政策，创新的环境政策

续表

比较要素	科学政策	技术政策	创新政策
政策评价	科学发展方向、趋势，科研人员，研发费用，科研机构，科研计划，论文、著作、引文，获奖成果、学术影响力	技术引进（经费、转让情况，项目投入，国别、地区）、技术贸易（技术转让成交额、收入额、出口额，技术转让利益、成果转让收益、时间），技术扩散（数量测度、经济测度和社会测度）	创新的财政拨款（收益平衡、贸易平衡、发明率、创新率、营销率），创新的基础设施（就业、合约、合作方式、人才流动、传递渠道），竞争和规则的条件（创新数目，专利、许可证平衡，创新倾向，公共投资产品的规模与本质）
政策工具	科学预测、科学规划，同行评议，项目评估、选择、验收，文献计量学，科学活动评价与分析	技术预测，技术预见，技术评价，技术发展蓝图	公共企业、科技、教育、信息、财政、税收、法制、政治、购买力、公共设施、商务、海外机构
研究趋势	基础研发，科学教育，选择性、前瞻性科学领域，国际化	有针对性的研究，研究与开发合作，知识产权保护，管制，环境问题，优惠采购	创新的系统方法，网络建设，中间产品的开发，区域化、分散化，培育企业能力与资源

资料来源：Lundvall and Borrás，2006；陈劲，2013。

（2）从供给与需求的区别来看，科学政策与技术政策集中在科技研发的供给方面，而创新政策更多地强调科技发明的商业化，更多考虑的是需求方面。

（3）从政策过程的视角来看，科技政策与创新政策在政策过程的各个环节中政策表现不同，面临的政策挑战也不同。

二、科技创新政策的功能

苏塞克斯大学绍特提出科技创新政策应当通过作用于整个创新链条来刺激投资，从初始发明、改进创新到应用扩散，并为创新提供方向①。

（1）科技创新政策应当通过作用于整个创新链条来刺激投资，从初始发明、改进创新到应用扩散。政策应超越 R&D 经费支持和优先发展特定技术路线的传统思维，转而支持持续完善和系统自身的革新，开发新的服务和组织模式、满足社会与

① Schot J. 2015-04-23. Moving Innovation Policy from a Competition to a Transformative Change Agenda. Beijing: Tsinghua University. ［2016-08-28］。

经济方面的挑战。创新为参与其中的不同主体带来了高度不平等的风险和收益，需要确保所有社会主体都能获益，不仅仅是企业，还要包括国家和公众。

（2）科技创新政策应当为创新提供方向，包含前瞻性的预见、创新实验、培育新制度、融合多种专长和技能。

第一，前瞻性的预见。技术变革的非线性性质使技术预见极其困难。为此，技术预见必须是一个持续的、覆盖创新链全部环的工作，它还必须是考察技术和社会过程的工作。把尽可能广泛的关于未来的设想与期待之声包括进“预见”，使“预见”成为指示投资决策方向有效工具的重要环节。2010 年以来，英国越来越强调前瞻能力和对未来的瞭望（horizon scanning）。

第二，创新实验。新技术中并不缺乏示范性工程或者创新实验，然而它们经常是按照特定的形式组织的，集中关注技术方面的挑战，进一步的商业化、标准化工作则交给市场（二者区别见表 2-2）。因此，它们通常不适合探索和利用通过新技术来解决社会问题的契机，也难以在创新链上的后续环节中获取价值。我们应当允许更大规模的创新实验，打破现有壁垒，建立两者之间的联结，同时也要着手进行关于社会影响的实验。在科技创新政策层面，应该致力于构建相关行为方的合作体——市场、国家和民间团体等，为在更大尺度上实验新的解决方案提供许可，确保其长期稳定的推进。

表 2-2　示范性工程与创新实验的区别

项目	示范性工程	创新实验
起点	可能的解决方案	社会挑战（解决固有的社会问题）
问题本质	既定、明确	模糊、复杂
目标	识别解决方案（创新）	致力于社会转型变革
视角	短期与中期	中长期
方法	测试与示范	解释、探索与学习认知
学习方式	单领域、个体认知	多领域、合作（社会认知）
主体	研究人员、工程师等专业人员	多元主体及联盟
管理背景	传统项目管理	转型治理（聚焦社会转型目标）

资料来源：van den Bosch，2010。

第三，培育新制度。新的科技创新政策体系应当将国家、商业界、学术界和更广泛的社会主体凝聚起来，促进关于创新方向的对话和协商。在现有的科技创新政策体系中，一方面，通过科技创新政策和项目来开发新的技术机会。例如，R&D 经费支持和税收减免等，在英国由技术战略委员会或者现在的 Innovate UK 来推动。另一方面，也有相关政策用于商讨、控制和监管技术带来的负面影响。真正缺少的是规范化、惯例化的流程，推动社会性的学习，同时创造一种分担责任的文化。

第四，融合多种专长和技能。科学政策研究所（Science Policy Research Unit，SPRU）2010年以来研究表明，企业通过雇佣科学和工程学科的毕业生会变得富于创新性，而将创造性的艺术、设计技巧及技术方面的专业知识结合起来十分重要，该研究清晰地展示了融合不同的元素对数字集群取得成功的重要意义。要进行成功的创新，理学院、工学院和商学院需要跨越原有的专门人才职业发展路径，培养下一代的领导者，他们深刻理解如何有效地在跨领域、跨学科团队中工作，并以创新为目的，将技术和社会面进行有机的结合。

三、科技创新政策的决策主体与政策客体

1. 决策主体

公共政策是对全社会的价值做出的权威性分配，相应的，决策主体则是指政策利益相关者。一般来说，决策主体包括官方参与者、非官方参与者及思想库三类，即立法机关、行政机关、政党、利益集团、思想库、媒体和公民等不同的组织与个人。

科技创新政策是一种典型的公共政策，其决策主体既有一般性公共政策决策主体的普遍规律，也有科技活动的特点（苏竣，2014）。结合我国政治体制背景，我国科技创新政策决策主体主要包括行政决策部门、决策咨询机构、科技创新主体、社会公众四部分。

（1）行政决策部门。在我国科技创新政策决策过程中，各级行政部门拥有丰富的公共资源，行使社会管理职能，在决策中处于主导地位。行政决策部门包括国务院、相关部委、地方政府三个层面。

在国务院层面，成立国家科技教育领导小组，作为国务院议事协调机构，是行政系统中科技创新政策的最高决策机构。国家科技教育领导小组的主要职责包括：①研究、审议国家科技和教育发展战略和重大政策；②讨论、审议科技和教育重要任务及项目；③协调国务院各部门及部门与地方之间涉及科技或教育的重大事项。国家科技教育领导小组由国务院总理担任组长，小组成员由相关机构的行政首长构成，包括主管科教工作的国务院副总理（国务委员）、国家发展和改革委员会主任、教育部部长、科学技术部部长、工业和信息化部部长、农业部部长、财政部部长、中国科学院和中国工程院的院长等。

在相关部委层面，科技创新政策不是一个孤立的主体，而是社会大系统中的一部分，与经济政策、财政政策、金融政策、社会政策等密切相关，需要多部门的参与和统筹协调。在行政部门层面，科技创新政策的决策主体主要包括科学技术部、教育部、国家发展和改革委员会、工业和信息化部、财政部、中国人民银行等相关职能部门。例如，《国家中长期科学和技术发展规划纲要（2006—2020 年）》及其相关配套政策就是多个职能部门各抒所长、统筹合作的结晶。

在地方政府层面，我国政治体制的特殊性决定了中央层面出台纲要性的政策，而地方政府则需结合地方条件与特色对中央政策进行解读和再决策。地方政府在职能、职责和机构设置上会与中央政府保持统一与同构，具有“上下对口”的特征。因此，在科技创新决策过程中，地方政府也会设立地方层面的科教领导小组作为最高决策机构，同时由科技主管部门牵头，会同其他相关部门共同制定地方科技创新政策。

（2）决策咨询机构。在以“决策科学化、民主化”为目标的行政决策体制改革过程中，党和政府提出了完善决策信息与智力支持系统、鼓励发挥思想库作用等指导意见，相应的决策咨询机构则成为科技创新政策重要的决策主体之一。

决策咨询机构围绕国家、区域或行业的重点、难点和热点问题，发挥学科交叉和智力密集的优势，为行政决策部门提供信息和智力支持，主要包括以组织形式发挥政策影响作用的思想库和以个体形式提供专业化知识的专家两类。思想库是科技创新政策制定的重要参与者，可以分为官方的、半官方的、民间的、大学的咨询研究机构。在我国，中国科学院、中国工程院等思想库是科技创新政策的重要参与者。专家参与决策已成为我国科技创新政策制定过程中的常态，并逐渐形成了中国特有的模式，主要包括科学家、工程师、社会科学学者、法律工作者等。例如，在《国家中长期科学和技术发展规划纲要（2006—2020 年）》制定过程中，专门成立了专家顾问组，为国家科技发展战略提供政策建议与咨询。

（3）科技创新主体。科技创新政策的特征之一就是科学技术活动的承担者本身由于其对科学技术知识的掌握而参与政策制定过程中（苏竣，2014）。企业、高校、科研院所是科技创新活动的主要的、直接的承担者。在决策过程中，这些科技创新主体因其所涉及的经费、资源、优惠政策等形成政策建议，影响科技创新政策的制定。

随着市场经济的不断完善，企业成为国家技术创新体系的主体，企业以个体或者行业协会的形式，在科技创新政策过程中扮演政策参与的角色。例如，我国对于软件产业增值税的优惠政策，就是软件生产企业多次向有关部门反映软件生产过程的进项抵扣少，应当适当减少增值税而最终形成的政策文件（苏竣，2014）。高校和科研院所也会因其对基础科学知识、技术发展方向的专业性判断而影响科技创新政策的制定。

（4）社会公众。近几年来，社会公众在科技创新政策制定中的作用越来越显现，已逐渐成为决策主体中的一支重要力量，并将越来越深入地影响科技创新政策的制定过程。这主要是因为科技事务与普通公众的切身利益越来越密切，而且公众的科学素养也在不断提高，此外，随着我国公共决策机制的不断完善，公众参与公共事务的渠道和机制有所拓展。社会公众在参与科技创新政策决策过程中，一方面作为消费者的角色影响技术创新的扩散；另一方面则是作为利益相关者表达自身的利益诉求，进而影响技术创新的扩散。

2. 政策客体

政策客体，也称之为政策目标群体，是公共政策发挥作用的直接载体。在科技创新政策中，狭义上的政策对象是指直接参与科技创新活动的机构和个人，包括企业、大学和科研院所；科技创新政策最终是为了推动经济社会的发展，因此政策对象不仅包括企业、大学和科研院所，而且还包括科技创新活动的受益者——社会大众。

四、科技创新政策层级与类型

1. 政策层级

科技创新政策的政策层级可以从政策内容的本质特征和政策发生的层面两个维度来理解。

首先，从政策内容的本质特征来说，科技创新政策可以分为战略（或规划）、政策、细则三个政策层级。①战略（或规划）是科技创新政策主体在一个较长的时间阶段上所要达到的主导全局的根本目标及为目标的实现所做的资源配置和行动步骤的设想。②政策是科技创新政策主体对某一特定形势制定的行动路线，是具体的行动路线。③细则是为达到一定的战略目的，在一定的方向上和一定的时间内解决某一局部问题的行动方案。例如，2006 年，国家科学技术大会召开后，先后颁布了《国家中长期科学和技术发展规划纲要（2006—2020 年）》《实施〈国家中长期科学和技术发展规划纲要（2006—2020 年）〉的若干配套政策》（简称《配套政策》）和

《配套政策》的实施细则。《规划纲要》《配套政策》及其实施细则就从科技创新政策内容的本质特征方面体现了政策的三个层级。《规划纲要》指出了 2006 ~ 2020 年科学技术发展的指导方针、发展目标和总体部署，提出了未来 15 年科技发展的蓝图和布局；《配套政策》则从科技投入、税收激励、金融支持、政府采购、引进消化吸收再创新、创造和保护知识产权、人才队伍、教育与科普、科技创新基地与平台、加强统筹协调十个方面明确了促进《规划纲要》实现的行动路线；《配套政策》的实施细则则是对《配套政策》的进一步细化，是具体的行动方案，如围绕政府采购问题就详细制定了《国家自主创新产品认定管理办法（试行）》《自主创新产品政府首购和订购管理办法》《自主创新产品政府采购预算管理办法》《自主创新产品政府采购评审办法》《自主创新产品政府采购合同管理办法》《政府采购进口产品管理办法》等实施细则。

其次，科技创新政策的行政决策主体包括国家层面、部门层面和地方层面，相应的其政策层级也体现为国家政策、部门政策和地方政策。具体来说，①国家政策是科技创新政策体系中总的或具有统摄性的政策，对其他各项政策起指导和规范的作用，是其他各项政策的出发点和基本依据，是科技创新政策主体用以指导一定历史时期全局性行动的高度原则性的指针。②部门政策是指科学技术部等职能部门为贯彻国家政策而制定的行动方案和行为准则。③地方政策是地方政府结合地方实际为贯彻国家政策和部门政策而制定的具体的行动方案和实施细则。例如，中共中央、国务院颁布了《中共中央国务院关于深化科技体制改革加快国家创新体系建设的意见》，就深化科技体制改革、加快国家创新体系建设提出指导意见，而作为科技创新政策的执行者，地方政府则需要制定具体的行动方案，如《中共北京市委北京市人民政府关于深化科技体制改革加快首都创新体系建设的意见》。

2. 政策类型

在政策类型方面，学者、政府的实践者对目前的科技创新政策有不同的分类标准。按照政府干预目的的不同，可以分为纠正市场失灵的政策和弥补系统失灵的政策；按照政策对象的不同，可以分为对创新主体、创新行为和创新环境的政策；按照政策作用的不同，可以分为供给侧政策、需求侧政策和环境侧政策；按照政策作用维度的不同，可以分为纵向政策和横向政策等。例如，按照“问题导向”的思路，可以将中国科技创新政策分为提升创新主体能力、促进科技创新活动、促进创新主体互动、完善科技公共服务、营造市场环境五个方面。

第二节　国际科技创新政策的发展趋势

一、创新治理：治理体系与治理能力是核心要素

在新的发展阶段，我国正在推动国家治理范式的转型，强调国家治理体系建设和治理能力现代化。作为国家治理的重要组成部分，创新治理是国家治理在科技创新领域的具体体现，指的是用治理的理念和方法来对科技创新活动进行管理，强调多元参与、民主协商和依法治理。

薛澜（2014）认为国家治理包括基本政治制度、价值体系、治理体系和治理能力四个维度。具体应用在创新治理领域，主要体现在以下几个方面：①基本政治制度指的是在我国国体和政体框架下，约束、引导科技创新活动开展的基本准则，反映我国科技领域的基本国情；②价值体系与基本制度密切相关，体现科技创新制度安排的价值目标；③治理体系指的是治理结构的静态属性，关注各个参与主体的目标、约束和制度环境，是创新治理参与主体及其角色、功能、相互关系、运行机制的综合图景；④治理能力是指国家拥有的与科技创新活动相关的智力资源、配置方式和有效使用的能力。基本制度和公共价值具有国别差异特征，强调嵌入国家政治体制，而治理体系和治理能力则具有工具理性特征，不同的政治体制下仍具有一定的可比性，可以相互学习与借鉴。治理体系和治理能力是创新治理的核心要素。

首先，在治理结构方面，近年来主要发达国家都加强了国家创新治理体系的顶层设计，明确国家创新治理体系建设的思路、目标、重点和政策举措并加以有序推进，形成具有多主体、多层次、分工协同等特征的治理结构。为保证创新战略与政策的有效实施，主要发达国家在国家层面上均加强了对科技创新活动的治理，提高了顶层设计与统筹协调的力度。例如，俄罗斯成立了由总统亲任主席的经济现代化改革和技术发展委员会（战略决策机构），由总理担任主席的俄联邦政府高技术与创新委员会（具体执行机构）；芬兰将科技政策委员会更名为研究与创新委员会（2009年），负责芬兰科技政策及国家创新系统整体的战略开发与协调。印度成立了国家创新委员会（2010年），负责制定十年创新路线图，并推动在各邦和行业层次建立创新委员会。德国设立了研究和创新专家委员会（2006年），受联邦政府委托展开研究并定期发布报告，就德国的研究、创新及经济增长向联邦政府提供建议。有学者对主要创新型国家的国家层面创新委员会的比较研究发现：除了政策建议、创新协调与联合规划这三种传统模式之外，创新委员会越来越从传统的政策制定机构（包

括研究预算的分配）和协调机构开始向咨询机构转变，也包括了为协作创新提供建议；另外，创新委员会也从部长参与的机构或由首相（总理）主导的机构向独立的专家组织转变，独立性和自主性更强。

其次，创新政策绩效首要取决于政策制定的科学化。科技创新活动具有复杂、动态、高风险等特征，科技创新政策制定需要政策专家与智库的知识支撑。主要发达国家在创新治理过程中，均高度重视科技领域的智库建设，大力推动决策科学化。例如，在国家层面建立科技决策咨询委员会等机构，通过制度安排完善决策机制，畅通决策参与渠道等，强调决策的科学化与民主化，提高效率、降低风险、平衡利益。

最后，治理的有效性很大程度上依赖于治理工具的选择。科技创新过程呈现出复杂、动态、相互依赖的特征，在治理工具选择与应用上也更加注重系统性。

二、政策设计：注重着力点的多维度与有效性

1. 转变政策理念，促进政策设计从综合性转向专业化

政策设计首先要解决的问题就是明确区分不同政策的目标、手段及作用客体。在科技创新发展初期，科技创新活动面临着多种障碍和不足，各国政府往往通过综合性政策试图为创新发展提供一个问题解决的框架。但由于政策手段的作用维度和功能不同，政策效果并没有实现政府预期，甚至加重了科技创新活动的困境。这就需要转变政策设计理念，从不区分政策目标或者政策对象，而是混在一起（“鸡尾酒疗法”）的理念转向更有针对性、目标更明确的政策（“点菜式”的政策），即从注重综合性政策向专业化政策转变。

2. 掌握创新政策着力点的共性特征

Atkinson 和 Ezell（2015）在研究中总结了国家创新成功的六项原则，即政策着力点的共性特征，主要体现在以下几个方面。

第一，科技创新政策应该关注各个行业的创新最大化。为了推动创新发展，政策制定者往往将政策着力点集中于高技术产业和高附加值的产品。这种对高附加值产品的盲目追求源于坚持“国家可以通过转变产业结构来实现经济增长”的传统观点。但近年来的例证表明，高科技产业转型并不是使经济增长最大化的关键，有限的几个创新导向产业的发展并没有提升国内各行业的生产力和创新能力。各个领域

如农业、零售业、物流和商业服务等传统行业的创新才是主要推动，即“生产力的全面提升”才是经济增长的关键。

麦肯锡公司全球研究中心 2010 年的报告中指出，那些坚持生产力全方位提升和整体创新的发展中国家，在经济上有着更好的表现。这些成绩突出的国家并没有一组偏好的行业组合（如某些高新技术产业等），但其国内各领域的企业在整体上有着更高的生产率。以印度为例，其部门内部的创新效应对 1999～2008 年劳动生产率增长的贡献率约为 5%，而再分配环节仅占 0.3%，这表明超过 94% 的劳动生产率增长来源于生产力的全面提升。基于此，乌干达在 2012 年发布的《国家科技创新规划》中突出强调发展横跨农业、能源、服务业及信息产业等领域的广泛科技创新政策①；肯尼亚在其核心技术城市孔扎授予创业企业多领域发展的许可，包括农业、手机银行和其他信息通信业务等②；而加纳则建立了农业论坛，吸引农民加入，并整合系统内的创新要素帮助他们进行创新（Opare-Atakora et al.，2014）。

总而言之，尽管普遍意义上的制造业及某些高新技术产业是创新的重要组成部分，但创新的最大化仍然需要各个行业的整体发展。

第二，科技创新政策应该支持创新的各个类型和不同阶段。为了使科技创新政策更加有效，政策制定者在着眼各个行业的同时还需要考虑创新价值链上的各个节点：不同类型的创新及发展的各阶段。创新可以在最初的概念设想、研究开发、成功转化到最终的扩散和使用阶段等许多环节中发生。高效的创新体系需要各个行业内的机构在各方面都进行创新，而非仅仅依靠高新技术产业几款产品的开发。

科技创新政策需要面对许多方面的挑战，它更倾向于通过增强创新和发展生产力的方式来解决问题。例如，政府在制定采购方案的时候可以向鼓励创新的方向倾斜；在对企业进行征税时，可以利用税收优惠鼓励企业增强自身的创新能力和贸易竞争力；在科学政策上，政府可以倾向于引导可商业化的研究，满足行业对创新的实际需求，即科技创新政策应是整体性、一贯性的，协调科学研究、技术商业化、信息通信产业、教育与职业培训、税收、贸易、知识产权保护、政府采购及治理规范等诸多方面的政策，以一个整体的形式运转，为促进依托创新的经济增长服务。

第三，允许搅局者和颠覆式创新出现。要允许“破坏式创新”的产生。在科技创新活动中，政府不仅要鼓励在现有的主导经济活动中进行增值性创新作为补充和

① Ministry of Finance Planning and Economic Development（Uganda）. 2012-03. National Science, Technology, and Innovation Plan 2012/2013 – 2017/2018. Available at http://education.go.ug/files/downloads/STI%20PLAN%20Final%20April%20.pdf［2016-08-28］。

② 详情参见 http://www.konzacity.go.ke/the-vision/master-plan/。

改进，还需要包容市场新成员的颠覆式创新，尤其是在新领域的创新。当国家制定各种政策促进竞争的时候，它不仅让市场中的新成员可以通过颠覆式创新获取市场份额，还让现有的机构不得不做出响应，变得更富创新性，以保证在市场中的生存。通过支持富于竞争性的国内市场，新兴企业获得了快速增长的机遇，而成熟企业也会受到刺激，不断创新并提高生产力，而倾向于保护现有优势企业及特定行业的政府则会面临着生产力的破坏及潜在经济增长机会的丧失。

第四，保持生产资料，尤其是信息通信产品的廉价。创新过程需要机器设备和软件系统的配套支持，而其中信息通信技术尤为关键。这些方面的资本投入是创新的基本保障和强力推动，如果没有这些不断地投入，创新将会失去活力，生产力增长将陷入停滞，而企业的竞争力也会日渐衰弱。企业对固定设备的投入尤为重要，因为这会产生超越企业自身的溢出效益，使更大范围的经济活动得到增益。

对生产资料进行的投资会在经济过程中得到放大，因为这为下游对产品、工艺方法、营销手段及商业组织架构的创新提供了极大的便利，在信息通信技术方面尤其明显。事实上，许多经济学家认为信息通信技术是一项“通用目标技术”，因而它所产生的影响十分深远，并且不局限于少数行业，而是影响到几乎所有的领域（Atkinson and Mckay，2014）。海特和坦博尔在研究中发现公司对信息处理、信息设备及软件（information processing，equipment software，IPSE）的投入也是十分重要，产生的溢出效益几乎和这些公司自身的投资回报持平（Hitt and Tambe，2006），这也是为什么信息通信技术领域的投资会比其他的资本投入产生更多的生产力增长的主要原因。

第五，对关键性创新投入的支持。在创新过程中，不论是在创造阶段还是在扩散阶段，基础设施、良好培训的劳动力和知识库等关键性创新投入因素也至关重要。数据基础设施是创新的重要驱动之一，提供优质的教育是取得长期经济成功的基础，国家的科学研究政策是其经济活力的重要决定因素。

第六，制定国家创新和生产力提升战略并建立相关支持机构。政府在战略性支持方面有着重要的作用。如果国家制定一个精心设计的创新战略并严格实施，其作用会得到很大的优化。目前约有 50 个国家制定了其国家创新战略。在战略规划之外，许多国家也成立了专门的国家创新机构，专职负责促进国内的创新活动。此外，部分国家在科技创新政策上面临着相似的问题，如对科技创新高层次政策支持的缺失、频繁的制度变更及长期规划的不足、政府支持力度不够、执行过程中的不到位（如知识产权保护等）、缺少政府机构及各项政策之间的联动、引进消化吸收能力不足、科技创新融资方面的困难、缺少有效的政策评估等，这为新兴国家创新政策制定提供了借鉴与启示。

3. 理解创新主体的需求，注重政策设计的实效性

为了得到对创新需要的框架条件的理解，明确科技创新政策改善创新环境的关键方面，英格尔等（Engel et al.，2015）对来自不同国家的400名商业领导者进行了调查，获得一个自下而上的视角来评价创新政策。调查由以下三个主要的部分组成：确定目前公司在管理创新方面所面临的挑战；企业界代表就他们对本国创新的框架条件的反馈；商业视角对科技创新政策含义的综合理解。

调查结果显示，80%的被访查者表明其所在国家的环境能够让他们去追求创新的战略目标；超过60%的被访者认为政策措施在支持创新方面是“重要”或“非常重要”的；创新过程中急需改善的两个领域是进行原创性创新及与外部合作伙伴的联合创新；被访者着重强调了三个领域的政策，即支持未来市场的前瞻性立法、可预测的管理规范及国际监管的协调；参与对创新环境的改善建议包括制定优化创新的政策、提供创业相关的技能培训、提供更大的R&D基础设施支持（如实验空间及设备）及提供直接的财务支持。

然而，调查反馈的结果也反映出前瞻性引导及针对未来创新的支持引导仍然有待加强，仅仅关注当下是不够的。当调查者问及被访者对未来创新政策的期望时，他们给出了一系列建议，包括以下三方面。

第一，前瞻性立法。在新兴技术进入市场之前就通过立法为其进行充分的支持，这将成为保持良好创新环境可持续性的关键步骤，如为全自动汽车提供支持性的法律和管理办法等。

第二，可预测的管理规范。根据管理方面的考虑，为市场中的被访者提供接触有效的中长期规划的方法，同时保证政策执行和变更过程中的透明度，这样可以让公司恰当地校准其商业创新方向，减少长期投资的风险。这一点十分重要，可以确保商业发展得到稳定的支持，保障对创新投资的信心。

第三，国际监管的协调。在不同的地理区划或司法管辖区尽力提供始终如一的分类标准、限制条例、术语规范和支持措施等，可以有效保证创新成果向市场转化的平稳实现，同时监管的协调也减少了通过创新满足市场上某一特定需求所花费的成本。例如，许多国家的供暖、通风及空调设备有着统一的标准，这带来了极大的便利。在协同创新方面，超过60%来自新加坡、马来西亚及印度的被访者和超过40%的土耳其被访者认为政策应该增加在这一领域的支持性投入。此外，教育与技能培养的重要性也十分突出，被访者认为它和提供财力支持一样重要。政策可以通

过教育等方式增强创新所需的技能，尤其是在个人层面，而在公司层面，整体竞争力的增强也十分关键。面对在识别和选择合适的创新合作伙伴方面的重大挑战，政策措施在加强创新网络内的联系方面的作用也被认为是十分重要的。商界代表认为可以促进协同创新的三项首要的政策是支持性的投资、加强教育（包括个人技能方面和公司竞争力方面）及加强创新联系。值得一提的是创新管理并不仅仅是资金的发放和分配问题，更重要的一点是建立创新所需要的框架条件，让企业能够在其中发挥自己的优势。

4. 注重科技创新政策体系的多层次性设计与发展

科技创新政策应该是多维度的，要注重科技创新政策体系的特征，即科技创新政策的整体性和系统性。科技创新政策体系要注重政府、市场、社会之间的关系，要明确参与者（政府、研究机构、思想库、产业界、公众等）它们各自的角色、功能，以及在科技创新政策体系中所处的阶段或者位置，建立统一的话语体系。同时，健康的“政策体系”必定要在宏观、中观和微观的“纵向维度”上，有结构、有深度。从宏观层面来说，战略要明确，既要走向科技前沿，也要面向民众发展，核心是要强化原始创新和集成创新，而且创新过程中要注意低成本。从中观层面来说，科技创新政策体系要跟上，要结合自上而下和自下而上两种路径，允许科技创新政策体系的多元化发展。从微观层面来说，要明确科技创新政策体系的对象，要从创新主体的视角来进行政策设计，即政策究竟集中在什么方向能够产生更大的效益，怎么样向更合理的方向发展。如果企业不去创新，那么很多政策都没有用，而且政策要有度。

三、政策工具：注重多样性和组合效应

政策工具是实现政策目标的手段。为了深入推进创新活动的开展，各国政府在不断丰富、完善政策工具的种类，同时，更加注重政策工具的组合效应。实践证明，协调得当、目标明确且有配套制度的科技创新政策组合已被证实是有效的工具。

1. 新兴经济体创新政策工具选择

在促进企业对研发和创新进行投入方面，发达国家的政府有着广泛而有效的政策工具，包括直接或间接的手段，如制度上的设计及竞争性拨款，从供给和需求两方面入手的相关措施等。在欧洲，这类政策手段最为多元化，欧盟成员方根据各自

的需求制定其政策方案，而欧盟委员会则向所有成员方及其他欧洲国家的公司提供研发方面的政策性支持。最近的一项研究根据近十年来的欧洲创新局面，发现这一科技创新政策格局很大程度上促进了欧洲创新的繁荣。

相比之下，由于可调用资金更少，发展中国家的政府在科技创新政策上的选择更为局限。考虑到这些国家有限的财政收入及规模庞大的非正规经济活动，它们在应对市场失效的时候更加无力。创新过程中知识扩散和吸收的环节更为重要，因而发展中国家在科技创新政策的侧重点上与发达国家有所不同。

新兴经济体的政府无法像发达国家那样大规模地采用税收减免、政策补助及政策性采购等方式来支持创新，因而这些国家的公司大多需要依靠自身的力量来建立技术知识储备。相比于在研发上进行大力投入，这些公司更倾向于通过承接国际技术转让并进行适应性改进来获取利润。转让手段包括了重要商品的进口、转承包合同、技术援助项目、技术许可、国际标准认证及对国内的外资直接投资等。

一个新兴经济体的科技创新政策的内涵必定是多层次而复杂的，其包含了教育政策、产业政策、国际贸易政策及其他一些体制改革等方面。考虑到有限的预算，大多数国家都不得不进行艰难的抉择，选择合适的方向，将自身的人力资源、自然资源及比较优势进行充分的利用，而在与其他国家合作的时候也需要巧妙地选择专业分工。

最终的政策组合将取决于国家更高一层的发展目标，同时也要与大部分的利益相关者保持一致，以增加成功的把握。因此，政府部门与私人企业之间的交流与合作就变得十分重要，换言之，科技创新政策的系统性需要进一步地加强。

2. 治理工具新变化对科技创新政策体系的挑战与影响

创新治理的有效性很大程度上依赖于治理工具的选择。科技创新过程呈现出复杂、动态、相互依赖的特征，在治理工具选择与应用上也更加注重系统性。

科技创新领域的治理工具往往可以从功能维度和作用层面维度两个维度来理解。在功能维度方面，可以分为规制类、经济类、“软”型等治理工具（Borrás and Edquist，2013）。规制类治理工具用于界定创新产品和创新过程的约束条件；经济类治理工具为创新产品和创新过程提供激励；“软”型治理工具是其他两类的补充，是一种自愿型工具，如建立公私合作伙伴关系实现利息共享、风险分担。在作用层面维度方面，可以分为供给、环境、需求等治理工具（苏竣，2014）。供给面、需求面政策分别直接对科技创新活动起到推动、拉动作用，环境面政策间接对科技创新活动起到影响作用。

科技创新政策内涵和功能的新变化决定了治理工具的动态调整。在实施创新驱动发展战略和创新治理背景下，治理工具应当体现出科技创新政策关注系统变革，以及兼顾鼓励投资、提供方向的特征，即治理工具应当包括激励型、规制型、引导型等工具①（梁正等，2015）。其中，激励型工具强调对创新行为的直接驱动；规制型工具强调对创新行为的干预和影响，如行为准则制定、制度环境建设等；引导型工具强调对创新行为的导向功能，如战略方向引导、需求偏好塑造（绿色、低碳）等。此外，在治理工具的选择上，要坚持问题导向（聚焦直接目标）和注重组合效应的原则，避免治理工具的简单重复或者冲突打架，形成合力，最大限度地激励、引导创新活动，规范创新行为，实现经济价值和社会价值的统一。

总的来说，随着创新活动的复杂多变，科技创新政策内涵正在发生较大的变化：从单一的关注市场失灵问题向关注系统变革和转型转变，具有鼓励投资和提供方向的功能，呈现出系统性、协调性与有效性、多层次性的特征，这对科技创新政策体系的建设提出了新的要求和挑战，是各相关领域需要关注和解决的热点问题。

① 梁正，陈佳．2015 年 8 月 15 日．中国科技创新政策环境研究。

第三章　科技创新政策体系：从理论到实践

摘要：从实践上看，科技创新政策体系是建设国家创新体系的公共措施，根据国家创新体系多要素、多主体、多环节和多层次的立体性特征，科技创新政策体系可分为六方面：要素政策、创新主体政策、关联政策、产业领域创新、区域创新政策、创新环境政策。

伴随着科技事业快速发展和科技体制改革不断深化，我国在不同时期研究制定了大量科技创新政策，为充分保障创新驱动发展战略的实施，有必要进一步加强政策的系统性，完善科技创新政策体系。

第一节　科技创新政策的概念与发展历程

对科技创新活动相关的政策措施有“科技政策”“创新政策”和“科技创新政策”等称谓。历史上，“科技政策”的使用频率最高，但是随着创新在政策体系中的地位越来越高，“科技政策”的称呼已不足以覆盖政府对科技创新的全链条政策行为。面对这种情况，有学者认为“创新”涵盖了科学和技术活动，可直接用“创新政策”来表达科技创新所有相关政策措施。但是，创新主要是科技在经济中的延伸，而科技还有很多经济之外的属性，如科技伦理、科学普及等，采用“创新政策”来统称“科技创新政策”是不充分的。从经济合作与发展组织（Organization for Economic Co-operation and Development，OECD）、世界银行等国际组织和英国、德国、日本等国的表述看，“科学技术与创新政策”（STI Policy）是当前最常用的统称，因为科技创新政策即体现了理论上的综合性和包容性，又体现了历史继承性。第二次世界大战后，科技创新政策先后经历了三个阶段，政策理论不断深化，政策措施不断多样。

（1）科技创新政策 1.0 版：第二次世界大战后到 20 世纪 60 年代末期，科技创新政策实践深受 V. 布什发表的《科学没有止境的前沿》的影响，认为科技创新活动按照“研究—开发—商业化”线性模型展开，政府重点支持前端基础研究即可，科技创新政策措施主要关注基础研究投入。

（2）科技创新政策2.0版：20世纪70～80年代后期，日本、德国经济快速崛起，基于其创新活动经验，诞生了以“链环模型”为代表的交互式模型，认为创新过程并不一定是单向线性递进的，基础研究并不必然转化为产品，政府需要在促进技术开发和商业化方面发挥作用。政策措施也扩展到税收激励、政府采购、鼓励技术转移等领域。

（3）科技创新政策3.0版：20世纪90年代以来，弗里曼在研究日本产业创新中首次提出国家创新体系概念，并发展逐渐形成了国家创新体系理论，认为创新活动是在特定制度环境中多主体互动的系统性行为。这为政策实践提供了系统性分析框架，政策视野大大拓展，更加关注创新主体间的关联互动和创新环境塑造。

第二节　科技创新政策体系的理论基础

随着科技创新在各国发展战略中地位进一步提升，系统构建科技创新政策体系已成为各主要国家和国际组织的重要关切议题。OECD在2005年明确提出“各个国家都需要一个科技创新政策框架，以引导政策理解、政策制定和冲突议题的解决”（OECD，2011），并围绕科技创新政策体系框架开展了大量工作。然而，从实践角度，构建一个科学合理、逻辑清晰、实践有效的科技创新政策框架，具有很大挑战性。其原因包括以下三方面：其一是科技创新政策内容涉及科技、教育、产业、金融等广泛领域；其二是科技创新政策对象涉及宏观的国家发展和安全层面、中观的区域和产业层面、微观的人员和设施层面；其三是专业性，如产业创新政策要结合产业发展特征及其特定科技创新规律。

鉴于这种复杂性，科技创新政策现有多种划分方法，最常见有两种：一是线性模型划分，即分为科学政策、技术政策和创新政策；二是功能面划分，即分为供给面政策、需求面政策和环境面政策。这两种划分方式具有清晰、简明的优点，但从实践应用角度难以全面覆盖当前科技创新政策越来越复杂多样的趋势。

科技创新政策实质是通过政策手段影响创新对经济与社会发展的价值实现（如提升国际竞争力、提高生活质量、提供就业机会等），解决创新活动中面临的问题。创新活动日益多元与复杂，其面临的障碍也呈现出不同的属性，科技创新政策需要应对的问题主要是市场失灵、系统结构性失灵、系统改革的阻力和无力。按照问题导向的思路，新古典主义经济理论和系统论的视角（表3-1），为科技创新政策体系的形成与发展提供了指引和理论基础。

表 3-1　创新活动面临的障碍

市场失灵	系统结构性失灵	系统改革的阻力和无力
1. 产出的不确定性与知识的公共物品属性所导致的 R&D 资金投入不足	1. 基础设施故障	1. 方向上的错误
2. 负外部性	2. 制度失灵	2. 需求不够清晰
3. “公地悲剧”	3. 网络失灵	3. 政策协调不足
	4. 能力不足	4. 反馈系统失灵

转引自：Sylvia Schwaag Serger. Innovation Councils-Effective Governance Mechanism or ‘Nice to Have’? 清华大学中国科学技术政策研究中心讲座 . 2015 年 3 月 1 日 .

从新古典主义经济模型看，科技创新政策的理论原点源于在科技创新过程中存在市场失灵。良好的市场机制会自动使创新活动的运行机制达到合理，但创新活动的核心要素是知识，知识活动的特点（如非损耗的；生产成本高、复制成本低；累积性；互补性；生产的不确定性等）导致市场机制在创新资源分配方面的无效甚至是失败，即存在市场失灵。这就需要政府通过政策的手段调节创新活动，干预市场失灵。

从系统论视角看，创新过程具有复杂性和动态性的特征，“企业不能在孤立状态中创新”，随之产生了创新系统的概念。在创新系统中，科技创新活动是不同的创新主体及其嵌入的环境相互作用，生产知识、促进知识流动和应用的一个有机系统。知识生产及知识在不同创新主体之间的流动，是创新系统研究的核心问题。创新活动的多主体特性，不同主体的关注点不同，很可能导致系统内知识流动的不畅和失效及系统失灵问题。科技创新政策能够解决科技系统结构式失灵问题，促进创新系统内知识生产与流动，提高创新绩效。

第三节　科技创新政策体系特征

政策体系不是一个简单的政策组合，而是指不同政策单元之间和同一政策内部不同要素之间的关联性及其与社会环境相互作用而形成的系统。结合科技创新活动而言，科技创新政策体系则应具备以下几个特征。

1. 科技创新政策体系的系统性

科技创新活动具有动态性和复杂性的特征，一方面是因为科技创新的主体多元化，涵盖了科研机构、高校、企业、中介机构等各类创新主体；另一方面是因为科技创新包括了从科学发现、技术开发、技术转移到产业化的完整链条。因此，科技创新政策体系的框架要具有系统性、整体性的特征，既要着眼于创新主体和创新链条，更要注重它们之间的相互作用，加强创新链条各环节和各类创新主体政策的衔接与配合，在此基础上发展和扩散新的技术（包括知识、技能和实体），如图 3-1 所示。

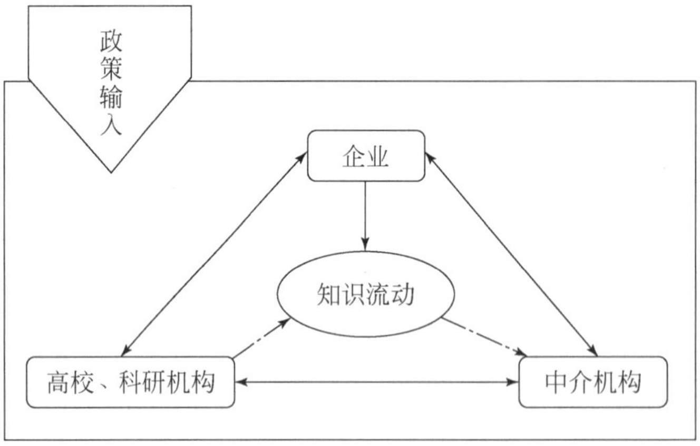

图 3-1　科技创新政策体系的系统性

2. 科技创新政策体系的协调性与有效性

科技创新政策体系既要解决科技知识活动中的问题，如配置资金支持科技活动、科技研究人才的培养、协调影响科技活动的相关政策等，也要解决运用知识创造价值的问题，如增加知识供给、完善市场框架与环境。因此，科技创新政策体系包括了多个传统的政策领域，与经济政策、产业政策等紧密联系，形成了涵盖多领域的政策体系。但组合的政策体系并不一定意味着会实现预期的政策效果。例如，为了激发企业的创新动力与活力，国家往往会打政策“组合拳”（税收优惠+财政资金+金融支持+……），但有的时候收效甚微。这一方面是因为各个领域的政策目标有时候并不一致，要加强各领域政策的协调，在财税政策、贸易政策、金融政策、投资政策、产业政策、教育政策中确立创新导向，形成目标一致的政策合力，避免政策打架、影响政策效应。另一方面是因为与科技创新政策体系的设计理念有关。科技创新活动的复杂性往往会使政策制定者更倾向于制定出综合性的政策，覆盖问题的各个维度，这就在一定程度上忽视了政策的目标导向，减弱了政策的有效性。因此，科技创新政策体系的设计应注重从综合性政策（“鸡尾酒疗法”）向专门化政策

（“点菜式”）的转变①。

3. 科技创新政策体系的多层次性

科技创新政策体系应具有多层次性特征。从纵向结构来看，科技创新政策体系从高层到低层分为若干等级，高层级政策是低层级政策的基础，低层级政策是对高层级政策的具体化，即其是一个覆盖宏观—中观—微观的政策图谱（图 3-2）。从宏观层面来说，战略要明确，在我国创新是两个维度的，既要走向科技前沿，也要面向民众发展，核心是要强化原始创新和集成创新，而且创新过程中要注意低成本。宏观政策不能事无巨细、硬性规定单一一套指标，而是更加原则一些，留给中间层次若干方案的选择空间，更加灵活一些，即根据执行情况加以“反省”和调整；宏观政策要留给中观、微观进行“自组织”的空间，是落实创新驱动发展战略的必要前提条件。从中观层面来说，科技创新政策体系要跟上，要结合自上而下和自下而上两种路径，强有力的中观政策不仅是宏观政策的落脚点，它还提供宏观政策“事前评估”的参考点。从微观层面来说，要明确科技创新政策体系的对象，要从创新主体的视角来进行政策设计，即政策究竟集中在什么方向能够产生更大的效益，怎么样向更合理的方向发展。如果企业不去创新，那么很多政策都没有用，而且政策要有度②。

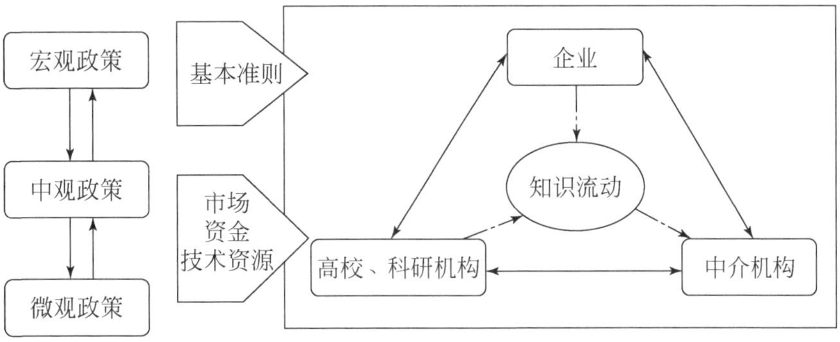

图 3-2　科技创新政策体系：宏观—中观—微观

从横向结构来看，科技创新政策体系应整合供给面政策、环境面政策、需求面政策。供给面政策强调公共政策对科技创新活动的推动力，指政府通过人才、信息、

---

① 薛澜. 2013 年 10 月 29 日. 科学政策，技术政策，创新政策的联系及演变——政策过程的视角. 科技创新政策体系建设专题研讨会. 北京：清华大学。

② 顾淑林. 2013 年 10 月 29 日. 科技与创新政策体系：理论认识与分析框架. 科技创新政策体系建设专题研讨会. 北京：清华大学。

技术、资金等手段直接扩大供给，推动科技创新发展的广度和深度；环境面政策强调政策对科技创新活动的影响力，具体指政府通过财政、金融、税收、规制等手段改善科技创新的环境因素，提供有利的政策环境；需求面政策强调通过政府采购等措施减少市场的不确定性，从而拉动科技创新（苏竣，2014），即供给面政策、需求面政策分别直接对科技创新活动起到推动、拉动作用，环境面政策间接对科技创新活动起到影响作用，如图3-3所示。

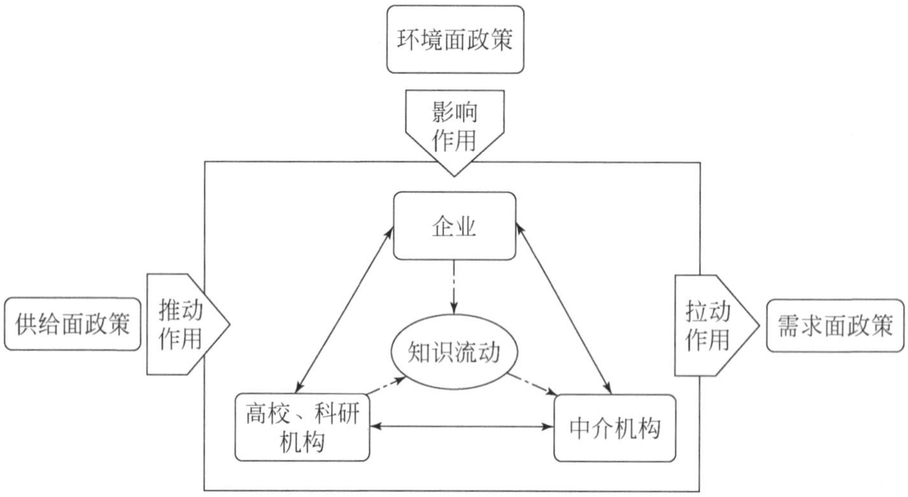

图3-3　科技创新政策体系：供给面—环境面—需求面

第四节　基于国家创新体系视角构建科技创新政策体系

综合以上理论发展来看，从系统论的视角能更好地找到构建科技创新政策体系分析框架的路径。OECD在《创新体系的治理》（OECD，2011）中提出，“系统论和演化经济学一直是分析创新的有效工具，在发展第三代科技创新政策中依然有效”。2012开始，OECD同世界银行共同建设专门的“创新政策平台”，也尝试使用国家创新体系理论来构建科技创新政策体系框架。在理论界，艾迪奎斯特等也认为，“理解科技创新政策的核心框架是国家创新体系，它为科技创新政策的问题分析和制定提供了参考和指引”。因此，为构建一套能有效指导政策实践且有坚实理论基础的科技创新政策体系框架，有必要回到国家创新体系的视角。从国家创新体系的角度看，科技创新政策体系就是政府干预国家创新体系运行与发展的行为和措施，它作用于国家创新体系的方方面面（图3-4）。

根据国家创新体系多要素、多主体、多环节和多层次的立体性特征，可以将国家创新体系分为六方面内容：①要素（点），人才、资金和设施设备等。②主体

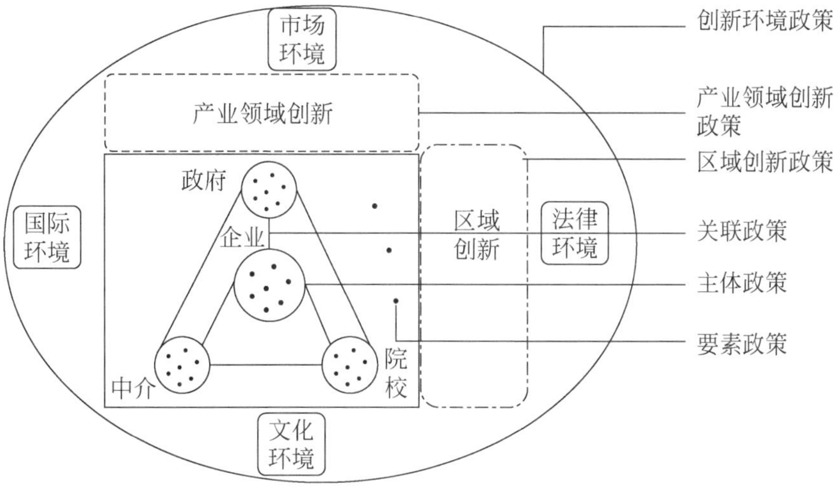

图 3-4　科技创新政策体系与国家创新体系的对应关系图

(圈)，由不同要素组成的特定功能体，包括企业、科研机构和创新创业服务机构等。③关联活动（线)，主体之间的互动关联。④产业领域创新（条)，创新要素和主体在特定产业领域内的积聚。⑤区域创新（块)，创新要素和主体在特定区域内的积聚。⑥创新环境（体)，创新活动发展的外部条件。

对应以上分类，科技创新政策体系包含六大类政策：要素政策、主体政策、关联政策、产业领域创新政策、区域创新政策和创新环境政策。伴随改革开以来的历次科技体制改革和重大科技发展战略的实施，我国科技创新政策体系不断丰富、完善。科技创新政策内容已经涵盖科研机构、高校、企业、中介机构等各类创新主体，覆盖从基础研究、技术开发、技术转移到产业化等创新链条的各个环节，包括财政、税收、金融、知识产权等多样化的政策工具。目前，具有中国特色的科技创新政策体系已经初步形成，涵盖要素、主体、关联、产业、区域和环境六大类的政策集。

（1）要素政策：包括科技投入、人才政策和科技基础设施政策。

（2）主体政策：包括企业创新政策、高校院所政策和创新服务机构政策等。

（3）关联政策：包括产学研结合政策、军民融合政策和科教结合政策等。

（4）产业领域创新政策：主要是针对特定产业的创新政策（如电动车政策)。

（5）区域创新政策：主要是针对特定区域的创新政策（如示范区政策、高新区政策等)。

（6）创新环境政策：包括市场环境政策、科技金融政策、国际化政策和文化环境政策等。

第二部分　要素政策

第四章　科技投入政策

摘要：广义的公共科技投入包括国家科技计划（专项、基金等）、科研机构运行经费、基本科研业务费、公益性行业科研经费和科研条件建设经费，后四类主要是针对机构的经费，在后续的科研院所等相关章节展开，本章重点讲述国家科技计划（专项、基金等）。改革开放以来，国家科技计划经历了从无到有、从有到多、从多到统的发展历程，目前共包含五大类：国家自然科学基金、国家科技重大专项、国家重点研发计划、技术创新引导专项（基金）和基地与人才专项。

根据《关于改进和加强中央财政科技经费管理若干意见》（国办发〔2006〕56号），我国中央财政科技投入主要分为以下五类：①国家科技计划（专项、基金等）经费，主要支持对经济社会发展、国家安全和科技发展具有重大作用的科学技术研究与开发；国家自然科学基金，主要支持自由探索的基础研究。②科研机构运行经费，主要用于从事基础研究和社会公益研究的科研机构的运行保障，结合科研机构管理体制和运行机制改革，逐步提高保障水平。③基本科研业务费，主要用于支持公益性科研机构等的优秀人才或团队开展自主选题研究。④公益性行业科研经费，主要用于支持公益性科研任务较重的行业部门，组织开展本行业应急性、培育性、基础性科研工作。⑤科研条件建设经费，主要用于支持科研基础设施建设、科研机构基础设施维修和科研仪器设备购置、科技基础条件平台建设等。本章主要针对国家科技计划（专项、基金等）经费，这些科技计划（专项、基金等）是以解决经济社会发展及科学技术自身发展的重大科学问题为导向，由政府组织进行科学研究和技术开发活动的基本形式与政策单元，是政府通过配置公共科技资源，支持创新活动的重要方式。

第一节　我国科技计划发展历程

（1）科技计划从无到有。1978 年 3 月，全国科学大会在北京举行，大会审议通过了《1978—1985 年全国科学技术发展规划纲要（草案）》（简称《八年科技规划》）。1982 年国家科学技术委员会和国家计划委员会把《八年科技规划》的主要内容进行了调整，选择农业、食品及轻纺消费品、能源开发及节能技术、地质和原材料、机械及电子设备、交通运输、新兴技术、社会发展 8 个方面的 38 个攻关项目，设立第一个国家科技发展计划——国家科技攻关计划（即《第六个五年计划科学技术攻关项目计划》）。国家科技攻关计划是国家指令性计划，它的出台标志着我国综合性科技计划从无到有，成为我国科技计划体系发展的里程碑。

（2）科技计划从有到多。国家科技攻关计划之后，我国陆续出台了一系列由国家财政支持的科技计划（基金、专项）（表 4-1）。2000 年前后，我国已经有 30 多个科技计划从不同角度支撑着国民经济和社会发展及科技自身发展的科技需求，这些计划相互补充，形成了一个有机整体，形成了具有中国特色的科技计划管理构架，即“3+2”体系。所谓“3+2”是指由三个主体科技计划［（国家科技攻关计划、863 计划、国家重点基础研究发展计划（973 计划）］和两大类科研环境建设计划（研究开发条件建设计划、科技产业化环境建设计划）组成的新型科技计划管理体制。2008 年，《中华人民共和国科学技术进步法》重新修订，科技计划投入有了更为明确的法律地位，其中第十六条规定“国家设立自然科学基金，资助基础研究和科学前沿探索，培养科学技术人才。国家设立科技型中小企业创新基金，资助中小企业开展技术创新。国家在必要时可以设立其他基金，资助科学技术进步活动。”

表 4-1　2014 年之前出台的主要科技计划（专项、基金等）

年份	科技计划（专项、基金等）	主要任务
1982	国家科技攻关计划	面向经济主战场，主要安排涉及国民经济建设、带有方向性、综合性和基础性的重大关键技术和项目
1983	国家重点实验室建设计划	为我国基础研究和应用研究创造良好的实验条件，保持和稳定一批基础研究的骨干队伍，实现人才和资金的优化配置
1984	国家重点工业性试验项目计划	在取得试验成果的基础上，进行大规模生产验证和技术集成，考核技术及装备的可行性及规模生产的经济合理性，以促进产业化
1985	国家重点新技术推广项目计划	主要面向企业，目的是使科技成果尽快转化为生产力，为国家经济建设服务

续表

年份	科技计划（专项、基金等）	主要任务
1986	星火计划	依靠科技振兴农村经济，推动农村工业化和农业现代化进程
	国家自然科学基金	采取科学基金制的方式，资助自然科学基础研究和部分应用研究
	863 计划	着重解决事关国家中长期发展和国家安全的战略性、前沿性和前瞻性高技术问题
	军转民科技开发计划	加强军工技术向民用领域转移过程中的科技开发工作，推动军转民科技开发成果产业化，推动军转民与地方经济发展相结合
1988	国家重点新产品计划	鼓励和引导企、事业单位和科研单位积极开发新产品，促进产业结构、产品结构的调整，加速科技成果转化
	火炬计划	发挥我国科技力量的优势和潜力，以市场为导向，促进高新技术成果商品化、高新技术商品产业化和高新技术国际化
1989	国家科技成果重点推广计划	将先进、成熟、适用的科技成果和技术推向国民经济主战场，加速科技成果的转化，加速科技与经济的结合，提高科技对经济的贡献率
1990	国家软科学研究计划	主要支持科技发展与改革中战略性、政策性问题研究，科技促进经济增长与社会进步的重大问题研究，国民经济与社会发展的前瞻性问题研究，为决策提供科学依据
1991	国家基础性研究重大项目计划（攀登计划）	主要安排基础研究中相对比较成熟，对国家发展和科技进步具有全局性和带动性作用的重大关键技术项目
1992	国家工程（技术）研究中心计划	包括国家工程研究中心计划和国家工程技术研究中心计划，目的都是为加强技术的工程化与集成配套能力
1996	社会发展科技计划	解决环境保护、资源合理开发利用、减灾防灾、人口控制、人民健康等社会发展领域的科技问题，促进经济和社会的持续协调发展
1997	973 计划	重点领域、科学前沿和重大科学研究
1998	知识创新工程	加强中国科学院基础和前沿研究

续表

年份	科技计划（专项、基金等）	主要任务
1999	科技型中小企业技术创新基金	扶持、促进科技型中小企业技术创新
	科研院所技术开发研究专项资金	主要用于支持中央级技术开发型科研机构以开发高新技术产品或工程技术为目标的应用开发研究工作
	科技兴贸行动计划	目标是调整我国外贸出口结构，增强出口竞争力和抗风险能力
2000	中央级科研院所科技基础性工作专项资金	以中央级科研院所为实施主体，通过项目的实施带动科技基础性工作基地的建设，促进科技基础性工作体系的完善和发展，逐步建立和完善资源与成果的共享机制，保证社会共享的实现
	科研院所社会公益研究专项	重点支持若干社会公益研究基地建设，形成社会公益研究网络，为社会可持续发展和公益服务事业提供技术保障，促进社会公益研究的可持续创新能力和水平的提高
2001	国际科技合作重点项目计划	使我国国际科技合作项目在高水平、高层次上开展，我国科技人员在国际科技合作中以更加平等的身份参与合作，以互惠互利的形式分享国际重大科技合作项目的成果
2002	农业科技成果转化资金	吸引企业、科技开发机构和金融机构等的资金投入，支持农业科技成果进入生产的前期性开发，逐步建立起适应社会主义市场经济，符合农业科技发展规律，有效支撑农业科技成果向现实生产力转化
2003	三峡移民科技开发专项	通过开发、推广和引进先进适用技术，解决三峡库区经济发展和生态建设中的共性和关键技术，促进三峡库区区域性支柱产业的发展，培育特色新兴产业，恢复和治理三峡库区生态环境，推进三峡库区的信息化和现代化
2004	国家科技基础条件平台建设专项	运用信息、网络等现代技术，对科技基础条件资源进行的战略重组和系统优化，促进全社会科技资源高效配置和综合利用，提高科技创新能力。主要包括：大型科学仪器设备和研究实验基地、自然科技资源保存和利用体系、科学数据和文献资源共享服务网络、科技成果转化公共服务平台、网络科技环境等

续表

年份	科技计划（专项、基金等）	主要任务
2006	国家科技支撑计划	面向国民经济和社会发展需求，重点解决经济社会发展中的重大科技问题（原攻关计划转型）
	国家科技重大专项	聚焦若干重大战略产品、关键共性技术或重大工程
2012	科技惠民计划	为推进民生科技成果转化应用，发挥好科技惠民、促进社会发展的支撑引领作用

（3）科技计划从多到统。2014年，科学技术部、财政部在充分征求各有关部门（单位）和专家意见的基础上，联合制定了《关于深化中央财政科技计划（专项、基金等）管理改革的方案》，提出优化中央财政科技计划（专项、基金等）布局，通过撤、并、转等方式按照新的五个类别对现有科技计划（专项、基金等）进行整合，大幅减少科技计划（专项、基金等）数量。

专栏4-1：国际著名科技计划

美国联邦政府科技计划始于第二次世界大战时期“曼哈顿”计划。战后，美国政府采纳V. 布什《科学——没有止境的前沿》的建议，建立美国国家自然科学基金（National Science Foundation，NSF），由此正式开启了世界各国成建制地以科技计划的方式支持科技发展。此后，美国实施了一系列科技计划，比较著名的有先进技术计划（advanced technology program，ATP）、人类基因组计划、信息高速公路计划、21世纪信息技术计划、国家纳米计划等。欧洲著名的科技计划包括：尤里卡计划、欧盟科技框架计划、地平线2020等。日本1996年发布《第一期科学技术基本计划》，目前已经开始实施《第五期科学技术基本计划（2016—2020）》。

第二节　中央财政科技计划体系

改革开放以来，我国相继设立了星火计划、国家自然科学基金、863计划、火炬计划、973计划、行业科研专项等，这些计划的设立和实施凝聚了几代领导人的远见卓识及各个时期科技工作者的智慧和心血。事实证明，这些科技计划不负使命，取得了一大批举世瞩目的重大科研成果，培养和凝聚了一大批高水平创新人才和团队，解决了一大批制约经济和社会发展的技术“瓶颈”问题，全面提升了我国科技创新整体实力，强有力地支撑了我国改革与发展的进程。由于各科技计划（专项、基金等）在不同时期分别设立，且越设越多，缺乏顶层设计和统筹考虑，管理部门众多，各管一块，各管一段，项目安排追求“大而全”“小而全”，造成科技资源配置分散、计划目标发散、创新链条脱节。

2014 年，《关于深化中央财政科技计划（专项、基金等）管理改革的方案》（简称《计划改革方案》），通过撤、并、转等方式按照新的五个类别对现有科技计划（专项、基金等）进行整合，不包括对中央级科研机构和高校实行稳定支持的专项资金（图 4-1）。

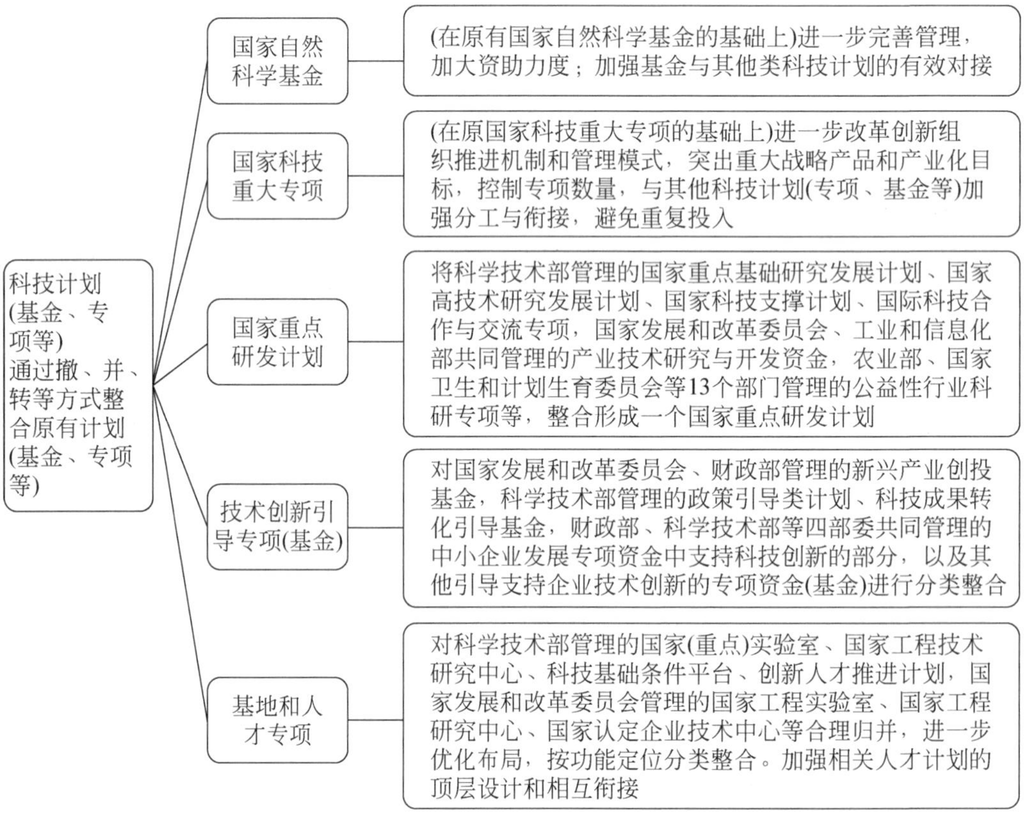

图 4-1　整合形成五类科技计划（专项、基金等）的路径

整合形成的新五类科技计划（专项、基金等）既有各自的支持重点和各具特色的管理方式；又彼此互为补充，通过统一的国家科技管理平台，建立跨计划协调机制和评估监管机制，确保五类科技计划（专项、基金等）形成整体，既聚焦重点，又避免交叉重复。新五类科技计划（专项、基金等）功能定位如下。

（1）国家自然科学基金。资助基础研究和科学前沿探索，支持人才和团队建设，增强源头创新能力。

（2）国家科技重大专项。聚焦国家重大战略产品和重大产业化目标，发挥举国体制的优势，在设定时限内进行集成式协同攻关。

（3）国家重点研发计划。针对事关国计民生的农业、能源资源、生态环境、健康等领域中需要长期演进的重大社会公益性研究，以及事关产业核心竞争力、整体自主创新能力和国家安全的战略性、基础性、前瞻性重大科学问题、重大共性关键技术和产品、重大国际科技合作，按照重点专项组织实施，加强跨部门、跨行业、跨区域研发布局和协同创新，为国民经济和社会发展主要领域提供持续性的支撑和引领。

（4）技术创新引导专项（基金）。通过风险补偿、后补助、创投引导等方式发挥财政资金的杠杆作用，运用市场机制引导和支持技术创新活动，促进科技成果转移转化和资本化、产业化。

（5）基地和人才专项。优化布局，支持科技创新基地建设和能力提升，促进科技资源开放共享，支持创新人才和优秀团队的科研工作，提高我国科技创新的条件保障能力。

以上五类科技计划（专项、基金等）要全部纳入统一的国家科技管理平台管理，加强项目查重，避免重复申报和重复资助。中央财政要加大对科技计划（专项、基金等）的支持力度，加强对中央级科研机构和高校自主开展科研活动的稳定支持。

第三节　中央财政科技计划决策形成机制

（1）行政供给制。1978～1985年，我国财政科技拨款维持着计划经济时期的行政供给制，科技拨款按照单位和机构进行拨付，国家的科研体制也主要受苏联体制的影响，采取类似行政管理体制的方式运行。

（2）科学事业费制。1986年，国务院发布《关于科学技术拨款管理的暂行规定》，重点对财政科技经费的拨款方式和体制，以及财政科技拨款管理制度进行了调整。在计划决策和形成机制方面，建立了国家科学技术委员会归口拨付各部门科学事业费的体制，民口各部门的科学事业费由国家科学技术委员会统一对口财政部编报预算，财政部下达预算后，由国家科学技术委员会分配到各主管部门。

（3）部门归口制。2000年，根据《中华人民共和国预算法》和《全国人民代表大会常务委员会关于加强中央预算审查监督的决定》的要求，我国开始推行部门预算改革。根据部门预算改革的需要，“国务院各部门和各直属机构的科学事业费直接纳入各部门的部门预算，所有行政事业费一律划为基本支出和项目支出，科技三项经费列入项目支出的管理范围”。自此，科学技术部归口的管理国务院各部门科学事业费的体制不再存在，科学技术部仅对本部门管理的国家科技计划经费实行二次预算分配。

（4）集中统筹制。2014年，《关于深化中央财政科技计划（专项、基金等）管理改革的方案》，针对改革开放以来，科技计划（专项、基金等）缺乏顶层设计和统筹考虑，管理部门众多，各管一块，各管一段，造成科技资源配置分散、计划目标发散的问题，对科技计划的决策和形成机制进行了系统性改革，形成了新的计划决策和形成机制。

第一，建立部际联席会议制度。建立由科学技术部牵头，财政部、国家发展和改革委员会等相关部门参加的科技计划（专项、基金等）管理部际联席会议（简称联席会议）制度，制定议事规则，负责审议科技发展战略规划、科技计划（专项、基金等）的布局与设置、重点任务和指南、战略咨询与综合评审委员会的组成、专业机构的遴选择优等事项。在此基础上，财政部按照预算管理的有关规定统筹配置科技计划（专项、基金等）预算。各相关部门做好产业和行业政策、规划、标准与科研工作的衔接，充分发挥在提出基础前沿、社会公益、重大共性关键技术需求，以及任务组织实施和科技成果转化推广应用中的积极作用。科技发展战略规划、科技计划（专项、基金等）布局和重点专项设置等重大事项，经国家科技体制改革和创新体系建设领导小组审议后，按程序报国务院，特别重大事项报党中央。

第二，依托专业机构管理项目。将现有具备条件的科研管理类事业单位等改造成规范化的项目管理专业机构，由专业机构通过统一的国家科技管理信息系统受理各方面提出的项目申请，组织项目评审、立项、过程管理和结题验收等，对实现任务目标负责。加快制定专业机构管理制度和标准，明确规定专业机构应当具备相关科技领域的项目管理能力，建立完善的法人治理结构，设立理事会、监事会，制定章程，按照联席会议确定的任务，接受委托，开展工作。加强对专业机构的监督、评价和动态调整，确保其按照委托协议的要求和相关制度的规定进行项目管理工作。项目评审专家应当从国家科技项目评审专家库中选取。鼓励具备条件的社会化科技服务机构参与竞争，推进专业机构的市场化和社会化。

第三，发挥战略咨询与综合评审委员会的作用。战略咨询与综合评审委员会由科技界、产业界和经济界的高层次专家组成，对科技发展战略规划、科技计划（专项、基金等）布局、重点专项设置和任务分解等提出咨询意见，为联席会议提供决策参考；对制定统一的项目评审规则、建设国家科技项目评审专家库、规范专业机构的项目评审等工作，提出意见和建议；接受联席会议委托，对特别重大的科技项目组织开展评审。战略咨询与综合评审委员会要与学术咨询机构、协会、学会等开展有效合作，不断提高咨询意见的质量。

专栏 4-2：美国总统科技顾问委员会

1957 年 11 月 7 日，为应对苏联发射卫星带来的科技威胁，艾森豪威尔总统宣布正式成立总统科学顾问委员会（President's Science Advisory Council，PSAC）。1973 年，尼克松总统解散了 PSAC。直到 1993 年 11 月 23 日，乔治·布什总统才重建了总统科技顾问委员会（President's Council of Advisors on Science and Techonlogy，PCAST）。奥巴马任总统以来，高度重视总统科技顾问委员会，对其进行了重新地规定和职能强化。

总统科技顾问委员会的成员至多 21 名，主席和副主席各一名，主席一般为白宫科技政策办公室主任，副主席由总统指定的科学家担任，其余成员每人任期为 2 年，分别来自企业界、科技教育界和非政府组织的有广泛社会影响力的代表。

美国总统科技顾问委员会的权力仅限于咨询服务，每 2 个月至少举行一次委员会全体会议，就重要的创新与发展问题进行讨论形成会议简报（从 2015 年开始，会议通过网络视频向全国的申请者开放旁听），或在向总统请示后，指定若干委员会成员组织针对专门课题的特别工作小组（成员可以来自社会各界），直接调研和撰写相应的咨询报告。

概括来看，总统科技顾问委员会的职能包括：①对需要引起政府高层决策重视的创新与社会发展议题提供咨询和建议；②为国家未来规划及相关行动预算提供科技与创新方面的咨询意见；③对国家创新事业及其管理和激励制度开展评估；④对国家关键科技及产业领域提出发展咨询和协调建议。

资料来源：李宏，马梧桐. 2016. 美国总统科技顾问委员会的运行机制及对我国的启示. 智库理论与实践，1（2）：108-113。

第四节　科技项目经费管理

为了规范国家科技计划的实施，科学技术部 2001 年 1 月发布了《国家科技计划管理暂行规定》和《国家科技计划项目管理暂行办法》，并对国家高技术研究发展计划、重大基础研究计划、支撑计划、科技型中小企业技术创新基金等各项科技计划和基金分别制定了项目和经费管理办法，2007 年 2 月国务院第 87 号国务院令发布了《国家自然科学基金学基金条例》。以上法规、规章和文件规定了科技计划项目申报、评审、检查、验收的基本程序和要求，明确了管理机关、承担单位等各类主体的职责。

为了加强对国家科技计划和基金项目申报与评估评审行为的监督，科学技术部第 7 号令、第 11 号令分别发布了《国家科技计划项目评估评审行为准则与督查办法》《国家科技计划实施中科研不端行为处理办法（试行）》，国家自然科学基金委员会监督委员会 2005 年发布了《对科学基金资助工作中不端行为的处理办法（试行）》。这些规定明确了评审专家的利害关系回避、保守评审对象商业秘密、不得索取或者接受评估评审对象礼金等义务；对项目的申请人和承担者，列举了提供申请人虚假信息，抄袭、剽窃他人科研成果，捏造或篡改科研数据，违反知情同意和保护隐私的规定等科研不端行为；规定了调查处理程序，强调实行专家调查组对科研不端行为由各有关单位依其职权进行相应的处罚，如项目承担单位可以对科研不端行为人做出"记过""降职""辞退"等处罚，行业主管部门、地方科技部门可以采取"在一定范围内通报批评"；项目管理机关可以终止项目，收缴剩余项目经费，追缴已拨付项目经费"，甚至"在一定期限内，不接受其国家科技计划项目的申请"等。

2006 年，《规划纲要》实施以来，我国财政科技投入快速增长，科研项目和资金管理不断改进，为科技事业发展提供了有力支撑。但也存在项目安排分散重复、管理不够科学透明、资金使用效益亟待提高等突出问题，必须切实加以解决。2014 年，国务院发布《关于改进加强中央财政科研项目和资金管理的若干意见》，作为未来一个时期指导科研项目和资金管理改革的纲领性文件，适用于中央民口所有科技计划（专项、基金等）。该文件从六大方面提出了 20 多条具体的经费管理意见和措施（表 4-2）。

表 4-2　中央财政科研项目和资金管理措施

项目	项目内容	具体条目
总体要求	总体目标和原则	1～2 条
宏观统筹协调	科研项目和资金配置的统筹协调	3～5 条
项目和资金管理	实行科研项目分类管理	6～9 条
	改进科研项目管理流程	10～13 条
	改进科研项目资金管理	14～19 条
	加强科研项目和资金管理	20～23 条

续表

项目	项目内容	具体条目
基础性制度和激励措施	加强相关制度建设	24～27条
责任落实	明确和落实各方管理责任	28～29条

（1）加强科研项目和资金配置的统筹协调。优化整合中央财政科技计划（专项、基金等），建立健全统筹协调与决策机制，建设国家科技管理信息系统。

（2）实行科研项目分类管理。基础前沿科研项目突出原始创新导向，公益性科研项目聚焦重大需求，市场导向类项目突出企业主体，重大项目突出国家目标导向。

（3）改进科研项目管理流程。改革项目指南制定和发布机制，规范项目立项，明确项目过程管理职责，加强项目验收和结题审查（图4-2）。

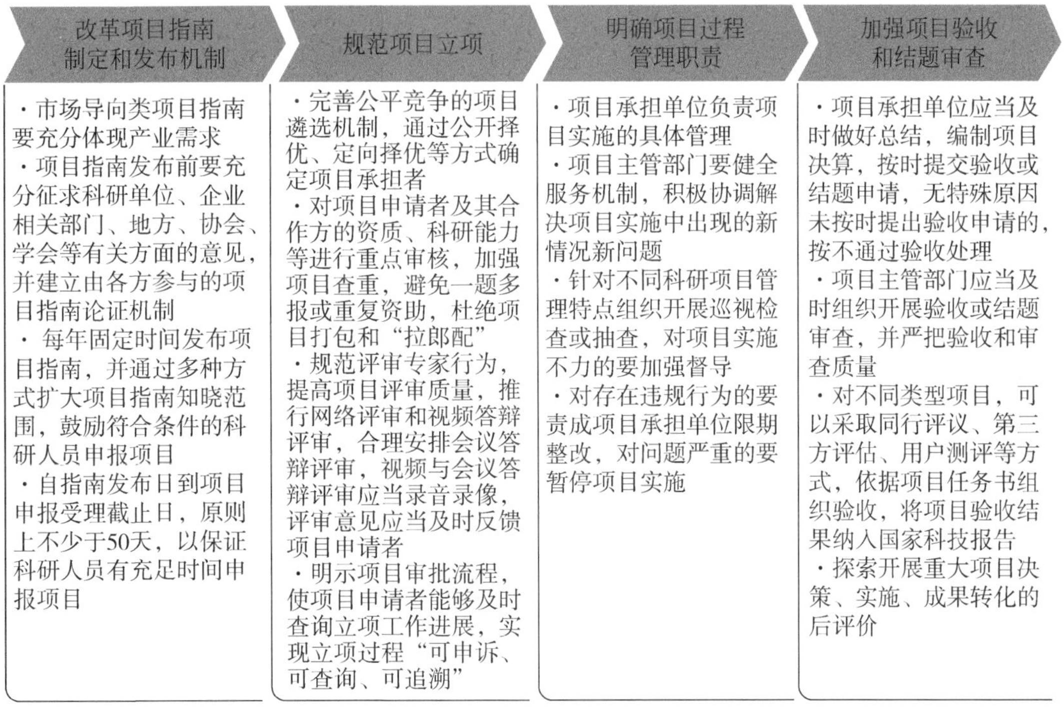

图4-2　改进科研项目管理流程

（4）改进科研项目资金管理。规范项目预算编制，及时拨付项目资金，规范直接费用支出管理，改进项目结转结余资金管理办法，完善单位预算管理办法（图4-3）。

（5）加强科研项目和资金监管。规范科研项目资金使用行为，改进科研项目资金结算方式，完善科研信用管理，加大对违规行为惩处力度（图4-4）。

（6）加强相关制度建设。建立健全信息公开制度，建立国家科技报告制度，改进专家遴选制度，完善激发创新创造活力的相关制度和政策。

规范项目预算编制

- 科学合理、实事求是地编制项目预算，并对仪器设备购置、合作单位资质及拟外拨资金进行重点说明
- 完善预算编制指南和评估评审工作细则，健全预算评估评审的沟通反馈机制
- 在评估评审中不得简单按比例核减预算
- 不得在预算申请前先行设定预算控制额度
- 劳务费预算应当结合当地实际及相关人员参与项目的全时工作时间等因素合理编制

及时拨付项目资金

- 项目主管部门要及时批复项目和预算
- 相关部门和单位要及时合规办理资金支付
- 实行部门预算批复前项目资金预拨制度
- 有明确目标的重大项目，按照关键节点任务完成情况进行拨款

规范直接费用支出管理

- 各类科技计划(专项、基金等)的支出科目和标准原则上应保持一致；将项目临时聘用人员的社会保险补助纳入劳务费科目中列支；进一步下放预算调整审批权限；严格控制会议费、差旅费、国际合作与交流费，项目实施中发生的三项支出之间可以调剂使用，但不得突破三项支出预算总额

完善间接费用和管理费用管理

- 间接费用的核定与项目承担单位信用等级挂钩，由项目主管部门直接拨付到项目承担单位
- 单位应建立健全间接费用的内部管理；合规合理使用间接费用，结合一线科研人员实际贡献公开公正安排绩效支出，体现科研人员价值，充分发挥绩效支出的激励作用
- 项目承担单位不得在核定的间接费用或管理费用以外再以任何名义在项目资金中重复提取、列支相关费用

改进项目结转结余资金管理办法

- 项目在研期间，年度剩余资金可以结转下一度继续使用
- 项目完成任务目标并通过验收，且承担单位信用评价好的，项目结余资金按规定在一定期限内由单位统筹安排用于科研活动的直接支出，并将使用情况报项目主管部门
- 未通过验收和整改后验收的项目，或承担单位信用评价差的，结余资金按原渠道收回

完善单位预算管理办法

- 财政部门按时核定收支、定额或者定项补助、超支不补、结转和结余按规定使用的原则，合理安排科研院所和高等学校等事业单位预算科研院所和高等学校等事业单位要按照国家规定合理安排人员经费和公用经费，保障单位正常运转

图 4-3　改进科研项目资金管理

规范科研项目资金使用行为

- 五不得
  - 不得擅自调整外拨资金
  - 不得利用虚假票据套取资金
  - 不得通过编造虚假合同、虚构人员名单等方式虚报冒领劳务费和专家咨询费
  - 不得虚构测试化验内容、提高测试化验支出标准等方式违规开支测试化验加工费
  - 不得随意调账变动支出、随意修改记账凭证、以表代账应付财务审计和检查

改进科研项目资金结算方式

- “公务卡”结算……科研院所、高等学校等事业单位承担项目所发生的会议费、差旅费、小额材料费和测试化验加工费等
- 非现金方式结算……企业承担的项目，所发生的会议费、差旅费、小额材料费和测试化验加工费等
- 银行转账方式结算……项目承担单位对设备费、大宗材料费和测试化验加工费、劳务费、专家咨询费等支出

完善科研信用管理

- 信用记录制度……建立覆盖指南编制、项目申请、评估评审、立项、执行、验收全过程的科研信用记录制度
- 信用评级……由项目主管部门委托专业机构对项目承担单位和科研人员、评估评审专家、中介机构等参与主体进行信用评级，并按信用评级实行分类管理。各项目主管部门应共享信用评价信息　、
- “黑名单”制度……建立“黑名单”制度，将严重不良信用记录者记入“黑名单”，阶段性或永久取消其申请中央财政资助项目或参与项目管理的资格

加大对违规行为惩处力度

- 逐级考核问责机制……建立完善覆盖项目决策、管理、实施主体的逐级考核问责机制
- 严肃处理违规行为……有关部门要加强科研项目和资金监管工作，严肃处理违规行为，按规定采取通报批评、暂停项目拨款、终止项目执行、追回已拨项目资金、取消项目承担者一定期限内项目申报资格等措施，涉及违法的移交司法机关处理，并将有关结果向社会公开
- 建立责任倒查制度……建立责任倒查制度，针对出现的问题倒查项目主管部门相关人员的履职尽责和廉洁自律情况，经查实存在问题的依法依规严肃处理

图 4-4　加强科研项目和资金监管

第五节 科技报告制度

2014 年，《关于深化中央财政科技计划（专项、基金等）管理改革的方案》提出，完善国家科技管理信息系统。通过统一的信息系统，对科技计划（专项、基金等）的需求征集、指南发布、项目申报、立项和预算安排、监督检查、结题验收等全过程进行信息管理，并主动向社会公开非涉密信息，接受公众监督。分散在各相关部门、尚未纳入国家科技管理信息系统的项目信息要尽快纳入，已结题的项目要及时纳入统一的国家科技报告系统。未按规定提交并纳入的，不得申请中央财政资助的科技计划（专项、基金等）项目。

2014 年，国务院办公厅转发科学技术部《关于加快建立国家科技报告制度的指导意见》，提出了建设科技报告制度的思路和具体路径：完善国家科技报告制度的政策、标准和规范，理顺组织管理架构，推进收藏共享服务，到 2020 年建成全国统一的科技报告呈交、收藏、管理、共享体系，形成科学、规范、高效的科技报告管理模式和运行机制（图 4-5 和图 4-6）。主要任务包括以下几方面。

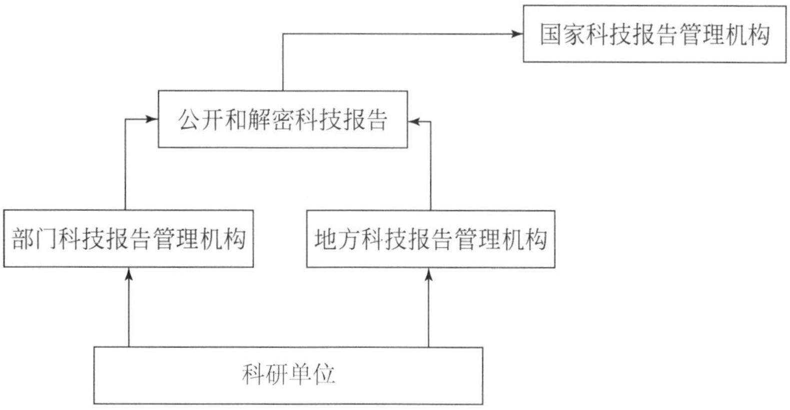

图 4-5　科技报告的三级管理体系

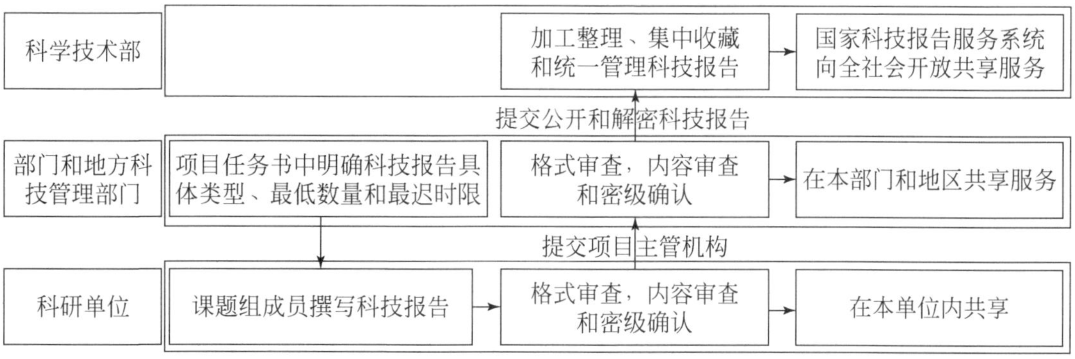

图 4-6　科技报告管理体系组织流程

（1）加强国家科技报告工作统筹管理。科学技术部负责科技报告工作的统筹规划、组织协调和监督检查，牵头拟订国家科技报告制度建设的相关政策，制定科技报告标准和规范，对各地、各有关部门科技报告工作进行业务指导，委托相关专业机构承担国家科技报告日常管理工作，负责全国范围内科技报告的接收、收藏、管理和共享服务，开展国家科技报告服务系统的开发、运行、维护和管理工作。

（2）建立地方和部门科技报告管理机制。各地、各有关部门应将科技报告工作纳入本地、本部门管理的科技计划（专项、基金等）科研管理范畴，在科研合同或任务书中明确项目承担单位须呈交科技报告的具体要求，依托现有机构对科技报告进行统一收藏和管理，并定期向科学技术部报送非涉密和解密的科技报告。对涉及国家安全等不宜公开的科技报告，项目承担单位应提出科技报告密级和保密期限建议，由项目主管机构按照国家有关保密规定进行确认，并负责做好涉密科技报告管理工作。

（3）强化项目承担单位科技报告管理责任。项目承担单位应建立科技报告工作机制，结合项目和工作要求，组织科研人员撰写科技报告，对本单位拟呈交的科技报告进行审核，并及时向项目主管机构呈交科技报告。

（4）明确科研人员撰写和使用科技报告的责任权利。科研人员应增强撰写科技报告的责任意识，将撰写合格的科技报告作为科研工作的重要组成部分，根据科研合同或任务书要求按时保质完成科技报告，并对内容和数据的真实性负责。科研人员在科研工作中享有检索和使用科技报告的权利，应积极借鉴、参考已有科技报告，高起点开展研究工作。

专栏4-3：国家科技报告制度建设和运行

科学技术部：负责科技报告工作的统筹规划、组织协调和监督检查，牵头拟订国家科技报告制度建设的相关政策，制定科技报告标准和规范，对各地、各有关部门科技报告工作进行业务指导，负责全国范围内科技报告的接收、收藏、管理和共享服务。

各地、各有关部门：将科技报告工作纳入本地、本部门管理的科技计划、专项、基金等科研管理范畴，在科研合同或任务书中明确项目承担单位须呈交科技报告的具体要求，依托现有机构对科技报告进行统一收藏和管理，并定期向科学技术部报送非涉密和解密的科技报告。

项目承担单位：建立科技报告工作机制，结合项目和工作要求，组织科研人员撰写科技报告，对本单位拟呈交的科技报告进行审核，并及时向项目主管机构呈交科技报告。

第五章　科技人才政策

摘要：科技人才政策可以划分为人才培养、人才引进、人才使用管理、人才流动及人才创业五类政策。经过几十年的发展，我国科技人才政策主要呈现以下几个特征：一是人才培养政策主要包括青年科技创新人才培养、国内高层次创新人才培养及紧缺领域专业技术人才培养三个方面。二是我国吸引海外、留学人才政策进一步升级，逐步确立了以重大人才工程和计划为依托的海外人才引进体系。三是创造宽松的环境和建立分类评价机制是人才使用管理两个主要趋势。四是鼓励人才向企业聚集和流动，破除人才流动中户籍、人事档案、社会保障等限制。五是我国已出台包括海外留学人才、高校大学毕业生、科技人员等多群体在内的全方位的创业扶持政策，未来将着力通过加强培训、提供基础设施、创建服务网络等方式为创新创业活动提供良好环境。

科技人才是指具有一定的专业知识或专门技能，从事创造性科学技术活动，并对科学技术事业及经济社会发展做出贡献的劳动者。主要包括从事科学研究、工程设计与技术开发、科学技术服务、科学技术管理、科学技术普及等工作的科技活动人员。科技人才是国家人才资源的重要组成部分，是科技创新的关键因素，是推动国家经济社会发展的重要力量。

从理论角度，科技人才政策，包括人才培养、引进、激励、评价等方面。从政策实践的角度，大力培养造就创新型科技人才，壮大和优化创新型科技人才队伍，造就一批高层次科技领军人才和创新团队，支持科技人员创新创业，改革完善创新型人才的评价方式，是现阶段我国科技人才政策的主要任务。《国家中长期科技人才发展规划（2010—2020 年）》提出了七个方面的政策，主要包括实施有利于科技人才潜心研究的政策，实施有利于高层次创新型科技人才发展的政策，实施支持青年科技人才脱颖而出的政策，实施支持科技人才创业的政策，实施引导科技人才向企业流动的政策，实施鼓励科技人才到农村和艰苦边远地区工作的政策，实施促进科技人才国际化的政策。综合科技人才政策的理论维度和现实特点，本章从人才培养、引进、使用管理、流动及创业扶持五个方面，对现有政策进行梳理论述。

第一节　我国科技人才政策的发展历程和趋势

从中华人民共和国成立初期到改革开放初期，我国的科技人才政策经历了从知识分子政策向人才政策转变的过程。1961 年 7 月 19 日，中共中央发出《中共中央关于自然科学研究机构当前工作的十四条意见（草案）》，对科研机构的工作秩序和科研人员工作积极性做出了明确规范。这一政策调整明显带有“大跃进”历史时期的特点，系统地、全面地排除影响科研工作的“左”的做法。1985 年 3 月，中共中央发出《关于科学技术体制改革的决定》，明确提出要扭转对科学技术人员限制过多、人才不能合理流动、智力劳动得不到应有尊重的局面，改革科学技术人员管理制度，形成人才辈出、人尽其才的良好环境，开启了我国科技人才政策的新局面。1987 年 1 月，国务院又颁布《关于进一步推进科技体制改革的若干规定》，提出要进一步改革科技人员管理制度，放宽放活对科技人员的政策，为充分发挥科技人员作用创造良好的社会环境。1992 年 8 月，国家科学技术委员会和国家经济体制改革委员会联合发布《关于分流人才、调整结构、进一步深化科技体制改革的若干意见》，将“稳住一头、放开一片”作为人才调整的基本思路。1994 年 8 月，中共中央组织部、人事部下发《加快培育和发展我国人才市场的意见》，提出将培育和发展人才市场作为建立社会主义市场经济体制的一项重要任务。2002 年 5 月，中共中央办公厅和国务院办公厅联合发布了《2002—2005 年全国人才队伍建设规划纲要》，这是我国第一个综合性人才队伍建设规划，其中明确提出了加强专业技术人才队伍建设、加强海外和留学人才的吸引与使用等科技人才政策方向。2003 年 12 月，中共中央和国务院联合召开全国人才工作会议，这是中国共产党在中华人民共和国成立后首次召开全国人才工作会议。该会议通过了《关于进一步加强人才工作的决定》，旗帜鲜明地提出“实施人才强国战略是党和国家一项重大而紧迫的任务”。自此，培养和造就一支宏大的创新人才队伍就成为我国科技人才工作的主题。《国家中长期科学和技术发展规划纲要（2006—2020 年）》与《国家“十二五”科学和技术发展规划》等战略性文件明确提出，要继续增加科技人力资源供给，进一步优化科技人才结构，建设创新型科技人才队伍，为国家创新体系建设及创新型国家建设提供智力支持。2011 年颁布的《国家中长期科技人才发展规划（2010—2020 年）》对我国科技人才发展做出了整体规划。一方面，要以推进高层次创新型人才队伍建设为着力点，吸引留学和海外高层次人才，加快培养大批青年科技英才，全面带动科技人才发展；另一方面，要以体制机制创新为突破口、政策和制度创新为重要手段，消除阻碍科技人才发展的各种障碍，充分激发科技人才的创新活力，逐步形成有利于创新型科技人才成长和发挥作用的良好环境。2012 年 7 月，中共中央、国务院隆重召开全国科技创新大会，印发《关于深化科技体制改革加快国家创新体系建设的意见》，将完善人才发展机制，激发科技人员积极性、创造性，加快高素质创新人才队伍建设作为主要目标，将科技人才培养提升到战略性的高度。2016 年 5 月，中共中央、国务院印发《国家创新驱动发展战略纲要》，围绕创新成为引领发展的第一动力这一目标进行人才建设布局，提出要加快建设科技创新领军人才和高技能人才队伍，筑牢创新根基。总体来看，党中央及政府对科技人才重要性的认识不断加深，“人才资源是第一资源”逐渐成为科技人才政策的基本理念，并形成了以调整优化人才布局、突出高端引领、促进人才流动、实施重大人才工作、探索技术要素参与分配及鼓励创新创业为特点的科技人才政策体系。

经过多年努力，我国在科技人力资源总量与结构方面取得了显著成效。2014 年，我国科技人力资源总量约为 7621 万人，总量继续居世界第一位。按照年末人口计算，我国每万人中科技人力资源数预计为 557 人。《国家中长期科技人才发展规划（2010—2020 年）》提出，2015 年我国 R&D 人员全时当量达到 280 万人年，2020 年达到 380 万人年的目标。近年来，我国投入 R&D 活动的人力总量迅速增长，2011 年，我国 R&D 人员全时当量为 288. 3 万人年，已经提前完成 2015 年目标，2014 年，R&D 人员全时当量更是达到 371. 1 万人年。《关于深化科技体制改革加快国家创新体系建设的意见》明确提出，到 2020 年每万名就业人员的研发人力投入目标达到 43 人年。2014 年我国每万名就业人员中 R&D 人员（R&D 全时当量/万名就业人口）已经达到 48 人年，提前完成目标。

第二节 人才培养政策

我国人才培养政策主要包括青年科技创新人才培养、国内高层次创新人才培养及紧缺领域专业技术人才培养三个方面，初步形成了针对不同阶段，接力式的人才培养计划支持体系。

一、青年科技创新人才培养

青年科技创新人才是国家科技人力资源的重要组成部分，是国家科技与创新未来发展潜力的重要保障。《国家中长期人才发展规划纲要（2010—2020年）》中明确提出实施青年英才开发计划。着眼于人才基础性培养和战略性开发，提升我国未来人才竞争力，在自然科学等重点学科领域，每年重点培养扶持一批青年拔尖人才。《国家中长期科技人才发展规划（2010—2020年）》进一步落实青年人才政策，提出在相关人才、科技计划中，瞄准世界科技前沿和战略性新兴产业，重点支持和培养3000名具有发展潜力的中青年科技创新领军人才。2006年出台的《关于深化科技体制改革加快国家创新体系建设的意见》中也继续明确了激励青年科技人才的导向，提出要支持35岁以下的优秀青年科技人才主持科研项目。

在政策落实层面，我国对青年科技人才支持的部门越来越多，但从支持对象来看，主要仍集中在基础研究领域。1994年，为促进青年科学和技术人才成长，鼓励海外学者回国工作，加速培养造就一批进入世界科技前沿的优秀学术带头人，中央在国家自然科学基金委员会下专门设立国家杰出青年科学基金，每年资助一批优秀青年学者，每人资助经费100万元左右。为了落实《国家中长期人才发展规划纲要（2010—2020年）》，2011年中国共产党中央组织部（简称中组部）、中国共产党中央委员会宣传部（简称中宣部）、教育部、科学技术部等部委联合组织实施青年英才开发计划。该计划包括三部分内容：青年拔尖人才支持计划每年遴选200名左右35岁以下重点学科领域青年拔尖人才，给予自然科学领域每人120万～240万元经费支持；基础学科拔尖学生培养实验计划选拔12 000名左右大学生、研究生参与课题研究和国际交流培训；未来管理英才培养计划选拔2000名左右应届高中、大学毕业生列入未来管理应才库，进行跟踪培养。同年，中国科学院开始颁发青年科学家奖，每年评选一次，表彰院属单位各学科领域的优秀青年科学家共10名，每人获得院奖励5万元奖金。2016年中国科学技术协会发布《关于开展“青年人才托举工程”2016—2018年度项目实施工作的通知》，重点支持200名左右32岁以下青年科技人才潜心研究，采用以奖代补、稳定支持的方式，对每一位扶持培养的青年科技人才稳定支持三年。

专栏5-1：对中青年科技人才研发创新的奖励与支持

广东“南粤百杰工程”。启动年份：2011年。主要内容：每年遴选15名左右55周岁以下、全职在广东工作4年以上、创新能力强的优秀人才作为培养对象，省财政向每人一次性提供100万元专项培养资金。

山西“高等学校中青年拔尖创新人才支持计划”。实施年份：2012—2016年。主要内容：每年对10名左右中青年拔尖创新人才给予项目资助，实施周期为 3 年。资助额度：教育厅和所在高校向自然科学或工程技术类学科的入选者各提供 20 万元资助经费，向人文社会科学类学科的入选者各提供 10 万元资助经费。

贵州青年科技人才创新创业联合基金。启动年份：2013 ~ 2015 年。主要内容：省科学技术厅、团省委每年共同出资 200 万元建立联合基金会，资助 30 ~ 40 名青年科技人才创新创业。

资料来源：根据各地方人才政策整理。

二、国内高层次创新人才培养

我国对高层次创新人才培养政策具有以下特点。一是对高层次人才的标准不断提升，主要体现在对核心专家的年龄限制、取得科研成果的影响等方面；二是从学术带头人培养向创新团队培养转变；三是突破了研究型人才，增加了对科技创业领军人才的培养。2002 年，人事部、科学技术部等七部委联合发布《新世纪百千万人才工程实施方案》，培养造就数百名具有世界科技前沿水平的杰出科学家、工程技术专家和理论家；数千名具有国内领先水平，在各学科、各技术领域有较高学术技术造诣的带头人；数万名在各学科领域里成绩显著、起骨干作用、具有发展潜能的优秀年轻人才。2010 年，中国科学院执行并实施《知识创新工程 2020——科技创新跨越发展方案》，力争经过 10 年努力，在一些重要领域进入世界前列，培养凝聚一支高水平科技创新队伍。在此基础上，中国科学院制定并组织实施了“创新 2020”人才发展战略，重点培养科技领军人物和尖子人才及高素质的创新创业人才。2011 年科学技术部牵头发布《创新人才推进计划实施方案》，到 2020 年的主要任务是通过设立科学家工作室、造就中青年科技创新领军人才、扶持科技创新创业人才、建设重点领域创新团队、建设创新人才培养示范基地等加强高层次创新型科技人才队伍建设。2012 年，中组部实施《国家高层次人才特殊支持计划》，从 2012 年起，用 10 年左右时间，有计划、有重点地遴选支持一批自然科学、工程技术和哲学社会科学领域的杰出人才、领军人才和青年拔尖人才，形成与“千人计划”相互衔接的高层次创新创业人才队伍建设体系。

为加快具体领域的高层次创新人才培养，2007 年科学技术部出台《关于在重大项目实施中加强创新人才培养的暂行办法》，优先支持年龄结构、知识结构合理的研究团队承担项目课题研究，促进创新团队的形成；优先支持不同学科、不同领域、不同机构的研究人员联合承担项目课题研究，培养跨学科、跨领域的复合型人才；优先支持年龄45岁以下（含45岁）青年研究人员主持重大项目课题研究，促进青年高级专家的成长。为培养造就一批具有国际影响的学科领军人才，2008年教育部实施“长江学者奖励计划”，每年聘任特聘教授150名，聘期为5年，讲座教授50名，聘期为3年，特聘教授、讲座教授由教育部授予“长江学者”称号，在聘期内享受长江学者奖金。2015年，中国科学院出台《中国科学院关于深入实施“中国科学院人才培养引进系统工程”的意见》，通过青年创新促进会、关键技术人才、创新交叉团队等项目，在创新实践中培养和造就人才。

三、紧缺领域专业技术人才培养

我国紧缺领域专业技术人才培养政策的制定，紧跟国家产业发展及企业需求，形成了政府调控、院校引导、单位吸引、学生自愿的培养机制。2001年，中共中央办公厅、国务院办公厅发布《关于加强专业技术人才队伍建设的若干意见》，该意见明确提出加强对专业技术人才的分类管理、加速专业技术人才骨干队伍建设、加大优秀青年人才的培养力度和加快西部地区专业技术人才队伍建设。此后，为落实该文件，2003年教育部等出台了《教育部等九部门关于加快软件人才培养和队伍建设的若干意见》，提出到2005年，基本实现软件专业技术人才达到80万，人才结构得到优化的发展目标，据统计，至2015年我国软件和信息技术服务业从业人员已达到526万人。2004年，国防科学技术工业委员会出台了《国防科工委关于进一步加强国防科技工业人才工作的若干意见》，实施推进“511人才工程”建设，打造国防科技创新团队，以型号“两总系统”人才建设为重点，着力培养国防科技领军人才，实施“军工科技骨干公派出国留学计划”，为培养拔尖人才奠定基础，实施国防科技工业高技能人才培训计划，带动技能型人才队伍建设。2007年，科学技术部等六部委联合出台了《关于加强农村实用科技人才培养的若干意见》，该意见提出加大乡土科技人才培养力度、发挥农村实用科技人才的作用、建立健全农村实用科技人才培养长效机制等措施。2007年，教育部、国家发展和改革委员会等联合发布《教育部、国家发展改革委、财政部、人事部、科技部、国资委关于进一步加强国家重点领域紧缺人才培养工作的意见》，具体措施包括根据相关产业和行业对专门人才的实际需求，在拓宽专业口径的基础上，在高年级灵活设置专业方向；鼓励高等学校与企业联合建设重点领域学科和专业，按照企业对人才的要求实行“订单式”培养；由国家留学基金支持，优先选派国家紧缺专业的学生到国外大学或企业学习，大力引进国家紧缺专业的海外高层次人才，提高国内师资队伍的整体水平；充分发挥国家奖助学金、国家助学贷款的政策导向作用，引导和鼓励学生学习国家最需要紧缺的专业，毕业后主动到艰苦行业和基层单位就业；加大重点领域学科和专业建设经费的投入等。

为加快基础科学人才培养，1997 年，财政部、国家自然科学基金委员会将国家基础科学人才培养基金列为国家自然科学基金的一个项目。基金主要用于支持教育部批准的国家理科基础科学人才培养基地（简称基地）的建设，重点支持高水平、高质量基础科学后备人才的培养，其经费不少于基金资助经费总额的 90%；适当资助特殊学科点的基础科学人才培养。2010 年，中国科学技术协会发布《中国科协科普人才发展规划纲要（2010—2020 年）》，提出到 2020 年全国科普人才总量达到 400 万人，其中农村科普人才达到 170 万人，城镇社区科普人才达到 50 万人，企业科普人才达到 80 万人，青少年科技辅导员达到 70 万人的总目标。

第三节　人才引进政策

自 2006 年《国家中长期科学和技术发展规划纲要（2006—2020 年）》和 2011 年《国家中长期科技人才发展规划（2010—2020 年）》发布实施以来，一系列以引进海外高层次人才及团队为目标的政策和措施纷纷加紧实施。随着国家和部门海外、留学人才政策的不断完善，我国海外人才引进工作逐渐制度化、规范化和常态化。特别是 2008 年以后，我国吸引海外、留学人才政策进一步升级，逐步确立了以重大人才工程和计划为依托的海外人才引进体系。

2008 年底，中共中央办公厅转发《中央人才工作协调小组关于实施海外高层次人才引进计划的意见》（简称“千人计划”），对高层次海外科技人才的引进规模之大、范围之广都是空前的。“千人计划”提出从 2008 年开始，用 5 ~ 10 年，在国家重点创新项目、重点学科和重点实验室、中央企业和国有商业金融机构、以高新技术产业开发区为主的各类园区等，引进并有重点地支持一批海外高层次人才回国（来华）创新创业。在符合条件的中央企业、高等学校和科研机构及部分国家级高新技术产业开发区，建立 40 ~ 50 个海外高层次人才创新创业基地，推进产学研紧密结合，探索实行国际通行的科学研究和技术开发、创业机制，集聚一批海外高层次创新创业人才和团队。2010 年底，中组部启动“青年海外高层次人才引进计划”（简称“青年千人计划”），引进自然科学或工程技术领域，年龄不超过 40 周岁，在海外知名高校取得博士学位，并有3年以上的海外科研工作经历的青年科技人才，中央财政将给予一次性每人50万元的补助，还将根据评审标准给予100万~300万元的科研补助经费。为了支持不能全职回国（来华）工作的海外人才短期为国服务，2010年12月，中组部出台《“千人计划”短期项目实施细则》，规定引进人才每年在国内工作不少于2个月。2011年8月，中组部、人力资源和社会保障部、国家外国专家局联合印发《“千人计划”高层次外国专家项目工作细则》（简称“外专千人计划”），利用10年时间，引进500~1000名高层次外国专家。

为了提高科研队伍的国际竞争力，吸引、培养造就一批具有国际影响的学科领军人才，教育部2004年启动“创新团队发展计划”，每年在全国普通高等学校（包括军队院校）范围内资助60个左右创新团队，资助期限为3年，资助经费合计为300万元，并且每年择优选派当年支持的创新团队的100名左右成员赴国外高水平大学进行合作研究。教育部于2011年12月开始实施新的“长江学者奖励计划”，支持高等学校面向海内外公开招聘长江学者特聘教授和讲座教授，授予“长江学者”称号，在聘期内享受长江学者奖金。每年聘任特聘教授150名，聘期为5年；讲座教授50名，聘期为3年。中国科学院自2006年起开始实施“百人计划”，2011年10月制定颁布了新的“百人计划”管理办法，包括引进海外杰出人才等六类计划。对引进的海外人才给予院专项启动经费和用人单位匹配的科研启动经费等支持。自2007年开始引进国外杰出人才和聘任海外知名学者，2011年10月颁布了新的管理办法，计划在“十二五”期间，引进750名左右杰出人才，聘任200名左右知名学者。每位杰出人才将获得不少于70万元的科研启动经费、实验与办公空间、科研助手和研究生等基本工作条件。获得择优支持的人选将获得260万元的专项经费支持，知名学者作为创新团队海外核心成员，在计划执行期间可获得一次性100万元的专项经费支持。

自2009年国家出台针对海外高层次人才引进的“千人计划”等政策措施以来，各地方“海外人才引进计划”纷纷出台，主要聚焦在引进海外高层次创新人才和团队、建立海外人才创新创业基地等方面。各地方对人才引进和培养的政策支持力度不断加大，出台了一系列创新人才培养和引进计划。例如，北京市出台的海聚工程、高聚工程，河北省出台的巨人计划，上海市出台的千人计划、曙光计划和杨浦3310计划，广东省出台的珠江人才计划、扬帆计划，湖北省出台的楚天学者计划和东湖3551人才计划，陕西省出台的百人计划、西安5211计划和三秦学者计划等。为与引进政策相配套，海外高层次人才回国提供的优惠政策包括工作支持、生活保障和职称评定等几个方面。①工作支持。各地方政府为了给留学人才提供更加宽松的工作环境，大都提供了“可长期居留工作，也可短期服务，来去自由”的签证政策。除此之外，一些地方还提供了更多的资金和税收支持。例如，留学人员到上海工作因科研、教学急需，需从境外进口科教用品等，由所在单位向海关提出申请，海关按国家有关规定办理减免税手续。②生活保障。除规定海外留学人才中国籍的直系亲属可按有关规定随迁落户，并对其配偶就业、子女入学给予妥善安排和照顾等保障政策之外，在住房和医疗及保险等方面，各地方政府也都制定了相关保障措施。③职称评定。规定受聘到本省（市）科研、教学、卫生等事业单位或企业单位担任专业技术职务的留学人员，在评选和晋升职称时，不受单位职称指标的限制。

专栏 5-2：各地方海外高层次创新人才引进计划

北京海外人才聚集工程。启动年份：2009 年。目标：用 5～10 年，聚集 10 个研发团队，50 个左右高科技创业团队；引进并有重点地支持 200 名左右海外高层次人才来京创新创业；建立 10 个海外高层次人才创新创业基地。

上海千人计划。启动年份：2010 年。目标：用 5～10 年，引进一批紧缺急需的海外高层次人才，建立 20～30 个市级海外高层次人才创新创业基地，为引进人才一次性提供 100 万元的生活资助。

山东万人计划。启动年份：2009 年。目标：用 5～10 年，引进 10 000 名左右海外创新创业人才，规划建设 100 个左右海外人才创新创业基地。积极争取国家政策支持，力争引进人才 100 名、10 个创新创业基地纳入国家计划。

湖北百人计划。启动年份：2009 年。目标：用 5～10 年，从海外引进 200 名紧缺的高层次创新创业型人才，其中创业人才不低于 50%，一次性给予每人 100 万元或 50 万元的补助，并对创业人员的部分研发项目和规模生产项目给予贷款贴息政策。

宁夏百人计划。启动年份：2009 年。目标：用 5～10 年，引进并有重点地支持 200 名左右海外高层次科技人才来宁夏创新创业，给予引进单位 30 万～50 万元的补助，用于改善引进人才的工作和生活条件。

资料来源：根据各地方相关人才计划整理。

“支持留学、鼓励回国、来去自由”的出国留学方针被写入中共十四届三中全会，并一直影响着我国海外归国、留学人才政策。2006 年 11 月，人事部发布《留学人员回国工作“十一五”规划》，在全面分析留学人员回国工作形势的基础上，提出加大高层次留学人才引进力度，建立海外高层次留学人才回国工作绿色通道，“十一五”期间，留学回国人员新增人数达到15万~20万人。2011年7月，人力资源与社会保障部又印发《留学人员回国工作“十二五”规划》，要求以高层次创新型科技人才和经济社会重点领域急需紧缺人才为重点，开展海外留学人才引进工作，在“十二五”期间，留学回国人员新增人数达50万人以上，吸引留学人员为国服务30万人次。“海外高层次人才引进计划”（千人计划）、“中国留学人员回国创业启动支持计划”和“海外赤子为国服务行动计划”是这一时期并行的三项重点措施。

第四节　人才使用管理政策

（1）在人才管理方面，创造宽松的环境和鼓励人员流动是两个主要趋势。1985年3月，中央出台《中共中央关于科学技术体制改革的决定》，提出科学技术人员是新的生产力的开拓者，要改革科学技术人员管理制度，形成人才辈出、人尽其才的良好局面。在该决定中，对促进人才流动、试行聘任制、允许适当兼职等问题做出了明确规定，针对人才流动中出现的纠纷、档案管理、户籍等问题也制定了许多配套的政策。1986年，国家进行职称改革，实行专业技术职务聘任制度，评聘分开。20世纪90年代以来，我国从计划经济体制向社会主义市场经济体制迅速转变，这个时期出台了许多完善人才市场体系的政策，如1994年出台的《加快培育和发展我国人才市场的意见》、1996年出台的《人才市场管理暂行规定》等，来规范人才市场的管理体制和运行机制。

（2）在职称评定方面，打破专业技术职务终身制是我国在专业技术人才管理方面做出的重大调整，这为人才流动创造了前提条件。20世纪80~90年代，人事部会同农业部、机械工业部、冶金部等行业部门出台了一系列行业“专业技术职务聘任”和“专业技术专业资格”的相关政策文件，对各行业科技人员任职资格和岗位聘任进行规范。1992年，中国科学院在广泛调研的基础上开始试点专业技术职务分等分级，根据《中国科学院关于研究系列高级专业技术职务各职级标准和晋升办法》的规定，将研究员和副研究员均分为三级，每一级都有明确的任职资格和晋升标准。2000年3月，中共中央组织部、人事部、科学技术部联合出台《关于深化科研事业单位人事制度改革的实施意见》，提出全面推行聘用制和竞争上岗等岗位管理制度。2002年7月，国务院办公厅转发人事部《关于在事业单位试行人员聘用制度意见》的通知，全面推行公开招聘制度、建立和完善考核制度、规范解聘辞聘制度。对考核不合格的、不能适应岗位要求的人员要实行解聘。2006年，人事部先后下发《关于印发〈事业单位岗位设置管理试行办法〉的通知》和《关于印发〈事业单位岗位设置管理试行办法〉实施意见的通知》等文件，进一步创新人事管理体制，放活事业单位用人机制，明确了事业管理岗位、专业技术岗位、工勤技能岗位的结构比例和相应的等级，以及每个岗位和等级的基本认知任务与晋升标准。2011 年 8 月，配合推进实施事业单位分类改革，中共中央办公厅和国务院办公厅联合颁布《关于进一步深化事业单位人事制度改革的意见》，全面推行聘用制，实施岗位管理制度，大力推行竞聘上岗制度。

（3）在收入分配方面，一方面我国开始探索生产要素分配的制度改革，另一方面，也在先行试点技术要素参与分配的制度。为调动科技人员积极性，1997 年国家科学技术委员会和国家工商行政管理局联合出台《关于以高新技术成果出资入股若干问题的规定》，鼓励科技人员和科研单位转化科技成果，提出入股可超过公司注册资本的 20%，但不可超过 35%。2000 年 3 月，中组部、人事部和科学技术部在《关于深化科研事业单位人事制度改革的实施意见》提出，要在科研事业单位“丰富和完善科研生产要素参与分配的方法和途径”，并基于《关于促进科技成果转化的若干规定》的各项政策，允许和鼓励专业技术人员通过转化成果、促进科学进步先富起来。2012 年，中共中央、国务院印发《关于深化科技体制改革加快国家创新体系建设的意见》，提出要完善科技人员收入分配政策，健全与岗位职责、工作业绩、实际贡献紧密联系和鼓励创新创造的分配激励机制。2002 年，财政部和科学技术部联合发布《关于国有高新技术企业开展股权激励试点工作的指导意见》；2010 年，国务院国有资产监督管理委员会（简称国资委）印发《关于在部分中央企业开展分红权激励试点工作的通知》；2010 年，财政部、科学技术部下发《中关村国家自主创新示范区企业股权和分红激励实施办法》及 2014 年，财政部、科学技术部、国家知识产权局下发《财政部、科技部、国家知识产权局关于开展深化中央级事业单位科技成果使用、处置和收益管理改革试点的通知》等，都对科技人权实施股权激励做出了详细规定。

（4）在工资制度方面，包括专业技术人员在内的机关事业单位工作人员工资制度改革，一直是国家人才使用管理政策关注的重点。随着社会经济的不断发展，不断调整与之相适应的工资结构和体系，并提高专业技术人员的积极性，是政策调整的方向，主要分为三个阶段。第一阶段，1993 年以前。在 1993 年机关事业单位工资制度改革前，事业单位人员和机关公务员是统一的工资标准，难以体现不同性质、不同职能、不同类型的事业单位特点。因此，1993 年国务院发布《国务院关于机关和事业单位工作人员工资制度改革问题的通知》，实施《机关工作人员工资制度改革方案》和《事业单位工作人员工资制度改革方案》。根据事业单位工作特点的不同，其专业技术人员分别实行五种不同类型的工资制度，包括专业技术职务等级工资制、专业技术职务岗位工资制、艺术结构工资制、体育津贴、奖金制和行员等级工资制。第二阶段，2006～2010 年。由于 1993 年机关事业单位改革后，仍然存在缺乏激励机制和监督约束机制，2006 年，人事部发布《事业单位工作人员收入分配制度改革实施办法》，正式实施岗位绩效工资制度，由岗位工资（专业技术人员按本人现聘用的专业技术岗位，执行相应的岗位工资标准）、薪级工资、绩效工资及津贴补贴四部分组成。第三阶段，2010 年至今。随着《中共中央国务院关于分类推进事业单位改革的指导意见》（中发〔2011〕5 号）等改革的实施，完善工资分配激励约束机制为核心，健全符合事业单位特点、体现岗位绩效和分级分类管理要求的工作人员收入分配制度将逐步建立。

（5）在人才评价方面，建立了坚持分类评价、完善同行评议机制、淡化职称评价、注重科研能力和创新成果的政策导向。科学技术部联合其他部委先后出台了两个专门的综合性、纲领性文件，即《关于改进科学技术评价工作的决定》（简称《决定》）和《科学技术评价办法（试行）》（简称《办法》）。《决定》明确了应当根据不同评价对象进行分类评价的基本原则，根据其所从事岗位和工作的性质，确定相应的评价标准。同时明确提出，要淡化职称评价，重视岗位聘用。随后出台的《办法》主要明确了科技评价目的、原则、分类方法、评价准则及监督机制等，进一步落实了分类评价的原则。对从事基础研究工作的人员评价应重点考察其创新研究能力和潜力、学术水平、工作业绩、学术影响等；对从事应用研究工作的人员评价应重点考察其对核心技术、关键技术的创新与集成能力和潜力、工作业绩、获得的自主知识产权等；对从事科学技术成果转化与产业化工作的人员评价应以市场评价为主，重点考察其推动科学技术成果转化和产业化的能力，以及取得的经济和社会效益等，一般不以学术论文发表作为主要评价指标；对从事条件保障与实验技术工作的人员评价应重点考察其为研究与发展活动提供服务的能力和水平、工作质量、工作责任心、服务的满意度等，一般不以发表学术论文或获得成果、专利为主要评价指标。

此后，国家《中华人民共和国科技进步法》《国家“十二五”科学和技术发展规划》《国家中长期科技人才发展规划（2010—2020 年）》等法规政策，也对我国科技人员分类评价的相关问题进行了重申。《关于深化科技体制改革加快国家创新体系建设的意见》明确要求建立以科研能力和创新成果等为导向的科技人才评价标准，改变片面将论文数量、项目和经费数量、专利数量等与科研人员评价及晋升直接挂钩的做法，完善人才发展机制，激发科技人员积极性创造性。2013 年，教育部发布《教育部关于深化高等学校科技评价改革的意见》，要求贯彻落实科学的分类评价，对主要从事创新性研究的科技活动人员实行代表性成果为重点的评价，对主要从事技术转移、科技服务和科学普及的科技活动人员实行经济社会效益和实际贡献为重点的评价，对从事技术支撑和服务的科技活动人员实行以服务质量与实际效果为重点的评价。

在中央政策的导向下，各地方也开始分类评价的实践。2015 年，广东省人力资源和社会保障厅、广东省科学技术厅发布《关于进一步改革科技人员职称评价的若干意见》，在建立激励科技成果转化的职称评审导向、加大职称评审专利指标权重、将标准制定纳入职称评价指标、进一步向科研创新单位下放职称评审权等方面做出积极探索。

第五节　人才流动政策

科技人才流动对人才合理分布与人才价值发挥具有重要作用。《国家中长期科学和技术发展规划纲要（2006—2020 年）》明确提出，支持企业培养和吸引科技人才。国家鼓励企业聘用高层次科技人才和培养优秀科技人才，并给予政策支持。鼓励和引导科研院所和高等院校的科技人员进入市场创新创业。允许高等院校和科研院所的科技人员到企业兼职进行技术开发。

在提出科技人员向合理方向流动、向急需的行业和单位流动等政策号召后，2003 年至今，国家明确提出了鼓励科技人员向企业流动的政策导向。同时，支持企业家和企业科研人才到科研机构兼职，从科技人才的单向流动转变为双向流动。1983 年国务院出台《国务院关于科技人员合理流动的若干规定》，提出要有计划、有步骤地促进科技人员按照合理的方向流动，即从城市到农村；从大城市到中小城市；从内地到边远地区；从科技人员富余的部门和单位，到科技力量薄弱而又急需加强的部门和单位。要打破部门、地区界限，合理调配和使用全国科技力量，有计划地从一些重工业和国防工业部门中抽调一部分科技人员，加强能源、交通、轻工、农业等科技力量薄弱的部门；从高等院校和科研部门中抽调一部分富余的科技人员，充实中等教育和职业教育的师资，支援新建院校和生产建设单位。此后，针对科技人员难以流动，积压、浪费和使用不当的现象还没有得到根本解决的问题，1986 年国务院又发布了《国务院关于促进科技人员合理流动的通知》，要求各级地方政府、企事业单位，进一步加强对科技人员合理流动工作的领导，努力创造人尽其才的环境，大力发掘科技人才资源，继续调整被积压、浪费和使用不当的科技人员，鼓励科技人员向急需人才的行业和单位流动，向更能发挥作用的岗位流动。1992 年，国家科学技术委员会和国家经济体制改革委员会联合发布了《关于分流人才、调整结构、进一步深化科技体制改革的若干意见》，推动大部分科技结构步入企业化道路，大批科技人员进入发展科技产业第一线。2001 年中共中央办公厅、国务院办公厅在《关于加强专业技术人才队伍建设的若干意见》中明确指出，引导高技能人才按需合理流动增强企业聚集人才的能力和活力，鼓励和引导专业技术人才向企业流动。2007 年，中组部等五部门联合发布《关于动员和组织广大科技工作者为建设创新型国家作出新贡献的若干意见》，提出支持、引导优秀科技人才到企业工作，鼓励和推动创新型科技人才向企业集聚。2009 年，科学技术部等发布《关于动员广大科技人员服务企业的意见》，组织实施“科技人员服务企业行动”，号召广大科技人员到企业去、到车间去、到生产一线去，汇聚成共度危机、共谋发展的科技大军。要主动把科技与经济结合起来，帮助企业特别是中小企业破解发展难题，提高自主创新能力，增强核心竞争力，为实现经济平稳较快发展做出更大贡献。

在实践中，户籍、人事档案、社会保障及职称评定等是阻碍人才流动的几大“瓶颈”，要从根本上打破体制机制壁垒，必须通过法律建立人才产权制度、解除人才流动的户籍限制、破除人才流动中的身份限制。2002 年 5 月，我国发布第一个综合性人才队伍建设规划《2002—2005 年全国人才队伍建设规划纲要》，要求通过改革户籍制度，探索多种人才流动形式，建立和完善养老保险、失业保险、工伤保险和医疗保险制度等多种举措，消除人才流动的体制性障碍。2003 年，《中共中央国务院关于进一步加强人才工作的决定》进一步要求消除人才流动障碍，改革户籍、人事档案管理制度，放宽户籍准入政策的基础上，推广工作居住证制度。2010 年颁布的《国家中长期人才发展规划纲要（2010—2020 年）》要求推进人才市场体系建设，建立政府部门宏观调控、市场主体公平竞争、中介组织提供服务、人才自主择业的人才流动配置机制。2013 年，人力资源与社会保障部出台了《关于加快推进人力资源市场整合的意见》，要求建立健全功能完善、机制健全、运行有序、服务规范的人力资源市场体系，提高管理水平和服务效率。在地方层面，北京市在《首都中长期人才发展规划纲要（2010—2020 年）》中，也首次明确提出，北京将逐步推行京津冀地区互认的高层次人才户籍自由流动制度。

各地方在进一步建立更加灵活的人才管理制度，拓展科研人员双向流动机制方面进行积极探索。2015 年，上海市出台《关于完善本市科研人员双向流动的实施意见》，支持科研人员双向兼职，高等院校、科研院所等事业单位的科研人员，在履行本单位岗位职责、完成本职工作的前提下，书面提出兼职申请的，经所在单位同意，可以到科技企业兼职，为实现高新技术成果转化、技术攻关提供有偿服务，并获取兼职报酬；同时，高等院校、科研院所等事业单位可以根据工作需要，设置一定比例的流动岗位，吸引有创新实践经验的企业家和企业科研人才到本单位兼职。内蒙古自治区2013年开始推行人才双向流动和兼职制度，允许到企业兼职的科研院所人才同时享受两个单位规定的工资待遇；鼓励专家学者领办、创办企业，将专家学者服务地方、服务基层、帮扶企业工作列入业绩范围。

第六节　人才创业政策

科技人才政策的一个重点领域，就是适应生产力发展要求，通过科技人才创业扶持政策，打破捆住科技人员手脚、束缚市场活力和社会创造力的不合理限制，加快科技成果转化，带动形成大众创新创业的局面。2015年，《国务院关于大力推进大众创业万众创新若干政策措施的意见》明确提出，支持科研人员、大学生及境外来华人员创业。总体来看，我国已出台包括海外留学人才、高校大学毕业生、科技人员等多群体在内的全方位的创业扶持政策，未来将着力通过加强培训、提供基础设施、创建服务网络等方式为创新创业活动提供良好环境。

一、支持科技人员创办科技企业

《国家中长期科技人才发展规划（2010—2020年）》明确了这一政策导向，提出要重点扶持一大批拥有核心技术或自主知识产权的优秀科技人才创办科技型企业，培养造就一批创新型企业家，同时健全科技人才流动和利益保障机制，为科技人才流动提供良好的服务，促进科技人才向企业流动和集聚。2012年，《关于深化科技体制改革加快国家创新体系建设的意见》进一步明确提出鼓励科研院所和高等学校的科技人员创办科技型企业，促进研发成果转化。《国家“十二五”科学和技术发展规划》中明确了鼓励支持科技人员创业的政策导向，提出要重点依托高新区、大学科技园、科技企业孵化器、行业协会等，扶持和鼓励科技人员的创新创业活动。2015年，《国务院办公厅关于发展众创空间推进大众创新创业的指导意见》《国务院关于进一步做好新形势下就业创业工作的意见》《国务院关于大力推进大众创业万众创新若干政策措施的意见》等文件，都提出鼓励科技人员在职、离岗创业。

各地方政府纷纷贯彻落实中央政策，出台相关管理细则和办法，具体包括科技人员离岗或者保留原职务创办科技企业两种。对离岗创办科技企业的科研院所、高等学校和国有企事业单位的科技人员，大部分地方政府都给予3年内保留原有身份和职称的鼓励政策，如河北、天津、黑龙江、山西、湖北等。其中，一些省份在此基础上，还制定了进一步地激励措施。例如，湖北省规定允许离岗创业者在规定期限内回原单位竞争上岗；山西省规定3年内档案工资正常晋升；黑龙江省规定原工龄视同养老保险缴费年限；天津市还对离岗创业的科技人员给予一定的创业补助，规定全额拨款的科研单位，按照本人工作每满一年发给3个月基本工资的标准，给予一次性创业补助费，最多不超过36个月。

对保留原职务创办科技企业或者到企业兼职兼薪的科研院所、高等学校和国有企事业单位的科技人员，大多省份允许和鼓励以其专利技术入股或科研成果参股，专利技术或科技成果作价出资最高可占注册资本的70%，如河北、黑龙江、浙江、山西等。同时，浙江、江苏等省还在注册资本方面，给予了更加优惠的政策。例如，江苏省规定，注册资本可分3年到位，首期出资额应达到认缴额的10%，且不低于人民币3万元即可；湖北省规定申请注册资本在50万元以下的，可试行注册资本分期到位。

此外，各地方还制定措施促进通过创办科技企业的形式，转化高校、科研机构承担政府科研项目所形成的职务科技成果，如河北省、湖北省等省份规定，高校、科研机构承担政府科研项目所形成的职务科技成果，一年内未实施转化的，在不变更职务成果权属的前提下，由成果完成人创办企业转化的，创办企业实施人可拥有该成果在企业中享有股权收益的70%；非成果完成人创办企业转化本单位他人职务成果的，可拥有该成果在企业中享有股权收益的40%。浙江省鼓励科技人员以自主科技成果入股创办企业，以商标、专利和非专利技术等非货币财产出资最高可占注册资本的70%；申请设立科技型企业，其资本注册实行“自主认缴”或“零首付”办理注册登记，出资2年内缴足。

二、鼓励留学人员归国创新创业

我国鼓励留学人员归国创新创业政策体系，以留学人员创业园的建设和增加为主体，同时注入留学人员创新创业大赛等新元素。1994年，我国创办了第一个留学创业园——金陵海外学子科技工业园。2000年，科学技术部、人事部和教育部发布《关于组织开展国家留学人员创业园示范建设试点工作的通知》，提出选择10个左右基础较好的留学人员创业园作为第一批试点。2002年8月，人事部下发《关于人事部与地方人民政府共建留学人员创业园的意见》，先后与北京、江苏等省市共建数十个留学人员创业园。人力资源和社会保障部（简称人社部）2006 年开始实施中国留学人员回国创业启动支持计划，每年在全国范围内遴选一批创新能力强、发展潜力大、市场前景好的留学回国人员创办的企业，在创办初始启动阶段予以重点支持。2011 年，中组部、人社部联合下发《关于支持留学人员回国创业的意见》，正式从国家层面对支持留学人员回国创业的各方面政策作出规定。自 2006 年起，教育部联合科学技术部定期举办“春晖杯”留学人员创新创业大赛，至 2017 年已举办 12 届。中国科学技术协会自 2003 年起实施海外智力为国服务计划，努力与海外科技团体及科技工作者建立经常、密切、畅通和便捷的联系。

随着我国经济的快速发展，以及政策环境不断改善，海外留学人员归国比例正在逐年增加，截至 2012 年底，留学回国人员数量达到 27.3 万人，是 2005 年的 7.8 倍，回国人员总数已达 109 万人。同时，留学人员回国服务的形势日趋广泛，包括进入高等院校或科研机构、大中型企业、到留学生创业园区创办实业、建立研究发展基地等。近几年来，利用海外所学知识及积累的海外资源回国创业趋势越发明显。2011 年末，全国共建成各级各类留学人员创业园 160 余家，入园企业超过 8000 家，2 万多名留学人员在园内创业。2012 年各级各类留学人员创业园迅速增加至 260 家，入园企业超过 1.7 万家，共吸引 4 万多名留学归国人员在园内创业，并涌现出一批海外留学人员回国创业的典型代表如搜狐、百度等一批行业领军企业，这些创业活动不仅将国外先进的技术和经营理念带到国内，也为我国新兴产业的发展注入动力，日益成为我国建设创新型国家的重要力量。

各地方也纷纷制定政策细则，为留学人员归国创新、创业及为国服务创造良好条件。在学历要求方面。各地方政府引进海外留学人员大多是指我国公派或自费留学人员中具有学士（含学士）以上学位或者具有高级职称的专业技术人员和管理人员。同时，也不乏一些省份对人才层次要求更高，如山西省规定引进的海外留学人员应当具有硕士以上学位或具有高级职称的专业技术人员和管理人员；广东省规定出国留学高级人才的范围包括自然科学和社会科学领域具有博士学位或高级职称、年龄一般在 50 岁以下。

三、允许在校大学生（研究生）创办科技型企业

鼓励大学生自主创新创业也是我国科技人才创业政策体系的重要组成部分，主要体现在增强创业意识、培养创业技能、宽容创业失败几个方面。人社部等九部委于 2010 年与 2014 年实施两轮“大学生创业引领计划”，具体措施包括普及创业教

育、加强创业培训、提供工商登记和银行开户便利、提供多渠道资金支持、加强创业公共服务等。2015 年，国务院办公厅发布《国务院办公厅关于深化高等学校创新创业教育改革的实施意见》。2015 年起全面深化高校创新创业教育改革。2017 年取得重要进展，形成科学先进、广泛认同、具有中国特色的创新创业教育理念，形成一批可复制可推广的制度成果，普及创新创业教育，实现新一轮大学生创业引领计划预期目标。到 2020 年建立健全课堂教学、自主学习、结合实践、指导帮扶、文化引领融为一体的高校创新创业教育体系，人才培养质量显著提升，学生的创新精神、创业意识和创新创业能力明显增强，投身创业实践的学生显著增加。

此外，各地方还积极探索，对鼓励和促进人才创新提出了许多建设性的政策，如一些地方明确规定，允许在校大学生休学创办科技型企业或科技中介机构，以发挥在校大学生的创新能力与创造力，鼓励创新人才向企业集聚。

天津、河北、山东、江苏、湖北等地规定，凡在校期间创办科技型企业的学生可向学校申请保留学籍 2 年，凡入驻市级科技企业孵化器和大学生创业孵化基地的企业，2 年内免交房屋租金。进入大学生创业孵化基地创业的在校大学生（研究生），可根据创业绩效给予一定的学分奖励。自主创业的大学生（研究生）可享受本市公共租赁住房政策。除此之外，一些省份还在税收、成果转化及注册资金等方面，为大学生创办科技企业提供优惠。例如，江苏省还规定免征企业所得税 2 年，从事技术转让、技术开发和与之相关的技术咨询、技术服务等业务取得的收入，技术交易合同经登记后，可免征营业税、城市维护建设税和教育费附加；湖北省规定毕业当年，经学校和成果完成人同意，可无偿实施由政府资助的科研成果产业化，并可在无偿使用期 2 年内优先购入科研成果产权或按有关规定与学校另签成果转化协议；企业在注册、税收、银行贷款按现行有关规定优惠办理；云南省为大学生创办企业注册资金提供了优惠政策，规定在校大学生申请设立企业注册资本（出资额）在 10 万元以下的，其注册资本（出资额）实行“自主首付”办理注册登记，其余出资 2 年内缴足。

专栏 5-3：“南京九条”创业政策

（1）允许和鼓励在宁（其为南京简称）高校、科研院所和国有事业、企业单位科技人员（包括担任行政领导职务的科技人员）离岗创业，3 年内保留其原有身份和职称，档案工资正常晋升。

（2）允许和鼓励在宁高校、科研院所和国有事业、企业单位职务发明成果的所得收益，按至少 60%、最多 95% 的比例划归参与研发的科技人员（包括担任行政领导职务的科技人员）及其团队拥有。

(3) 允许科技领军型创业人才创办的企业，知识产权等无形资产可按至少50%、最多70%的比例折算为技术股份。高校、科研院所转化职务科技成果以股份或出资比例等股权形式给予科技人员个人奖励，按规定暂不征收个人所得税。申请设立企业注册资本在10万元以下的，其资本注册实行“自主首付”办理注册登记，其余出资2年内缴足。

(4) 允许在引进的科技领军型创业人才创办的企业中，将市、区（县）属国有股份3年内分红及按投入时约定的固定回报方式退出的超出部分，用于奖励科技领军型人才和团队。

(5) 允许和鼓励以定制的方式，首购首用在南京紫金科技创业特别社区或校地共建大学科技园内设立的科技创业型企业创制的高新技术新产品。建立“首购首用”风险补偿机制，对“首购首用”单位给予适当的风险资助。

(6) 新创业的科技创业型企业所缴纳企业所得税新增部分的地方留成部分，3年内由财政扶持该企业专项用于加大研发投入。经认定的高新技术产品或通过省级以上鉴定的新产品，从认定之日起，3年内由财政按所上缴一般预算收入的相应额度扶持该企业专项用于加大研发投入。

(7) 允许和鼓励在宁高校、科研院所科技人员（包括担任行政领导职务的科技人员）在完成本单位布置的各项工作任务前提下在职创业，其收入归个人所有。

(8) 在高校、科研院所以科技成果作价入股的企业、国有控股的院所转制企业、高新技术企业实施企业股权（股权奖励、股权出售、股票期权）激励及分红激励试点。设立股权激励专项资金，对符合股权激励条件的团队和个人，经批准，给予股权认购、代持及股权取得阶段所产生的个人所得税代垫等资金支持。

(9) 鼓励在宁高校允许全日制在校学生休学创业。凡到南京市大学创业基地创业的学生，进入该基地创业的时间，可视为其参加学习、实训、实践教育的时间，并按相关规定计入学分。

第六章　科技创新基础条件平台与基地政策

摘要：科技创新基础条件平台与基地政策是面向国家（重点）实验室、工程（技术）研究中心等研究试验基地和重大科研基础设施、科学数据共享平台、自然科技资源共享平台等的一类要素政策。应用的政策工具主要包括财政支持、后补助、税收优惠、奖励等。这类政策的着力点主要体现在认定、建设运行全生命周期、绩效评价、激励、动态调整、开放共享等方面。经过多年的探索，我国这类政策呈现出以下特点：围绕着创新链条支持各类科技创新基地的建设布局，基本完成了涵盖基础研究、应用研究、技术开发与产业化等创新环节的各类科技创新基地的建设布局。依托科技基础条件平台建立起跨部门、跨区域、多层次的科技基础条件资源网络体系，强调科技创新资源的开放共享。近年来，这类政策的作用点逐步从促进数量、规模增长转向整体布局的优化和运行管理效率的提升。在政策设计方面，围绕着论证决策、建设、运行、更新提升等环节，强调全链条设计，加强政策供给。

科技创新基础条件平台与基地是一国重要的创新资源和载体，是保障科技快速发展和经济社会进步的重要支撑系统和硬件基础，是实施创新驱动发展的关键前提和物质保障。改革开放以来，围绕着中国特色国家创新体系建设，我国一直十分重视科技创新基础条件平台与基地建设，加强体制机制设计和政策供给，积累集聚资金、人才、知识、技术等要素，从一个侧面促进要素流动和资源高效利用，以使我国科技创新基础保障更加坚实和开放。

1978 年 3 月，邓小平在全国科学大会强调：“为了实现科学研究计划，为了把科学研究计划搞上去，还必须做好后勤保证工作，为科学技术人员创造必要的工作条件”。改革开放初期，全国各省（自治区、直辖市）基本都建立了分析测试中心、信息中心、计算中心，即“三中心”。自“九五”以来，科学仪器设备、实验动物、科研用试剂、计量基准等科研条件资源自主研发取得重要进展；围绕科技发展重点领域建设了一批国家（重点）实验室、国家工程技术（研究）中心等研究试验基地；着力推动了一批国家大型科学仪器中心、国家科技图书文献中心、科学数据共享中心、自然科技资源共享中心等建设，开创了国家科技基础条件平台建设，科研条件资源的开放共享得到了长足发展。2004 年，国务院办公厅转发了《关于改进和加强中央财政科技经费管理若干意见》，明确“科研条件建设”为科技投入的重要方向之一。2008 年 7 月 1 日正式实施的《科技进步法》，以国家法律的形式对科研条件建设、开放共享及自主研发等环节加以明确，明确要求科研条件建设是国家财政投入的重要方向之一（科学技术部，2009）。

第一节　科技创新基地建设和运行管理政策

一、科技创新基地的政策基本定位

科技创新基地是面向科学技术前沿发展、国家战略需求及产业创新发展需要，依托科研院所、高等院校及有关企业组建的，开展前沿性、基础性、战略性研究及产业共性关键技术研发、加速科技成果转化与产业化等科技创新活动的重要研发与创新基地，主要包括国家（重点）实验室、国家工程技术研究中心、国家工程技术中心、国家工程实验室等。

国家重点实验室（1984 年开始建设）是我国基础研究领域最重要的创新基地，是我国开展高水平基础研究、聚集和培养优秀科技人才、开展高层次科技交流合作的重要基地。国家重点实验室的体系包括：国家实验室、依托高校和科研院所建设的国家重点实验室、依托企业建设的国家重点实验室、依托军队院校和科研院所建设的军民共建国家重点实验室、依托港澳地区高校和科研院所建设的国家重点实验室伙伴实验室、省部共建国家重点实验室培育基地。

国家工程技术研究中心（1992 年开始建设）是依托于科技实力雄厚的科研院所、高等院校或企业，拥有国内一流的工程技术研究开发、设计和试验专业人才队伍，具有较完备的工程技术综合配套试验条件，能够提供行业公益性服务，具有自我良性循环发展机制的技术研究开发平台。

国家工程研究中心（1992 年开始建设）是指根据建设创新型国家和产业结构优化升级的重大战略需求，以提高自主创新能力、增强产业核心竞争能力和发展后劲为目标，组织具有较强研究开发和综合实力的高校、科研机构和企业等建设的研究开发实体。国家工程研究中心的宗旨是以国家和行业利益为出发点，通过建立工程化研究、验证的设施和有利于技术创新、成果转化的机制，培育、提高自主创新能力，搭建产业与科研之间的“桥梁”，研究开发产业关键共性技术，加快科研成果向现实生产力转化，促进产业技术进步和核心竞争能力的提高。

国家工程实验室（2006 年开始建设）是为提高产业自主创新能力和核心竞争力，突破产业结构调整和重点产业发展中的关键技术装备制约，强化对国家重大战略任务、重点工程的技术支撑和保障，依托企业、转制科研机构、科研院所或高校等设立的研究开发实体。

自国家科技创新基地建设以来，国务院、相关部门对其建设和运行管理出台或发布了有关建设规划和政策文件，加强了对其布局建设和运行管理。

《规划纲要》实施以来，相关部门在相关的科技规划制定中对科研基地建设进行了具体的部署。《国家“十二五”科学和技术发展规划》《国家“十一五”基础研究发展规划》《国家基础研究发展“十二五”专项规划》《国家自主创新基础能力建设“十一五”规划》等规划系统部署了科技创新基地建设方面的工作，进一步完善科技创新基地建设布局，强化支撑服务能力建设。近年来，国家发布了《关于深化科技体制改革加快国家创新体系建设的意见》《国家重大科技基础设施建设中长期规划（2012—2030 年）》《“十二五”国家自主创新能力建设规划》《“十二五”国家重大创新基地建设规划》《科研条件发展“十二五”专项规划》，进一步推动了科技创新基地建设及其开放与共享。

科学技术部为加强国家重点实验室管理与制度建设，借鉴国际先进经验，率先实行“开放、流动、联合、竞争”的新型管理制度，从发展初期就坚持规范的学术委员会制度、开放研究课题制度、定期评估制度等，并随着科技发展的环境和条件变化，不断修订完善评估办法和相应的评估规则，有力地促进了实验室科学管理和运行开放。此后，又率先实行实验室主任公开聘任制、课题制管理等先进制度，重视创新文化环境建设，为我国科技体制改革提供了宝贵经验。

2008 年，科学技术部、财政部修订发布了《国家重点实验室建设与运行管理办法》，科学技术部还发布了《国家重点实验室评估规则》，财政部与科学技术部联合发布了《国家重点实验室专项经费管理办法》，组织了国家重点实验室制定五年发展规划和年度工作计划，并指导实验室用好专项经费。2012 年，科学技术部发布《依托企业建设国家重点实验室管理暂行办法》。2014 年，为强化国家重点实验室定位、简化和改进评估工作、加强日常考核与定期评估相结合，科学技术部对《国家重点实验室评估规则》进行了再次修订。

国家发展和改革委员会同有关部门制定了《关于建设国家工程实验室的指导意

见》《国家工程实验室管理办法（试行）》《国家工程研究中心管理办法》，进一步明确国家工程实验室、国家工程研究中心的建设重点、运行管理及有关要求。

2014 年，国务院发布了《关于改进加强中央财政科研项目和资金管理的若干意见》（国发〔2014〕11 号）、《关于深化中央财政科技计划（专项、基金等）管理改革方案的通知》（国发〔2014〕64 号），明确指出对科学技术部管理的国家（重点）实验室、国家工程技术研究中心，国家发展和改革委员会管理的国家工程实验室、国家工程研究中心等合理归并，进一步优化布局，按功能定位分类整合，完善评价机制，加强与国家重大科技基础设施的相互衔接，支持科技创新基地建设和能力提升，促进科技资源开放共享，提高我国科技创新的条件保障能力。

二、科技创新基地的重点政策

（1）围绕国家战略和创新链布局需求，不断优化各类创新基地布局，强调功能差异化发展。《国家中长期科学和技术发展规划纲要（2006—2020 年）》明确提出，对国家研究实验基地，根据国家重大战略需求，在新兴前沿交叉领域和具有我国特色与优势的领域，主要依托国家科研院所和研究型大学，建设若干队伍强、水平高、学科综合交叉的国家实验室和其他科学研究实验基地；加强国家重点实验室建设，不断提高其运行和管理的整体水平；构建国家野外科学观测研究台站网络体系。《国家“十二五”科学和技术发展规划》进一步部署谋划科技创新基地建设，其建设重点是加强科技创新基地建设布局，其具体包括以下内容：①在能源科学、生命科学、地球科学、环境科学、材料科学、空间和天文科学、粒子物理和核物理、工程技术科学等领域，布局建设一批国家重大科技基础设施和大科学装置；②在能源、信息、资源环境、农业、人口健康、先进制造、交通运输和公共安全等国家战略需求领域，以及基础前沿领域和新兴交叉学科领域，按照择优布局的原则，继续在高等学校和科研院所推进国家重点实验室建设，打造国际一流水平的基础研究骨干基地；③结合技术创新工程实施，加强企业国家重点实验室建设；④围绕重大科学工程和重大战略科技任务，建设若干国家实验室；⑤加强国防科技重点实验室、国防科技先进技术研究中心、军民共建实验室建设；⑥在关键产业技术领域，结合区域特色和优势科技资源，建设一批国家工程（技术）研究中心、工程实验室，加强考核评估，调整优化建设布局；⑦加强国家大型科学仪器中心、国家级分析测试中心、国家科技图书文献中心、国家实验动物种子中心、国家计量科技创新基地等综合实验服务基地建设。

（2）加强科技创新基地的经费支持。《国家重点实验室专项经费管理办法》明确规定，中央财政设立国家（重点）实验室专项经费，专项经费主要用于支持按照《国家重点实验室建设与运行管理办法》设立的国家重点实验室开放运行、自主创新研究和仪器设备更新改造等。科学技术部根据国家重点实验室总规划，批准国家重点实验室的建立、调整和撤销，定期组织国家重点实验室评估，将评估结果送财政部。开放运行费和基本科研业务费预算实行分类分档管理。财政部建立专项经费预算管理数据库，将专项经费预算安排情况、执行情况等内容纳入数据库进行管理。依托单位应当建立健全专项经费内部管理机制，制定内部管理办法，将专项经费纳入依托单位财务统一管理、单独核算、专款专用。国家重点实验室依托单位和主管部门应当建立专项经费的绩效评价制度，按照定性与定量评价相结合的原则，对国家重点实验室经费使用情况进行绩效评价，有关制度和情况报送财政部、科学技术部备案。财政部、科学技术部采取年度抽查与五年评估相结合的方式，对专项经费执行情况进行监督检查。经费执行情况的五年评估与国家重点实验室五年评估时间相衔接，有关内容包含在后者之中，其结果作为预算安排的重要依据之一。使用专项经费形成的固定资产、无形资产等属于国有资产，按照国家国有资产管理有关规定进行管理。专项经费形成的大型科学仪器设备、科学数据、自然科技资源等，按照规定开放共享，提高资源使用效率。

（3）加强科技创新基地的建设运行管理。2008 年，科学技术部发布了《国家重点实验室建设与运行管理办法》，对国家重点实验室的管理职责、设立与建设、运行与管理等做出了明确规定。国家重点实验室实行依托单位领导下的主任负责制，国家重点实验室主任由依托单位面向国内外公开招聘、择优推荐，主管部门聘任，报科学技术部备案。学术委员会会议每年至少召开一次，每次实到人数不少于三分之二。国家重点实验室由固定人员和流动人员组成，固定人员包括研究人员、技术人员和管理人员，流动人员包括访问学者、博士后研究人员。国家重点实验室人员实行聘任制，骨干固定人员由国家重点实验室主任聘任；其余固定人员和流动人员由骨干固定人员聘任，国家重点实验室主任核准。国家重点实验室按研究方向和研究内容设置研究单元，保持人员结构和规模合理，并适当流动。国家重点实验室应当重视和加强运行管理，建立健全内部规章制度。要加强室务公开，重大事项决策要公开透明。严格遵守国家有关保密规定。国家重点实验室应围绕主要任务和研究方向设立自主研究课题，组织团队开展持续深入的系统性研究；少部分课题可由固定人员或团队自由申请，开展探索性的自主选题研究。国家重点实验室应当注重学术梯队和优秀中青年队伍建设，稳定高水平技术队伍，加强研究生培养。国家重点实验室应建立访问学者制度，并通过开放课题等方式，吸引国内外高水平研究人员来实验室开展合作研究。国家重点实验室应当加强知识产权保护。在国家重点实验室完成的专著、论文、软件、数据库等研究成果均应标注国家重点实验室名称，专利申请、技术成果转让、申报奖励等按国家有关规定办理。

（4）强调建立科技创新基地的绩效评估机制。为进一步规范国家重点实验室的评估工作，不断增强国家重点实验室的科技创新能力，2003 年科学技术部颁布了新的《国家重点实验室评估规则》，新规则简化了评估指标体系，强化了实验室整体评估，突出了代表性成果评价，提倡学术水平和创新贡献的评价；取消了定量评估，强调实验室科技创新、人才培养及运行管理等方面的定性评价。新评估规则的启用，有效地发挥了实验室评估的导向作用，引导实验室集中精力从事原始创新性研究，促进国家重点实验室成为国际一流的研究基地。科学技术部对省部共建实验室建立统一评估制度，根据评估结果，对实验室给予引导性经费支持。评估成绩优秀的实验室将晋升为国家重点实验室，较差实验室则撤销其省部共建资格。

三、科技创新基地建设的主要成效①

科技创新基地规模不断扩大。截至 2013 年底，正在运行的试点国家实验室为 6 个，依托院校建设的国家重点实验室共为 259 个，依托企业建设的国家重点实验室为 99 个，军民共建国家重点实验室为 14 个，港澳国家重点实验室伙伴实验室为 18 个，省部共建国家重点实验室为 7 个，培育基地为 100 个。我国共建设国家工程技术研究中心为 332 个，分布在全国 29 个省（自治区、直辖市），共涉及农业、制造业、新材料、电子与信息通信、能源与交通等 9 个技术领域。

目前，正在运行的国家野外科学观测研究站共有 105 个，其中生态系统野外观测研究站为 53 个，国家材料自然环境腐蚀试验站为 28 个，大气成分本底站为 4 个，特殊环境与灾害观测研究站为 6 个，地球物理观测研究站为 14 个，初步形成了生态系统、材料腐蚀、特殊环境和特殊功能等国家野外观测站网络。

专栏 6-1：国家重点实验室的管理

经过 30 年的发展，面向知识创新、技术创新、军民融合创新、区域创新等领域，我国共建设了 7 个试点国家实验室、404 个国家重点实验室及 95 个

① 科学技术部 . 2016. 中国科学技术发展报告 2014。

省部共建国家重点实验室培育基地，已形成较为完善的国家重点实验室体系，成为国家创新体系的重要组成部分和提升原始创新能力的骨干基地。

国家重点实验室实行“开放、流动、联合、竞争”的运行机制，采取依托单位领导下的主任负责制。学术委员会是国家重点实验室的学术指导机构。国家重点实验室根据研究方向设置开放基金和开放课题。依托单位每年对国家重点实验室工作进行年度考核，科学技术部定期组织国家重点实验室周期评估。

为加强对国家重点实验室的稳定支持，2008 年，财政部、科学技术部针对依托高校和公益类科研院所建设的国家重点实验室，启动了国家重点实验室专项经费，用于支持其开放运行、自主创新研究和仪器设备更新改造等。

为加强国家重点实验室对基础研究、前沿科学研究的综合研究与创新支撑能力，管理部门加大了对国家重点实验室的资源整合和管理调整力度。在整合资源筹建面向国家战略性创新任务的国家重点实验室的同时，促进相近学科的国家重点实验室之间的横向联合和资源共享。

第二节　重大科研基础设施建设和运行管理政策

一、重大科研基础设施的政策基本定位

重大科研基础设施是为探索未知世界、发现自然规律、实现技术变革提供极限研究手段的大型复杂科学研究系统，是突破科学前沿、解决经济社会发展和国家安全重大科技问题的物质技术基础。

我国重大科研基础设施经历了从无到有、从小到大、从学习跟踪到自主创新的过程，大致可分为三个阶段：第一个阶段是 20 世纪五六十年代，围绕“两弹一星”研制任务，建造了一些大型科研支撑装置，掀开了设施建设的序幕。第二个阶段是 20 世纪七八十年代，在改革开放和科技发展需求急剧增加的形势需求下，我国陆续建设了北京正负电子对撞机、中国遥感卫星地面站和兰州重离子加速器等设施，进入了设施建设的成长期。第三个阶段是 20 世纪 90 年代之后，为落实科教兴国战略，建设了上海光源、海洋科考船和地壳运动观测网等一大批重大科研基础设施，设施数量、建造规模和覆盖领域逐步扩大，重大科研基础设施建设步入发展期。目前，

我国在建和正在运行的重大科研基础设施覆盖了时间标准、导航、遥感、粒子物理与核物理、天文、地质、海洋、生态、生物资源、能源等诸多领域。

国家发展和改革委员会同科学技术部、财政部、教育部、中国科学院、中国工程院、国家自然科学基金委员会、国家国防科技工业局和中国人民解放军总装备部（简称总装备部）等有关部门与单位，共同编制了《国家重大科技基础设施建设中长期规划（2012—2030 年）》，这是我国历史上第一部系统部署国家重大科研基础设施中长期建设和发展的指导性文件。

二、重大科研基础设施的重点政策

（1）构建布局完整、技术先进、运行高效、支撑有力的重大科技基础设施体系。《国家重大科技基础设施建设中长期规划（2012—2030 年）》明确了未来 20 年我国重大科技基础设施发展方向和建设重点，即瞄准科技前沿研究和国家重大战略需求，根据重大科技基础设施发展的国际趋势和国内基础，以能源、生命、地球系统与环境、材料、粒子物理和核物理、空间和天文、工程技术 7 个科学领域为重点，从预研、新建、推进和提升 4 个层面逐步完善重大科技基础设施体系。在可能发生革命性突破的方向，前瞻开展一批发展前景较好的探索预研工作，夯实重大科技基础设施建设的技术基础；在 2016 ~ 2030 年适时启动建设一批科研意义重大、条件基本成熟的重大科技基础设施，强化未来科技持续发展的能力；在我国具有一定基础和优势的领域，“十二五”期间建设一批科研急需、条件成熟的重大科技基础设施，强化科技持续发展的支撑能力；对已经启动但尚未完成建设任务的在建重大科技基础设施，加大工程管理和技术攻关力度，力争早日建成投入使用；对已经投入运行但仍有较大发展潜力的重大科技基础设施，进一步完善提升技术指标和综合性能，最大程度发挥其科学效益。

（2）健全面向重大科技基础设施的建设运行的全过程管理制度。《国家重大科技基础设施建设中长期规划（2012—2030 年）》提出加快完善管理规章制度，规范和促进重大科技基础设施的建设、运行和管理；健全部门协调制度，加强规划实施中各部门间的统筹协调，国家发展和改革委员会、科学技术部、财政部等部门要各司其职、分工协作；建立健全规划动态调整机制，滚动推进“十二五”建设重点的立项和实施，并根据形势发展每五年对规划内容进行必要调整；制定符合重大科技基础设施特点和发展规律的管理办法，加强重大科技基础设施运行评价，提高重大科技基础设施运行效率；完善重大科技基础设施建设配套政策措施，鼓励地方政府在土地、资金、人才等方面出台相关政策。

国家发展和改革委员会、财政部、科学技术部、国家自然科学基金委员会 4 部门于 2014 年联合发布了《国家重大科技基础设施管理办法》，重点从主体责任、项目决策与申报、建设管理、运行管理等多方面进行规范引导。其中，在主体责任方面，国家发展和改革委员会是设施建设管理的牵头部门，与财政部、科学技术部、国家自然科学基金委员会等部门各司其职，负责重大科技基础设施的规划、建设、运行和退役，以及依托重大科技基础设施开展的科研工作。国家有关部门、省级人民政府、中央管理企业等是重大科技基础设施建设管理的主管单位，负责组织本部门、本地区或本企业所属单位重大科技基础设施项目的申报、协调等工作，制定重大科技基础设施管理的有关具体政策和细则，协调落实重大科技基础设施建设和运行所需条件。高校、科研院所或企业可作为重大科技基础设施建设管理的依托单位，负责重大科技基础设施项目申报、建设和运行管理的具体任务，落实相应的保障条件。

在项目决策与申报方面，国家发展和改革委员会会同科学技术部、财政部、国家自然科学基金委员会等有关部门编制重大科技基础设施建设规划，报国务院审批，并根据形势发展适时对规划内容进行调整。国家发展和改革委员会根据重大科技基础设施建设规划，按照“成熟一项、启动一项”的原则，组织重大科技基础设施建设项目的审理。重大科技基础设施建设项目主要由国家投资建设，地方政府、主管单位、依托单位应提供配套经费支持。重大科技基础设施建设项目实行审批制，包括审批项目建议书、可行性研究报告、初步设计。重大科技基础设施建设项目审批遵循竞争择优、集中建设的原则，体现重大科技基础设施建设项目的科研和工程双重属性，鼓励原始创新，注重自主设计研制与国际合作相结合，强化用户参与机制和开放共享机制。

在建设管理方面，依托单位要成立项目建设管理机构，并明确项目建设总负责人，协调和推进项目建设工作；要建立健全符合重大科技基础设施建设项目特点的人力资源管理制度，制定相应的考核和激励办法，组建并稳定一支专职的研制、工程、管理人员队伍；要制定项目建设技术方案，组织并完成重大科技基础设施建设项目必需的各项研究实验、技术攻关和设备研制工作，确保与工程建设进度相衔接；要加强重大科技基础设施建设项目的质量、资金、进度、风险、变更、安全、采购等方面的合同、档案、信息等管理。主管单位应制定和落实各项配套政策，成立项目建设协调机构，协商和解决建设中的重大事项。主管单位应于每年 2 月底前向国家发展和改革委员会报送上一年度的重大科技基础设施建设项目进展，重大科技基础设施建设进展情况是制定后续投资计划的重要依据。国家发展和改革委员会根据重大科技基础设施建设进展对项目建设情况进行中期检查。

在运行管理方面，一是依托单位负责重大科技基础设施的运行管理，应成立运行管理机构，并明确总负责人；应设立重大科技基础设施科技委员会和用户委员会，委员中依托单位以外的专家应不低于二分之一。运行管理机构的成立、总负责人的任命或调整、重大科技基础设施科技委员会和用户委员会的设立应报主管单位批准。二是重大科技基础设施运行经费主要来源于财政资金，以及主管单位、依托单位提供的必要的经费支持。重大科技基础设施运行经费的安排应结合重大科技基础设施运行和开放共享情况等，按照预算管理相关规定执行。三是依托单位应参照国内外同类重大科技基础设施的运行标准，建立以重大科技基础设施运行能力和效率为核心的运行维护规章制度；建立符合重大科技基础设施运行需要的人才引进、培养和使用制度及差别化的考核机制和激励机制，组建并稳定一支专职的运行维护、科学研究和运行管理队伍，促进开放共享。四是科学技术部将依托重大科技基础设施开展的重大科学研究工作纳入重要支持方向。国家自然科学基金委员会在自然科学基金中对依托重大科技基础设施开展的科学研究进行支持。重大科技基础设施主管单位和其他相关部门应统筹利用现有科技资源加大对依托重大科技基础设施开展重大科学研究工作的支持。鼓励依托单位和有条件的企业支持依托重大科技基础设施的科学研究工作。五是主管单位要做好重大科技基础设施运行的监督管理工作，对重大科技基础设施运行情况进行年度考核，发现和解决重大科技基础设施运行中存在的问题，每年 2 月底前应向财政部、国家发展和改革委员会等部门报送上一年度的重大科技基础设施年度运行报告。国家发展和改革委员会同有关部门委托第三方适时对重大科技基础设施的科研支撑能力、科技发展潜力、开放共享和运行绩效进行阶段评估。年度运行报告和阶段评估结果是配置重大科技基础设施运行资源、升级改造和退役的重要参考。

保障资金投入。《国家重大科技基础设施建设中长期规划（2012—2030 年）》提出，加强重大科技基础设施预研、建设、升级改造、运行和科研的协调，加大财政资金投入力度，鼓励企业等其他来源资金投入，形成多元化投入格局；规范投入管理，加强绩效评价，切实提高资金的使用效率和效益。

强化开放共享。《国家重大科技基础设施建设中长期规划（2012—2030 年）》提出，健全重大科技基础设施开放共享制度，最大限度发挥其公共平台作用；健全用户参与机制，形成科研院所、高等学校、企业等多方共建、共管和共享的局面；统筹安排开放共享配套条件建设，提高重大科技基础设施科研服务能力；将开放共享程度作为重大科技基础设施运行考核的重要指标，根据评价结果配置运行资源。

加强统筹协调。《国家重大科技基础设施建设中长期规划（2012—2030年）》提出，协同推进预研，加强部门沟通协调，充分利用现有资金渠道，系统安排原理探索、技术攻关、工程验证等类型的预研项目，强化预研工作各阶段及预研与重大科技基础设施建设之间的衔接。

加强人才培养。《国家重大科技基础设施建设中长期规划（2012—2030年）》提出，制定与重大科技基础设施发展相配套的人才计划，吸引和凝聚一大批高层次创新人才；加强重大科技基础设施建设与国家科技重大专项、重大科技计划的衔接，加速培养一批高水平科技创新领军人才，造就一批科研、工程和管理人才队伍；建立健全与重大科技基础设施特点相适应的人员分类评价、考核、激励政策，凝聚和稳定重大科技基础设施建设和运行专业人员队伍。

三、重大科研基础设施建设的主要成效

改革开放后，我国对重大科研基础设施不断增大投入。“七五”时期列入国家重点建设的科学项目为5项，其中重大科研基础设施为2项，投资为3.4亿元；“八五”时期、“九五”时期，国家持续增加重大科研基础设施的投入，到“十五”期末投资增加到近40亿元。“十一五”期间，国家相继启动散裂中子源、强磁场装置、大型天文望远镜、海洋科学综合考察船、航空遥感系统、结冰风洞、大陆构造环境监测网络、蛋白质科学研究设施、子午工程等12项重大科研基础设施，投资突破60亿元。“十二五”期间，投资建设了海底科学观测网、高能同步辐射光源验证装置、上海光源线站工程、大型低速风洞等16项重大科研基础设施。随着国家投入的增加，重大科研基础设施涉及的领域不断拓展，建设稳步发展，逐步形成了一定的规模与体系。根据科技资源调查，截至2014年底，全国各类科研院所和高校拥有50万元以上的大型科学仪器5.8万台/套，原值合计超过913.4亿元，是21世纪初的三倍多。我国重大科研基础设施的建设和运行为科学前沿探索和国家重大科研任务开展提供了重要支撑，推动了我国粒子物理、核物理、生命科学等领域科研水平进入国际先进行列。

第三节　国家科技基础条件平台建设和运行管理政策

2001年，科学技术部发布了《科研条件建设“十五”发展纲要》等5个规范性

文件，对全国的科研条件建设工作起到引导和规范的作用。当年启动了国家遗传工程小鼠资源库等9个项目，发挥了资金引导和示范作用；并以资源共享为中心，继续推进共建共享工作，加强国家科技图书文献中心的组织协调工作，成立大型科学仪器共建共享示范点，开通中国实验动物信息网和中国科学仪器网等试运行信息网站。从2001年开始，科研条件工作在国家财政开设了稳定的经费专项，当年投入经费1.71亿元。2002年，经国务院批准，科学技术部联合国家发展和改革委员会、财政部、教育部等有关部门开展了国家科技基础条件平台的建设试点工作，首先启动了9个科学数据共享试点。

2004年，国务院转发了由科学技术部、国家发展和改革委员会、财政部、教育部共同制定的《2004—2010年国家科技基础条件平台建设纲要》，这是中华人民共和国成立以来首次从国家层面发布的科研条件建设专项纲领性文件，为我国平台建设的整体推进做出了统一部署。《2004—2010年国家科技基础条件平台建设纲要》突出了“整合、共享、完善、提高”的平台建设指导方针，提出了平台建设的建设任务、组织保障等若干纲领性意见，还明确提出，建立与平台建设和管理相适应的政策法规与制度规范，初步形成以共享为核心的制度框架；搭建由研究实验基地和大型科学仪器设备共享平台、自然科技资源共享平台、科学数据共享平台、科技文献共享平台、成果转化公共服务平台和网络环境平台6大平台为主体框架的国家科技基础条件平台，为各类科技创新活动提供公平竞争的环境，使全社会成员都能享受到科技进步的成果。2005年7月，科学技术部会同财政部在中央本级设立专项资金，以跨部门、跨行业、跨地区的科技基础条件资源的整合与共享为重点，正式启动实施了国家科技基础条件平台建设计划。2006年2月，科学技术部成立了国家科技基础条件平台中心，负责平台计划过程管理、平台建设的发展战略、规范标准、运行机制研究及平台门户系统建设管理等职能。

一、科技基础条件平台的政策基本定位

科技基础条件平台是在信息、网络等技术支撑下，由研究实验基地、大型科学设施和仪器装备、科学数据与信息、自然科技资源等组成，通过有效配置和共享，服务于全社会科技创新的支撑体系。它是优化科技资源配置、推动科技资源开放共享的重要载体，是科技创新的物质基础和根本保障。

为加强科技创新基础能力建设，推动我国科技资源的整合共享高效利用，改变我国科技条件建设多头管理、分散投入的状况，减少科技资源低水平重复和浪费，

打破科技资源条块分割、部门封闭、信息滞留和数据垄断的问题，2003 年，国家启动了科技基础条件平台建设，同年，建立了由科学技术部和财政部牵头 16 个部门参加的“国家科技基础条件平台建设”部际联席会议机制，科学技术部与国家发展和改革委员会、财政部、教育部等有关部门联合启动了科技基础条件平台建设重点领域试点项目。2004 年，国务院办公厅转发了科学技术部、财政部、国家发展和改革委员会与教育部四部委共同制定的《2004—2010 年国家科技基础条件平台建设纲要》，对科技基础条件平台建设进行了总体部署。2005 年，四部委又联合发布了《“十一五”国家科技基础条件平台建设实施意见》，对科技基础条件平台建设目标和重点任务进行了整体规划和布局。同年，科学技术部和财政部正式启动了国家科技基础条件平台建设专项，根据研究试验基地和大型科学仪器设备、自然科技资源、科学数据、科技文献、科技成果转化、网络科技环境 6 大类科技基础条件平台 24 项重点任务，组织实施了首批 39 项重点建设项目。2006 年，中央机构编制委员会正式批复批准成立国家科技基础条件平台中心，具体行使国家科技基础条件平台建设和管理职能，推动科技资源开放共享。2007 年，科学技术部、财政部起草了《国家科技基础条件平台运行管理暂行办法》和《国家科技基础条件平台经费管理暂行办法》，确定了国家科技基础条件平台认定机制、定期考核机制和工作流程，明确了奖励补助制度，突出“以奖代补、鼓励服务”。

为推动科技资源汇交和资源调查等制度建设，制定了《国家科技计划项目所形成科技资源汇交与共享管理细则》《国家科技基础条件资源数据共享使用管理规定》和《国家科技资源调查管理工作暂行办法》。2010 年 6 月，科学技术部发布了《关于加强“十一五”科技计划项目总结验收相关管理工作的通知》，明确要求加强国家科技计划实施形成科技资源的加工管理和开放共享工作，提出将科技计划项目课题形成的科技文献、科学数据、研究实验报告、各类仪器设备、特殊实验动物、植株、菌种、病毒等科技资源或资源信息汇交到国家科技基础条件平台。研究制定了《国家科技计划项目农业领域科技资源汇交标准规范》，确立了从科技基础条件平台中心、省科技厅、单位科技处直到课题承担人的汇交工作体系。

二、科技基础条件平台的重点政策及其成效

《国家中长期科学和技术发展规划纲要（2006—2020 年）》明确提出，加强科技基础条件平台建设，其建设重点包括：第一，对大型科学工程和设施，加强科学仪器设备及检测技术的自主研究开发；建设若干大型科学工程和基础设施，包括在高

性能计算、大型空气动力研究试验和极端条件下进行科学实验等方面的大科学工程或大型基础设施；推进大型科学仪器、设备、设施的共享与建设，逐步形成全国性的共享网络。第二，对科学数据与信息平台，充分利用现代信息技术手段，建设基于科技条件资源信息化的数字科技基础条件平台，促进科学数据与文献资源的共享，构建网络科研环境，面向全社会提供服务，推动科学研究手段、方式的变革。第三，对自然科技资源服务平台，建立完备的植物、动物种质资源，微生物菌种和人类遗传资源，以及实验材料，标本、岩矿化石等自然科技资源保护与利用体系。第四，对国家标准、计量和检测技术体系，研究制定高精确度和高稳定性的计量标准和标准物质体系，以及重点领域的技术标准，完善检测实验室体系、认证认可体系及技术性贸易措施体系。

为进一步加强对全国科技基础条件平台发展方向的把握，深化科技资源共享，推进科技基础条件平台运行服务，规范科技基础条件平台运行管理，其政策供给聚焦于“定、评、补”，即通过认定，搭建国家科技基础条件平台体系；通过绩效评价，规范、促进科技基础条件平台运行管理和共享服务；通过奖励补助，促进提高服务质量和效率。

开展国家科技基础条件平台的认定。科学技术部、财政部根据国家科技基础条件平台“整合、共享、完善、提高”建设方针的要求，于2011年发布了《关于开展国家科技基础条件平台认定和绩效考核工作的通知》。一是制定《国家科技基础条件平台认定指标》，国家科技基础条件平台认定的一级指标包括资源整合、组织管理、运行服务、持续发展能力，明确了准入条件，重点突出国家科技基础条件平台跨部门、跨地方的资源规模优势和“最新、最优、最权威”的资源质量优势。二是建立认定机制，按照“统筹规划、合理布局、加强引导、注重培育”的基本思路，科学技术部、财政部首先对国家科技基础条件平台建设专项支持并通过开放共享评议的国家科技基础条件平台试点开展认定工作，符合认定要求的国家科技基础条件平台在经过公示后将正式被认定为国家科技基础条件平台。在国家科技基础条件平台试点工作取得经验后，对符合条件的部门、地方科技基础条件平台，也将陆续开展相关认定工作。通过认定的部门、地方科技基础条件平台也将纳入国家科技基础条件平台体系，并按照分层建设、分级管理的原则建设和管理。通过认定，明确了国家科技基础条件平台开放共享服务的根本宗旨，推进国家科技基础条件平台从项目建设向运行服务转变，为逐步建立国家、部门、地方相互衔接、互为支持、分层建设、分级管理的国家科技基础条件平台体系奠定了基础。

强调国家科技基础条件平台的绩效考核。按照“以用为主、开放服务”的原则，以国家科技基础条件平台对社会提供共享服务的“质”和“量”为核心，结合财政支出绩效评价管理要求，制定了《国家科技基础条件平台运行服务绩效考核指标》，绩效考核的一级指标包括服务数量、服务成效、运行管理、资源整合。完善考评奖惩制度，对通过认定的国家科技基础条件平台，定期组织进行绩效考核，并按照绩效考核结果对国家科技基础条件平台运行服务进行奖励补助，对评价结果为不合格者给予黄牌警告，限期整改；连续两次评价结果不合格者退出国家科技基础条件平台序列。建立用户评价和日常监督制度，根据国家科技基础条件平台面向用户、服务创新、开放共享的特点，开展用户满意度调查，并把用户评价作为国家科技基础条件平台服务绩效评价的重要指标；开通国家科技基础条件平台运行服务管理系统，初步实现对国家科技基础条件平台服务数量和成效的日常监督与跟踪管理。

创新财政支持方式，建立奖励补助制度。根据国家科技基础条件平台运行服务的特点，建立了以“后补助”为支持方式、“以奖代补、鼓励服务”为支持原则的奖励补助制度，打破原有仅以项目方式支持国家科技基础条件平台建设和开放服务的模式。以国家科技基础条件平台的服务数量和质量为主要依据，综合考虑资源类型和服务支出特点，确定奖励补助金额。明确奖励补助经费的支持原则和重点，奖励补助经费重点用于提升服务能力、创新服务方式、深化服务内容、提高服务水平。

推动国家科技基础条件平台建设运行的标准化，全国科技平台标准化技术委员会发布了《科技平台标准化工作指南》（GB/Z 30525—2014）、《科技平台元数据标准化基本原则与方法》（GB/T 30522—2014）、《科技平台资源核心元数据》（GB/T 30523—2014）、《科技平台元数据注册与管理》（GB/T 30524—2014）四项国家标准，2014 年 8 月 1 日起正式实施。

三、国家科技基础条件平台建设的主要成效

目前，已初步建立起跨部门、跨区域、多层次的资源整合与共享网络体系，建立完善了重点科技资源的物质与信息保障系统，建立了包括大型仪器设备、研究实验基地、生物种质资源、高层次人才等 22 个分类资源信息数据库，共收录单台/套原值 50 万元以上大型仪器设备约 4 万台/套、研究实验基地 6442 个、生物种质保藏机构 518 余家、生物种质资源信息 119 万条。“中国科技资源共享网”可提供网络计算服务、远程共享服务、虚拟实验室服务、文献服务等六大类共 20 余项特色服务。同时，不断完善运行管理和奖励补助机制，科学技术部、财政部每年组织进行绩效考核，并按照绩效考核结果对国家科技基础条件平台运行服务进行奖励补助，以推

动对全国科技资源的优化配置和高效利用。2011～2014年，中央财政连续四年给予国家科技基础条件平台共享服务奖励补助经费支持，共计达10.59亿元。2013年，对已认定的23家国家科技基础条件平台开展了年度绩效考核，给予奖励补助经费为2.74亿元。国家科技基础条件平台建设、运行、服务、管理、监督、评价和经费支持等进一步完善，其资源整合量稳步增长，开放共享成效显著。

四、地方典型政策实践

全国近2/3的省（自治区、直辖市）先后出台了地方科技基础条件平台建设方面的政策文件，如北京市发布了《北京关于促进科技条件共享的若干意见（试行)》，上海市制定了《科技创新登山行动计划》，辽宁、河北、江苏、安徽、浙江、湖南、四川、陕西、甘肃、新疆等地都制定了科技基础条件平台建设的纲要、实施意见或管理办法。全国大部分省（自治区、直辖市）都积极整合地方科技资源，开展大型科学仪器、科技文献、科学数据、自然科技资源等领域的共享平台建设，为地方科技创新提供基础条件支撑。经过探索，一些地方逐步打造了具有影响力的科技基础条件平台品牌，形成相对成熟且具有鲜明服务特色的平台运行模式，如首都科技基础条件平台与“北京模式”，上海研发公共服务平台与“上海模式”，浙江行业、区域科技创新平台与“浙江模式”。

专栏6-2：上海研发公共服务平台

截至2012年底，上海研发公共服务平台的注册用户已达到41万户，用户数量居全国各类平台之首，累计对外服务达到5924万次，门户网站累计访问量近2.35亿次，科技114服务热线话务量达到25万次。

积聚科技资源，优化资源配置。截至2012年底，上海研发公共服务平台已整合汇集全市各类加盟机构800家，30万元以上大型科学仪器7281台（总价值逾88亿元)，3万名高层次科研人才、812位科技创新服务专家，以及275家各级研发基地和34家国家级检测中心，建设了12家技术创新服务平台、73家专业技术服务平台，有效盘活了科技资源存量。

创新体制机制，完善服务体系。一是市区联动机制，即上海研发公共服务平台在上海市17个区县建立了服务分中心，并在37个各类高新园区设立了服务站。二是社会资源加盟机制。上海研发公共服务平台通过制订加盟管理办法，吸引优质资源加盟平台，并通过服务绩效评估、奖励补贴等方式，调动和提高资源的使用效率。三是政府购买机制，2012 年上海市政府投入 120 万元，用户下载、浏览各类数字期刊、学位论文、会议论文公约为 1103 余万次，折合市场价值约为 5514 万元，投入产出比约为 1：50。四是绩效评估机制，对 11 家技术创新服务平台和 35 家专业技术服务平台进行试点评估，综合评价其绩效，促使上海研发公共服务平台不断提升服务能效，更好地发挥公共服务功能。

资料来源：上海研发公共服务平台。

第四节　开放共享政策

针对我国科技资源分散、重复、封闭、低效等问题，坚持“创新机制，盘活存量，整合完善，开放共享”的方针，完善政策制度环境，促进大型科学仪器设备设施和国家科技基础条件平台开放共享，利用国家科技基础条件平台奖励补助专项经费渠道，强化与地方、部门联动的工作机制和管理体系建设，推动重点地区、部门的开放共享试点，进一步探索开放共享的运行机制、管理模式、服务方式和“后补助”制度，强化监督评价和信息公开等方面。

（1）强化政策法规建设，优化科技资源开放共享制度环境。在《中华人民共和国科学技术进步法》和《中华人民共和国促进科技成果转化法》中，都对财政投资建设的大型科研仪器开放共享做出了规定。2004 年，国务院办公厅发布了《2004—2010 年国家科技基础条件平台建设纲要》，力图打破科技资源的封闭状况，建立切实有效地促进大型科研仪器开放共享机制。2005 年，《国家中长期科学和技术发展规划纲要（2006—2020 年）》明确提出要推进大型科学仪器、设备、设施的共享与建设，逐步形成全国性的共享网络。要建立科技基础条件平台的共享机制，根据“整合、共享、完善、提高”的原则，制定各类科技资源的标准规范，建立促进科技资源共享的政策法规体系；针对不同类型科技条件资源的特点，采用灵活多样的共享模式，打破当前条块分割、相互封闭、重复分散的格局。

（2）整合和完善科技资源共享服务平台，构建多层次、多领域、定制化服务的开放共享网络。《国家“十二五”科学和技术发展规划》进一步推进国家科技基础条件平台建设和开放共享，在信息、生物、新材料、航空航天、能源、海洋、节能减排等重点领域及新兴、前沿和交叉学科领域，推动多学科交叉集成、面向社会开放服务的共享服务平台建设；继续加强科学仪器设备、计量标准装置、科技文献、科学数据、网络科技环境、自然科技资源等各类科技资源的整合和开放共享；加快科技资源开放共享网络建设，加强科技资源整合与共享的标准化工作。《国务院关于国家重大科研基础设施和大型科研仪器向社会开放的意见》要求力争 2014 ~ 2017 年基本建成覆盖各类科研设施与仪器、统一规范、功能强大的专业化、网络化管理服务体系，所有符合条件的科研设施仪器都纳入统一网络平台管理，建立完善科研设施与仪器运行和开放情况的记录，对科研设施和仪器的分布、使用情况和开放共享情况向社会公开，充分发挥科研设施与仪器对科技创新的服务和支撑作用。

（3）实行分类开放共享。《国务院关于国家重大科研基础设施和大型科研仪器向社会开放的意见》提出按照科研设施和仪器的价值、功能等，建立分类开放共享机制。对科学仪器服务单元和单台/套价值在 50 万元及以上的科学仪器设备，科技行政主管部门要加强统筹协调，按不同专业领域或仪器功能，打破管理单位的界限，推动形成专业化、网络化的科学仪器服务机构群。对单台/套价值在 50 万元以下的科学仪器设备，可采取管理单位自愿申报、行政主管部门择优加入的方式，纳入国家网络管理平台管理。

（4）建立促进开放的激励引导机制。《国务院关于国家重大科研基础设施和大型科研仪器向社会开放的意见》提出，管理单位对各类科研设施与仪器向社会开放服务建立公开透明的成本核算和服务收费标准；将单位优先利用现有科研设施和仪器开展科研活动作为获得国家科技计划支持的重要条件；鼓励企业和社会力量以多种方式参与共建国家重大科研设施，促进仪器设备使用的社会化服务；探索建立用户引导机制，鼓励共享共用。

（5）建立科研设施与仪器开放评价体系和奖惩办法。《国务院关于国家重大科研基础设施和大型科研仪器向社会开放的意见》明确，开放共享情况要作为科技资源建设和科技计划项目管理考核的重要内容。建立开放共享的评估体系，建立统一的评价制度，引入第三方专业评估机制。定期对科研设施与仪器的运行情况、管理单位开放制度的合理性、开放程度、服务质量、服务收费和开放效果进行评价考核。评价考核结果向社会公布，并作为科研设施与仪器更新的重要依据。对通用科研设施与仪器，重点评价用户使用率、用户的反馈意见、有效服务机时、服务质量及相关研究成果的产出、水平与贡献；对专用科研设施与仪器，重点评价是否有效组织了高水平的设施应用专业团队及相关研究成果的产出、水平与贡献。管理单位应在满足单位科研教学需求的基础上，最大限度地推进科研设施与仪器对外开放，不断提高资源利用率。对科研设施与仪器开放效果好、用户评价高的管理单位，同级财政部门会同有关部门根据评价考核结果和财政预算管理的要求，建立开放共享“后补助”制度。对通用性强但开放共享差的科研设施与仪器，结合科技行政主管部门的评价考核结果，相关行政主管部门和财政部门可以按规定在部门内或跨部门无偿划拨，管理单位也可以在单位内部调配。

（6）加强开放使用中形成的知识产权管理。《国务院关于国家重大科研基础设施和大型科研仪器向社会开放的意见》要求，用户独立开展科学实验形成的知识产权由用户自主拥有，所完成的著作、论文等发表时，应明确标注利用科研设施与仪器情况。加强网络防护和网络环境下数据安全管理，管理单位应当保护用户身份信息及在使用过程中形成的知识产权、科学数据和技术秘密。

地方政府结合本地特点和创新需求，扎实有序推进科研设施和仪器开放共享。截至2016年1月，14个省级政府出台了“关于促进科研基础设施和大型科研仪器向社会开放的实施意见”，全国关于科研设施仪器的开放共享的地方性政策法规超过100余个。这些地方性政策法规极大地促进了科研设施仪器的开放共享工作。例如，上海市继2011年出台了《上海市促进大型科学仪器设施共享规定》之后，又修订实施了《上海市科学技术进步条例》（简称《条例》），该新修订《条例》首次以立法的形式明确了科技资源共享、研发公共服务平台建设和科技资源调查等工作。山西省太原市于2011年1月1日实施的《太原市科技资源开放共享条例》，要求本行政区域内的科研机构、高等院校、企事业单位和个人等科技资源拥有者，将科技资源向社会开放，与其他单位、个人共享，以便用于科学研究、试验和技术开发。其中，财政性资金投资形成的科技资源应当对外开放，实现共享。其他形式资金形成的和各类无偿援助形成的科技资源则鼓励对外开放，实现共享。《云南省科学技术进步条例》《青岛市科技创新促进条例》等地方法规也明确规定了加强平台建设、促进科技资源开放共享等方面的内容。

第五节　未来政策方向

第一，加强战略规划引导。通过规划编制，明确其建设发展的方向、总体思路、阶段性目标和重点任务，在设计路线图、时间表和实施路径等方面发挥宏观政策引导作用。

第二，建立多元化的资金支持体系。加大财政资金投入力度，鼓励企业等其他来源资金投入，形成多元化投入格局；规范投入管理，加强绩效评价，切实提高资金的使用效率和效益。

第三，强调建设优化布局和资源整合。目前针对各类平台（基地）的政策存在较多的重复、交叉，需要全面梳理国家创新平台（基地）的定位、功能、布局、运行机制，按功能定位分类整合，按照创新发展的需要科学合理调整优化布局，引导各类创新资源向创新平台（基地）集聚。

第四，创新管理体制机制。围绕着国家科技基础条件平台与基地的论证决策、建设、运行、更新提升等过程，加强全链条的政策设计。加强政策组合应用，侧重于认定、绩效评价、奖励惩罚等方面。

第五，科技资源共享的政策法规和机制有待进一步完善。从整体上看，我国科技资源共享的综合性法律法规仍然缺失，现行的有关法律法规大多为国务院有关部门或地方的规章，其中有些只是部门的一般规范性文件，新修订的《中华人民共和国科学技术进步法》从宏观上明确提出了科技资源共享制度和原则，但科技资源共享仍然缺乏配套制度保障。科技资源多头管理、重复投入等问题尚未有效克服，资源共享的文化观念和社会氛围相对薄弱，有利于科技资源开放共享的激励、约束机制仍不健全，有效促进科技资源开放共享的配套政策有待进一步完善。

第三部分　主体政策

第七章　企业技术创新政策

摘要：企业技术创新政策旨在促进企业提高技术创新投入、加强研发组织建设、提高技术创新能力和提升从技术创新中获益，进而促进企业在国家创新体系中提升企业技术创新主体地位的一系列科技政策和产业政策的总和。一般而言，企业技术创新政策包括企业研发投入、企业研发机构建设、政府公共采购、科技奖励、产学研合作、科技成果转化，以及高新技术企业、国有企业、中小微企业等多种政策。限于章节安排，产学研合作和科技成果转化政策在别处介绍。从政策演变上看，企业技术创新政策重要性日益提升，表现为对政策、系统变革和体制创新理解的逐步深化；其政策内容逐步细化，在全球化竞争压力被动性应变政策内容成为近期的新趋势；其政策对象逐步向中小微企业倾斜，但大中型企业特别是大型企业仍然是其政策对象的一个重点；其政策手段逐步演进，从直接资助到间接资助、从项目支持到普适性政策，干预方式由依赖计划手段逐步向市场手段转变。

自2006年《国家中长期科学和技术发展规划纲要（2006—2020年）》实施以来，到2012年召开全国科技创新大会，发布《中共中央国务院关于深化科技体制改革加快国家创新体系建设的意见》（中发〔2012〕6号，简称6号文）；再至2016年全国科技创新大会、两院院士（中国科学院院士和中国工程院院士）大会、中国科学技术协会代表大会三会合一，中共中央、国务院印发《国家创新驱动发展战略纲要》，企业已经成为创新型国家建设的核心力量，成为国家创新政策的核心焦点，相关创新政策逐步体系化、全面化。

第一节　企业技术创新政策的演进特征

一、企业技术创新政策的演进过程

我国支持企业技术创新的政策始于科技体制改革。自改革开放以来，国家及各部委（不包括各省市颁布的地方法规）颁布的相关政策总计大约为 12 500 项，其中，经过筛选、关联分析后，可从中选择与技术创新相关性较强的政策有 500 项①。

从科技政策的演变上看，OECD 和中国科学技术部在《中国创新政策述评》中将改革开放以来的企业技术创新政策划分为四个阶段较为典型，即以中国国家科技发展战略会议（1978 年、1985 年、1995 年和 2006 年）为标志，将其划分为四个阶段。在此基础上，可以将中国促进企业技术创新政策的演进过程进一步划分为五个阶段。

（1）1978 年的国家科技发展战略会议启动了科技改革进程。重新认识了科学技术的地位和作用，进行了自下而上的以发挥研究团体研究能力的试点改革，是科技体制改革的准备期。1978～1984 年所进行的体制创新是把公共研究机构剥离出研究实体并实现企业化，以及利用改革所带来的宽松的经济政策在研究部门与产业间搭建了桥梁。

（2）1985 年正式启动科技体制改革。首要目标是克服改革前研发与产业脱节的关键弊端。科技体制改革主要集中在下面四个方面：①公共研发基金的分配机制；②从事应用研究的研发机构转型为企业性质或技术服务机构，大的研发机构并入大型企业；③创建技术市场；④在公共研究机构推行人力资源管理改革。通过引进竞争因素与市场机制，改革逐渐强化了科技体系的经济导向性。主要的体制创新包括多项国家研发项目的设立、技术市场及非政府性质科技企业的创建。

（3）1995 年推出“科教兴国战略”，由此进入了科技政策改革的新阶段，开始“构建以企业为中心的科技创新体系”的政策。该战略是在我国决定加入世界贸易组织之后就如何提升自身在全球知识经济中的竞争力的背景下出台的。之后，我国科技政策的重点为推进创新体系由以公共科研机构为中心向以企业为中心的转变，以提升企业的创新能力和科技产业化能力。同时，开展了进一步实施国家研发资助计

① 这是基于文献分析的结果。该分析基于这些政策的研究较多，如彭纪生等，2008；刘凤朝和孙玉涛，2007；等等。

划、加强公共科研机构的改革力度（如中国科学院知识创新工程）的国家科技体制创新。我国开始重视从 OECD 成员国借鉴先进的创新政策理念。

（4）2006 年我国召开第一次全国科技大会，颁布了《国家中长期科学和技术发展规划纲要（2006—2020 年）》，提出了自主创新战略和建设创新型国家目标，这标志着我国进入了国家创新体系建设新时期。我国政府开始调整其基础结构并优化政策及管理，将零散的、缺乏协调的科技政策决策方式上下协同并系统化；将政策目标由促进研发调整为有利于创新的基础体系构建；将政策措施由一个措施适用所有情况转变为可以微调、有所区分，从而针对具体情况量体裁衣提供更加完善的支持。

（5）2012 年全国科技创新大会召开，全面实施创新驱动发展战略新时期。深化科技体制改革的中心任务，确定为解决科技与经济结合问题，推动企业成为技术创新主体，增强企业创新能力。2013 年，国务院办公厅发布了《关于强化企业技术创新主体地位全面提升企业创新能力的意见》（国办发〔2013〕8 号），该意见明确指出："到 2020 年，企业主导产业技术研发创新的体制机制更加完善，企业创新能力大幅度提升，形成一批创新型领军企业，带动经济发展方式转变实现重大进展"。还确定了进一步完善引导企业加大技术创新投入的机制、支持企业建立研发机构、支持企业推进重大科技成果产业化、大力培育科技型中小企业、以企业为主导发展产业技术创新战略联盟、依托转制院所和行业领军企业构建产业共性技术研发基地、强化科研院所和高等学校对企业技术创新的源头支持、完善面向企业的技术创新服务平台、加强企业创新人才队伍建设、推动科技资源开放共享、提升企业技术创新开放合作水平和完善支持企业技术创新的财税金融政策等重点任务。

从这个过程可知，我国促进企业技术创新政策的演变表现为对政策、系统变革和体制创新理解的逐步深化。

二、企业技术创新政策的主要特征

（1）从政策的制定部门上看，我国企业技术创新政策的制定以经济部门为主，科学技术部门发挥重要作用。

（2）从政策的内容上看，存在如下几个特征：第一，政策目标在技术自主性上表现为三个阶段，即初期的通过放权让利的激活现存技术阶段；强调技术引进与消化、应用的"以市场换技术"阶段；强调自主创新的技术主导与创新驱动阶段。第二，适应全球竞争的创新倒逼机制，存在企业技术创新政策的被动适应性特征。例如，《技术型贸易壁垒协议》① 是促使我国增加知识创新含量一个重要文件。这是因为发达国家往往是根据本国已有的国家标准或技术水平制定相应的进口条件，这些条件使许多发展中国家远达不到标准，从而限制进口。

（3）从政策的适用对象上看，存在从科研院所到企业的转变，实质上是技术创新主导权由政府向市场的转移；而从企业上看，政策的扶植重心从国有大中型企业逐步向民营中小企业转移。随着我国经济体制改革的深入、市场经济体制目标的确立及技术创新研究的深入，企业技术创新主体地位被明确，相应的政策也逐步出台，如“企业技术中心建设计划”“产学研联合开发工程计划”“关于促进企业技术进步有关财务税收问题的通知”等，政策干预的对象不仅限于国有企业和集体企业，而且涉及民营科技企业，并越来越关注中小企业的创新创业。

（4）从政策的着力点上看，企业技术创新政策在技术创新链上的分布呈现两头小、中间大的格局，政策支持企业技术创新链重心靠后端的特征。如果将企业技术创新过程分为基础研究、应用研究、技术转移、工程化、生产、营销、技术扩散、教育与培训 8 个阶段，在现有的企业技术创新政策中，基础研究政策占 7.6%，应用研究政策占 17.5%，技术转移政策占 16.46%，工程化政策占 14.2%，生产政策占 17.47%，营销政策占 12.91%，技术扩散政策占 10.13%，教育与培训政策占 3.8%（王秋菊，2010）。换句话说，从企业技术创新政策的支持范围上看，我国企业技术创新政策更多的是支出应用研究以后的技术转移、工程化、生产、营销（商业模式）和技术扩散等企业技术创新链条后端行为，对基础研究、应用研究支持相对较少。

（5）从政策的手段上看，中国企业技术创新政策手段是从直接资助到间接资助、项目支持到普适性政策，干预方式由依赖计划手段逐步向市场手段转变。科技计划一直是政府干预企业技术创新的主要政策工具。随着时间的推移，科技计划的干预方式、干预对象和干预内容都在发生变化。早期指令性计划较多，而后期计划多为指导性。政府对企业技术创新的管理由过去的侧重行政指令向以提供服务和政策为主转变，由单纯项目向抓典型示范转变。在基础研究中也引入竞争机制，更好地实现了资源的有效配置。

第二节　支持企业研发投入的政策

鼓励和支持竞争前的企业研发活动特别是研发投入，是各主要发达国家通用、

① 《技术型贸易壁垒协议》是指那些确定工业产品或消费品的某些属性的强制性或非强制性的法规和标准，以及检验产品是否符合技术法规和确定产品质量及适用性能的认证、审批和试验程序所形成的贸易障碍。

有效的创新政策。中国自2006年开始，为落实全国科技大会精神和《实施〈国家中长期科学和技术发展规划纲要（2006—2020年）〉的若干配套政策》，出台了一系列关于企业研发投入支持政策，促进了我国企业研发经费投入的快速、稳定、持续增长，有力地推动了企业技术创新活动。

一、企业研发费用加计扣除

企业研发费用税前加计扣除政策是一个被多数国家普遍采用的普适性政策，自实施以来多次进行政策调整，不断完善政策的适用性和有效性。自落实《规化纲要》配套政策以来，已经先后发布六个相关文件、三次修改执行管理办法，这些文件包括《关于企业技术创新有关企业所得税优惠政策的通知》[①]《企业所得税法》[②]和《企业所得税法实施条例》[③]等，以及2008年12月10日国家税务总局印发了《关于企业研究开发费用税前扣除管理办法（试行））的通知》（国税发〔2008〕116号，简称《税前扣除管理办法》），2013年9月财政部、国家税务总局发布《关于研究开发费用税前加计扣除有关政策问题的通知》（财税〔2013〕70号）和2015年11月2日财政部、国家税务总局、科学技术部联合发布《关于完善研究开发费用税前加计扣除政策的通知》（财税〔2015〕119号）三个管理办法。此外，2013年，我国还在中关村国家自主创新示范区、东湖国家自主创新示范区和张江国家自主创新示范区和合芜蚌自主创新综合试验区中执行了相关政策实施的先行先试政策。

新办法放宽享受税收优惠政策的研发活动范围。原来的研发费用加计扣除政策，要求享受优惠的研发活动必须符合《国家重点支持的高新技术领域》和《当前优先发展的高技术产业化重点领域指南》两个目录。这次政策调整不是采取正列举，而是反列举，除规定那些不宜计入的研发活动之外，其他的都可以作为加计扣除的研发活动纳入优惠范围。

专栏7-1：企业研发费用税前加计扣除政策

税前扣除管理办法适用于财务核算健全并能准确归集研究开发费用的居

① 2006年9月8日，财政部和国家税务总局发布了《关于企业技术创新有关企业所得税优惠政策的通知》（财税〔2006〕88号）。

② 2007年3月16日，全国人大通过了《企业所得税法》。

③ 2007年12月6日，国务院发布《企业所得税法实施条例》，为贯彻实施企业所得税法，依法推动企业技术创新提供了依据。

民企业（简称企业）。在一个纳税年度中，企业从事《国家重点支持的高新技术领域》和国家发展和改革委员会等部门公布的《当前优先发展的高技术产业化重点领域指南（2007 年度）》规定项目的研究开发活动，实际发生的下列费用支出，允许在计算应纳税所得额时按照规定实行加计扣除：①新产品设计费、新工艺规程制定费及与研发活动直接相关的技术图书资料费、资料翻译费。②从事研发活动直接消耗的材料、燃料和动力费用。③在职直接从事研发活动人员的工资、薪金、奖金、津贴、补贴。④专门用于研发活动的仪器、设备的折旧费或租赁费。⑤专门用于研发活动的软件、专利权、非专利技术等无形资产的摊销费用。⑥专门用于中间试验和产品试制的模具、工艺装备开发及制造费。⑦勘探开发技术的现场试验费。⑧研发成果的论证、评审、验收费用。

2013 年 9 月，财政部、国家税务总局发布《关于研究开发费用税前加计扣除有关政策问题的通知》（财税〔2013〕70 号），对企业研发活动中可纳入税前加计扣除的研究开发费用范围作出调整，增加如下内容：

（1）企业依照国务院有关主管部门或者省级人民政府规定的范围和标准为在职直接从事研发活动人员缴纳的基本养老保险费、基本医疗保险（放心保）费、失业保险费、工伤保险费、生育保险费和住房公积金。

（2）专门用于研发活动的仪器、设备的运行维护费、调整费、检验费、维修费等费用。

（3）不构成固定资产的样品、样机及一般测试手段购置费。

（4）新药研制的临床试验费。

（5）研发成果的鉴定费用。

上述规定自 2013 年 1 月 1 日起执行。

办法实行操作更为细化。《税前扣除管理办法》规定，企业根据财务会计核算和研发项目的实际情况，对发生的研发费用进行收益化或资本化处理的，可按以下规定计算加计扣除：①研发费用计入当期损益未形成无形资产的，允许再按其当年研发费用实际发生额的 50%，直接抵扣当年的应纳税所得额；②研发费用形成无形资产的，按照该无形资产成本的 150% 在税前摊销。除法律另有规定外，摊销年限不得低于 10 年。该办法还要求企业必须对研究开发费用实行专账管理，同时必须按照本办法的规定项目，准确归集填写年度可加计扣除的各项研究开发费用实际发生金额。此外，《税前扣除管理办法》还对企业共同合作开发的项目、企业委托给外单位进行开发的研发项目（费用）、企业集团进行集中开发的研究开发项目，以及企业在一个纳税年度内进行多个研究开发活动的开发项目等企业研发活动费用的税前扣除，做出了细致的规定。

二、自主创新示范区试点政策及推广

2013年，为支持中关村、东湖、张江三个国家自主创新示范区和合芜蚌自主创新综合试验区（简称试点地区）的建设，财政部、国家税务总局发布了《关于中关村、东湖、张江国家自主创新示范区和合芜蚌自主创新综合试验区有关研究开发费用加计扣除试点政策的通知》（财税〔2013〕13号）。该通知进一步进行完善了税前扣除管理办法，对可纳入加计扣除范围的费用列支的第三条、第四条，进行了补充和细化，进一步体现了研究开发活动的“人本位”特征，更贴近了企业研究开发活动的实际支出情况，提高了政策的激励作用。

该政策适用于注册在试点地区内、实行查账征收、经试点地区省级高新技术企业认定管理机构认定的高新技术企业，从事《国家重点支持的高新技术领域》、国家发展和改革委员会等部门公布的《当前优先发展的高技术产业化重点领域指南（2011年度）》和试点地区当前重点发展的高新技术领域规定项目的研究开发活动。自2012年1月1日起至2014年12月31日止执行。

该政策得到地方政府和广大企业的认可，取得了较好的实施效果，在财税〔2013〕70号文件中得以全面推广，并进一步体现财税〔2015〕119号文件中。

第三节　支持企业创新机构建设的政策

一、支持企业建设研发机构

该类政策旨在引导企业围绕市场需求和长远发展，建立研发机构，围绕产业战略需求开展基础研究，创造良好的研发基础和创新环境。例如，国家发展和改革委员会、科学技术部发布的《关于加快推进民营企业研发机构建设的实施意见的通知》（发改高技〔2011〕1901号）等，大幅度提高大中型工业企业建立研发机构的比例，着重提高我国企业基础研究和应用研究能力，增强我国企业的原始创新能力和集成创新能力。

1. 企业建国家重点实验室

2006年12月，科学技术部发布了《关于依托转制院所和企业建设国家重点实验室的指导意见》（国科发基字〔2006〕559号），落实了《规划纲要》，推动企业基础应用研究活动。

2012年，科学技术部出台了《依托企业建设国家重点实验室管理暂行办法》（国科发基〔2012〕716号），进一步完善了国家重点实验室管理工作。

申请新建企业国家重点实验室必须满足下列条件。①符合国家产业发展政策和趋势，开展应用基础研究和竞争前共性技术研究。②研究实力强，在本行业有代表性，具备承担国家重大科研任务的能力。③具有结构合理的高水平科研队伍。④具备良好的科研实验条件和集中的科研用房。⑤依托单位须为在中国境内（不含港、澳、台地区）注册的具有法人资格的企业。⑥作为部门或地方省部级重点实验室运行2年以上，具有规范有效的管理和运行制度。⑦主管部门及依托单位能保证提供企业国家重点实验室建设经费和运行经费。此外，规定企业国家重点实验室建设期限一般为2年。

明确提出实行依托单位领导下的实验室主任负责制。企业国家重点实验室获准立项后，依托单位面向国内外公开招聘企业国家重点实验室主任。企业国家重点实验室主任应是本领域高水平的学术带头人，具有较强的组织管理能力，年龄一般不超过60周岁。企业国家重点实验室主任每届任期5年，每年在岗工作时间不少于8个月，连任不超过2届。

企业国家重点实验室人员由固定人员和流动人员组成。固定人员为签有劳动合同的研究人员、技术人员和少量管理人员，固定人员数量应在50～150人；流动人员包括客座研究人员、访问学者、博士后研究人员、在读研究生、临时聘用人员等。

确定企业国家重点实验室实行年度报告制度，应在规定时间将当年工作计划和上一年度工作年报，经依托单位和主管部门审核后，报科学技术部。

明确科学技术部组织对企业国家重点实验室进行定期评估。5年为1个评估周期，每年评估若干领域的企业国家重点实验室。评估主要对企业国家重点实验室的自主创新能力和5年的整体运行状况进行综合评价，具体包括：研究水平、对行业的引领和带动作用、人才队伍建设、开放交流与运行管理等。

科学技术部是企业国家重点实验室建设的宏观管理部门，研究制定企业国家重点实验室总体规划和有关政策、办法等指导性文件，批准企业国家重点实验室的建立、重组、合并和撤销，组织企业国家重点实验室的评估和考核，通过有关国家科技计划项目等方式对实验室予以支持。

2. 工程技术研究中心

1993年，科学技术部出台了《国家工程技术研究中心暂行管理办法》（国科发计字〔93〕060号），用以指导和鼓励企业建设工程技术研究中心。

3. 企业技术中心

2007年，国家发展和改革委员会出台《国家认定企业技术中心管理办法》（2007年第53号令），对国民经济主要产业中技术创新能力较强、创新业绩显著、具有重要示范作用的企业技术中心予以认定，并给予相应的优惠政策，以鼓励和引导企业不断提高自主创新能力。

4. 企业建国家工程实验室

2007年，国家发展和改革委员会出台了《国家工程实验室管理办法（试行）》（2007年第54号令），用以指导企业建设国家工程实验室。

二、支持企业提升研发组织能力

近年来，鼓励企业积极承担国家科技计划项目，参与国家重大科技工程，已经成为我国科技管理部门的重要工作，企业在国家科技发展中的地位逐步提高，成为国家科技计划组织实施的重要参与者。这主要表现在以下几方面：一是在国家科技支撑计划、863计划等主体计划，以及火炬计划、星火计划等国家科技计划项目中不断增加企业承担、参与的比例。二是在承担国家科技任务、人才引进等方面，企业办的研发机构与同类公办科研机构实行一视同仁的支持政策。三是吸纳企业参与国家科技项目的决策，产业目标明确的国家重大科技项目由有条件的企业牵头组织实施。四是健全组织技术研发、产品创新、科技成果转化的机制，吸纳企业积极参与科技计划成果的转化与产业化工作。

第四节　支持国有企业技术创新的政策

一、国有企业技术创新指导性政策

加强对国有企业技术创新的指导。2013年，《国务院办公厅关于强化企业技术创新主体地位全面提升企业创新能力的意见》（国办发〔2013〕8号）中指出，要“建立健全国有企业技术创新的经营业绩考核制度，落实和完善国有企业研发投入视同利润的考核措施，加强对不同行业研发投入和产出的分类考核。中央国有资本经营预算产业升级与发展专项资金要加大对中央企业技术创新的支持力度。国家科技计划项目征集和指南编制要充分听取企业专家的意见，产业化目标明确的重大科技项目由有条件的企业牵头组织实施。加强国家科技奖励对企业技术创新的引导激励。”

二、知识产权管理与考核评价

加强知识产权管理与考核评价权重。2015年12月22日，在《国务院关于新形势下加快知识产权强国建设的若干意见》（国发〔2015〕71号）中指出，“建立以知识产权为重要内容的创新驱动发展评价制度。完善发展评价体系，将知识产权产品逐步纳入国民经济核算，将知识产权指标纳入国民经济和社会发展规划，发布年度知识产权发展状况报告。在对党政领导班子和领导干部进行综合考核评价时，注重鼓励发明创造、保护知识产权、加强转化运用、营造良好环境等方面的情况和成效。探索建立经营业绩、知识产权和创新并重的国有企业考评模式。按照国家有关规定设置知识产权奖励项目，加大各类国家奖励制度的知识产权评价权重。”

三、加强企业自主品牌建设

2014年1月3日，在国务院国有资产监督管理委员会关于印发《关于加强中央企业品牌建设的指导意见》的通知（国资发综合〔2013〕266号）中指出，要加强自主创新促进自主品牌建设。“中央企业要把自主创新作为培育品牌的内核，把品牌价值作为衡量创新成效的重要标准。要抓住标准、设计、集成、服务等关键环节，强化技术攻关，形成自主知识产权和品牌优势。要坚持以市场为导向，以发掘和引领需求为追求，瞄准国际一流先进水平，通过引进、消化、吸收再创新，大力增强集成创新能力，培育原始创新能力，加快拥有一批核心关键技术，努力实现从‘中国制造’向‘中国创造’的转变。要紧盯客户需求，加强服务创新和商业模式创新，提高精细化管理水平，敏锐把握市场变革的趋势和关键，快速有效地响应需求变化，持续为客户创造价值。要大力改造提升传统产业，有序进入高新技术产业和战略性新兴产业，通过自主创新在若干关键领域形成以自主知识产权为主导的技术标准体系，将国内标准上升为国际标准，增强国际标准制定的话语权，抢占产业发展的制高点。”

四、资本重组与混合所有制改革政策

2015 年 11 月 4 日，在《国务院关于改革和完善国有资产管理体制的若干意见》中（国发〔2015〕63 号）指出，要“推进国有资本优化重组”。按照国有资本布局结构调整要求，加快推动国有资本向重要行业、关键领域、重点基础设施集中，向前瞻性战略性产业集中，向产业链关键环节和价值链高端领域集中，向具有核心竞争力的优势企业集中。推动国有企业加快技术创新、管理创新和商业模式创新。推进国有资本控股经营的自然垄断行业改革，根据不同行业特点放开竞争性业务，实现国有资本和社会资本更好融合。

2015 年 9 月 24 日，在《国务院关于国有企业发展混合所有制经济的意见》（国发〔2015〕54 号）中指出，要“引导在子公司层面有序推进混合所有制改革”。对国有企业集团公司二级及以下企业，以研发创新、生产服务等实体企业为重点，引入非国有资本，加快技术创新、管理创新、商业模式创新，合理限定法人层级，有效压缩管理层级。明确股东的法律地位和股东在资本收益、企业重大决策、选择管理者等方面的权利，股东依法按出资比例和公司章程规定行权履职。

第五节　支持中小微企业创新创业的政策

随着经济的发展，中小微企业技术创新创业日渐活跃，并成为经济发展的一支重要力量。事实证明，凡是掌握竞争主动权的国家必然拥有一批优秀的品牌企业，而这些多是由科技型中小微企业发展起来的，国外的如微软、谷歌、脸书、苹果等，国内的如华为、腾讯、阿里巴巴、百度等，在激烈的市场竞争中成功地走出了一条从小到大、滚动发展、成长壮大的创新经营之路。因此，完善中小微企业的生存发展环境，促进中小微企业技术创新，逐步出台相关创新政策，并日渐加强。

优化中小微企业竞争环境。例如，2009 年，国务院下发的《关于进一步促进中小企业发展的若干意见》，提出完善中小企业政策法律体系，进一步营造有利于中小企业发展的良好外部环境；工业和信息化部发布的《关于促进中小企业“专精特新”发展的指导意见》（工信部企业〔2013〕264 号）提出中小企业发展的部门指导意见，着力推动中小企业技术创新。

加大对中小微企业技术创新的财政和金融支持，落实好相关税收优惠政策。例如，国务院办公厅下发的《关于金融支持小微企业发展的实施意见》（国办发

〔2013〕87 号）、《关于小型微利企业所得税优惠政策有关问题的通知》（财税〔2014〕34 号）、《关于进一步支持小微企业的增值税和营业税政策的通知》（财税〔2014〕71 号）等。

扩大科技型中小微企业创新基金规模，通过贷款贴息、研发资助等方式支持中小微企业技术创新活动，建立政府引导资金和社会资本共同支持初创科技型中小微企业发展的风险投资机制，实施科技型中小微企业创业投资引导基金及新兴产业创业投资计划，引导创业投资机构投资科技型中小微企业。例如，财政部、工业和信息化部、科学技术部和商务部发布的《中小企业发展专项资金管理暂行办法》（财企〔2014〕38 号），国家发展和改革委员会发布的《关于加强小微企业融资服务支持小微企业发展的指导意见》（发改财金〔2013〕1410 号），国家开发银行发布的《关于科技型中小微企业授信评审的指导意见》（开行办〔2012〕140 号），等等。

完善支持中小微企业技术创新和向中小微企业技术转移的公共服务平台，健全服务功能和服务标准。例如，在促进中小企业借贷信用担保上，2006 年，国务院发布了《关于加强中小企业信用担保体系建设的意见》，之后，工业和信息化部 2008 年相继发布了《关于中小企业信用担保体系建设有关工作的通知》《关于支持引导中小企业信用担保机构加大服务力度缓解中小企业生产经营困难的通知》等，以加强中小微企业信用担保体系建设，充分发挥其在支持中小微企业发展中的重要作用。

鼓励以知识产权等无形资产作价出资创办中小企业。以无形资产出资创办中小企业的，出资额占企业注册资本比例可以由投资各方协商约定。创办有限责任公司和股份有限公司的，按照《中华人民共和国公司法》和国家有关规定执行（如《江苏省中小企业促进条例》第 14 条）。

第六节　鼓励高新技术企业发展政策

一、高新技术企业认定

高新技术企业认定管理办法自开始执行，经过三次修正，已经成为促进我国企业技术创新、推动高技术产业发展的重要政策。

专栏 7-2：高新技术企业认定标准

按 2016 年新标准，认定为高新技术企业须同时满足以下条件。

1. 企业申请认定时须注册成立一年以上。

2. 企业通过自主研发、受让、受赠、并购等方式，获得对其主要产品（服务）在技术上发挥核心支持作用的知识产权的所有权。

3. 对企业主要产品（服务）发挥核心支持作用的技术属于《国家重点支持的高新技术领域》规定的范围。

4. 企业从事研发和相关技术创新活动的科技人员占企业当年职工总数的比例不低于10%。

5. 企业近三个会计年度（实际经营期不满三年的按实际经营时间计算，下同）的研究开发费用总额占同期销售收入总额的比例符合如下要求：

（1）最近一年销售收入小于5000万元（含）的企业，比例不低于5%；

（2）最近一年销售收入在5000万~2亿元（含）的企业，比例不低于4%；

（3）最近一年销售收入在2亿元以上的企业，比例不低于3%。

其中，企业在中国境内发生的研究开发费用总额占全部研究开发费用总额的比例不低于60%。

6. 近一年高新技术产品（服务）收入占企业同期总收入的比例不低于60%。

7. 企业创新能力评价应达到相应要求。

8. 企业申请认定前一年内未发生重大安全、重大质量事故或严重环境违法行为。

1996年，我国出台《国家高新技术产业开发区外高新技术企业认定条件和办法》（国科发火字〔1996〕018号），开始进行高新技术企业认定和管理工作，至2000年进一步出台《国家高新技术产业开发区高新技术企业认定条件和办法》（国科发火字〔2000〕324号），我国高新技术企业形成一个技术创新十分活跃的企业群体，发展速度极为惊人，极大地促进了经济的转型发展。为了适应高新技术企业的发展形势，2008年，科学技术部、财政部、国家税务总局印发了《高新技术企业认定管理办法》（国科发火〔2008〕172号），至2016年科学技术部、财政部、国家税务总局印发了《高新技术企业认定管理办法》（国科发火〔2016〕32号），进一步完善了高新技术企业认定和管理工作，推动了企业不断提升自主创新能力，促进了高新技术产业发展。

高新技术企业在有效期内享受企业所得税减免优惠政策。高新技术产业的发展会使创新要素有效聚集，带来持续的创新活动，以实现技术创新的持续发展。因此，相关部门还出台了围绕高新技术企业技术创新的其他辅助创新政策，进一步打造全方位的技术创新政策环境：2006 年 2 月，国家发展和改革委员会出台了《国家高新技术产业发展项目管理暂行办法》，以促进高技术产业健康发展，提高产业核心竞争力；2006 年 6 月，中国进出口银行颁布的《中国进出口银行支持高新技术企业发展特别融资账户实施细则》，从直接投资和间接投资两方面对中小型高新技术企业发展进行扶持，以增强高新技术企业自主创新能力，提高我国高新技术企业的国际竞争力；2006 年 12 月，中国保险监督管理委员会联合科学技术部发布了《关于加强和改善对高新技术企业保险服务有关问题的通知》，为高新技术企业提供方便快捷的保险服务，借鉴国外开展科技保险业务的经验和做法，分散高新技术企业的创新创业风险；2006 年 12 月，中国银行业监督管理委员会颁布了《关于商业银行改善和加强对高新技术企业金融服务的指导意见》和《支持国家重大科技项目政策性金融政策实施细则》，旨在打破高新技术企业、中小企业尽快走出了因资金困扰发展的“瓶颈”。

二、中关村示范区高新技术企业认定试点政策

2011 年，科学技术部、财政部、国家税务总局发布《关于完善中关村国家自主创新示范区高新技术企业认定管理试点工作的通知》（国科发火〔2011〕90 号），在 2008 年科学技术部、财政部和国家税务总局联合制定的《高新技术企业认定管理办法》和《高新技术企业认定管理工作指引》基础上，结合实施情况和示范区建设实际需要，在不改变原有高新技术企业认定管理体系结构和管理权限的前提下，完善高新技术企业认定管理的相关政策在中关村示范区内先行先试。试点工作时间从 2010 年 1 月 1 日起至 2011 年 12 月 31 日止。至 2016 年，示范区内外的企业都按照现行《高新技术企业认定管理办法》执行。

第七节　政府采购政策

政府采购政策是一个常用的创新支持政策。自 1995 年《关于进一步实施火炬计划　加速高新技术产业化的若干意见》（国科发火字〔1995〕396 号）提出“实行有利于高新技术产业发展的国家采购政策和技术标准”政策以来，至 2006 年《规划纲要》配套政策中全面提出政府采购政策框架，我国政府采购政策在探索中不断总结经验，日渐成为我国创新政策的一个重要组成部分。

一、《规划纲要》的配套政策

在实施《规划纲要》的若干配套政策中，第四部分为政府采购政策，其从建立财政性资金采购自主创新产品制度、给予自主创新产品优先待遇、建立激励自主创新的政府首购和订购制度、建立本国货物认定制度和购买外国产品审核制度及发挥国防采购扶持自主创新的作用五个方面构建了政府采购政策基本框架。具体政策包括：①建立财政性资金采购自主创新产品制度；②改进政府采购评审方法，给予自主创新产品优先待遇；③建立激励自主创新的政府首购和订购制度；④建立本国货物认定制度和购买外国产品审核制度；⑤发挥国防采购扶持自主创新的作用。

二、自主创新产品认定

作为配套政策之一，2006 年，科学技术部等制定了《国家自主创新产品认定管理办法（试行）》（国科发计字〔2006〕539 号），并于 2009 年发布的《关于开展 2009 年国家自主创新产品认定工作的通知》（国科发计〔2009〕618 号），开始对国家自主创新产品进行认定。由于一些原因，2011 年 7 月 4 日，科学技术部、国家发展和改革委员会与财政部发布《关于停止执行〈国家自主创新产品认定管理办法（试行）〉的通知》（国科发计〔2011〕260 号），自主创新产品认定工作在 2011 年停止。

三、政府采购促进中小企业发展暂行办法

财政部与工业和信息化部联合发布《政府采购促进中小企业发展暂行办法》（财库〔2011〕181 号），激励中小企业创新发展。

该办法指出任何单位和个人不得阻挠与限制中小企业自由进入本地区及本行业的政府采购市场，政府采购活动不得以注册资本金、资产总额、营业收入、从业人员、利润、纳税额等供应商的规模条件对中小企业实行差别待遇或者歧视待遇。

负有编制部门预算职责的各部门（简称各部门），应当加强政府采购计划的编制工作，制定向中小企业采购的具体方案，统筹确定本部门（含所属各单位，下同）面向中小企业采购的项目。在满足机构自身运转和提供公共服务基本需求的前提下，应当预留本部门年度政府采购项目预算总额的 30% 以上，专门面向中小企业采购，

其中，预留给小型和微型企业的比例不低于60%。

对非专门面向中小企业的项目，对小型和微型企业产品的价格给予6%～10%的扣除，用扣除后的价格参与评审，具体扣除比例由采购人或者采购代理机构确定。联合协议中约定，小型和微型企业的协议合同金额占到联合体协议合同总金额30%以上的，可给予联合体2%～3%的价格扣除。

鼓励在政府采购活动中引入信用担保手段，为中小企业在融资、投标保证、履约保证等方面提供专业化的担保服务。

各级财政部门和有关部门应当加大对中小企业参与政府采购的培训指导及专业化咨询服务力度，提高中小企业参与政府采购活动的能力。

第八节　其他政策

除以上各类支持企业创新政策外，还有支持企业创新成果转移转化、促进传统产业升级、鼓励战略性新兴产业发展和科技奖励等多种促进企业技术创新的政策，这一同构成了符合我国企业发展实际的创新政策体系环境。

一、支持企业创新成果转化的政策

主要包括如下几个方面。第一，支持企业推进重大科技成果产业化。第二，国家科技成果转化引导基金。第三，优化成果转化的知识产权制度环境。第四，发展技术交易市场。第五，技术入股和股权激励。此外，各地方也在促进科技成果转化上出台了一些有效的政策，对推动地方科技成果转化和企业技术创新发挥了巨大的作用。例如，江苏省的《关于鼓励和促进科技创新创业若干政策的通知》（苏政发〔2006〕53号）提出，以股权投入方式进行成果转化的技术成果转让政策等。

二、高新区、示范区创新环境优化政策

2002年，科学技术部发布了《高新技术产业开发区技术创新纲要》，推动高新区通过实施以增强技术创新能力为核心的“二次创业”发展战略，进一步增强高新技术企业的核心竞争力，把国家高新区建设成为区域科技、经济和社会发展的技术创新辐射中心。正如我国的深圳市高新技术产业园区，具有自主知识产权的高新技术产品产值目前已超过了50%，2005年，其高新区工业总产值为1367.58亿元，同

比增长25.7%，是1996年高新区建区之初的13.7倍；高新技术产品产值为1324.32亿元，同比增长30.91%；工业增加值为260.13亿元，同比增长26.2%。2013年，在《关于进一步加强火炬工作促进高新技术产业化的指导意见》（国科发火〔2011〕259号）指导下，科学技术部发布了《国家高新技术产业开发区创新驱动战略提升行动实施方案》（国科发火〔2013〕388号），组织实施国家高新技术产业开发区创新驱动战略提升行动。

三、科技奖励政策

为鼓励技术创新，于2004年、2008年两次修改了《国家科学技术奖励条例实施细则》，其中技术发明奖奖励重大技术发明，科学技术进步奖注重自主知识产权和经济社会效益显著。新《国家科学技术奖励条例实施细则》体现了我国已将技术创新纳入科技活动的评价标准中来。

第八章　科研院所与高等院校政策

摘要：科研院所和高等院校是我国国家科技创新政策体系主要公共研发力量。科研院所科技创新政策对象包括：应用类、公益性和基础类三类科研机构。改革开放以来，我国科研院所科技创新政策主要是伴随科技体制改革而展开的，其政策发展历程从建立有偿合同制以激发科技人员积极性到“稳住一头，放开一片”再到技术开发类院所企业化转制和公益类院所分类改革等，当前重点在探索建立现代院所制度。高等院校相关的政策内容丰富、体系庞大，本章主要介绍985、211 等跟科技创新相关的重点政策。

科研院所是我国科技创新政策体系的重要行动主体，为国家和区域创新活动提供多方位的支持。其职能定位集中表现在以下四个方面：第一，服务国家经济社会目标。紧紧围绕国家经济社会发展和国家安全的重大需求，开展目标导向的重要基础研究、战略高技术研发和重大公益研究，突破关键核心技术，提供系统解决方案。第二，开展重大前沿研究。集中解决新兴、交叉、综合性前沿科学问题，聚焦未来技术前沿，创造新知识，形成知识集群优势，为新兴技术提供源头支撑。第三，提供创新平台。建设、管理和运行国家大型科技基础设施，研发重要科研设备，提供开放共享的创新平台，开展科技交流与合作。第四，服务区域经济和产业技术需求。基于区域的经济发展水平和产业技术需求，有针对性地开展研发活动，为区域的高新技术产业培育和发展及传统产业升级改造，提供共性技术和关键技术。

我国现有科研院所体系的基本架构起始于中华人民共和国成立之初，并在计划经济体制下逐步形成，科研院所为国家经济建设、社会进步和国防安全做出了重大贡献。改革开放之初，全国县以上政府所属科研院所共5000 多家，其中，中央级科研院所有1000 多家。经过多次科技体制改革，至2013 年，我国共有科研院所3651 家，中央所属711 家，地方所属2940 家（科学技术部，2009）。从服务方向上，可分为军用科研院所和民用科研院所两大部分。在民用科研院所体系中，按隶属关系又可分为国务院和中央各部委所属、地方政府所属、高校所属、企业所属及独立的科研机构五大类。

大学是我国培养高层次创新人才的重要基地，是我国基础研究和高技术领域原始创新的主力军之一，是解决国民经济重大科技问题，实现技术转移、成果转化的生力军。拥有世界先进水平的一流大学，是一个国家高等教育发展水平的标志，是国家综合国力的集中体现，更是一个国家经济、科技和社会发展到一定阶段以后的必然要求。加快建设一批高水平大学，特别是一批世界知名的高水平研究型大学，是我国加速科技创新、建设国家创新体系的重要政策目标。

第一节 科研院所改革与政策发展历程

改革开放以来，科研院所作为我国科技力量的主体，从“科学的春天”，到允许人才自由流动、有偿合同制以激发科技人员积极性，到“稳住一头，放开一片”，到技术开发类院所企业化转制、公益类院所分类改革等，再到当前探索建立现代院所制度，其建设发展取得了巨大成就，其改革步伐从未停止。

（1）改革拨款制度（1985～1994 年）。在 1978～1986 年，我国财政科技拨款维持着计划经济时期的行政供给制，科技拨款按照单位和机构进行拨付，国家的科研体制也主要受苏联体制的影响，采取类似行政管理体制的方式运行。1985 年，中共中央颁布《中共中央关于科学技术体制改革的决定》，强调应当按照经济建设必须依靠科学技术，科学技术工作必须面向经济建设的战略方针，尊重科学技术发展规律，从我国的实际出发，对科学技术体制进行坚决的有步骤的改革。为推进科技体制改革，国家启动了拨款制度改革，即按照不同类型科学技术活动的特点实行经费的分类管理。1986 年 1 月，国务院发布了《关于科学技术拨款管理的暂行规定》，开始实施国家重大科技项目普遍实行合同制，决定对全国县以上科研院所按照科技分工和活动的特点进行分类管理与指导，按不同类型对应减拨科研事业费。对技术开发类的科研院所，在五年内逐步削减事业费，直至完全或基本上停拨；对基础类的科研院所，拨给一定额度的事业费，实行基金制，通过基金对项目以支持；对公益类的科研院所继续拨给事业费，实行包干制；对综合类的科研院所视具体情况，通过多渠道解决组织经费来源，核减下来经费。为了配合科研院所的分类，1986 年 3 月 24 日，国家科学技术委员会还颁布了《关于科研单位分类的暂行规定》。1987 年 2 月，国家科学技术委员会、财政部颁布了《关于科学事业费管理的暂行规定》，对科学事业费的分类管理做了进一步的规定。拨款制度的改革比较顺利，到1991年，中央级科技开发机构实现了事业费减拨全部到位，地方到位率为80%，在全国县以上政府部门所属的5074个自然科学研究机构中，有1186个不再要科学事业费。但是，拨款制度改革也造成研究所经费严重短缺、整体实力下降的问题（科学技术部，2009）。

（2）“稳住一头、放开一片”（1995～1998年）。进入20世纪90年代后，科研院所改革的走向是按照“稳住一头、放开一片”的要求，分流科技人才，调整科研结构。1992年8月27日，国家科学技术委员会和国家经济体制改革委员会联合发布了《关于分流人才、调整结构、进一步深化科技体制改革的若干意见》，将改革重点逐步转向结构调整和综合配套改革，新的改革方针被概括为“稳住一头，放开一片”。“稳住一头”是指稳定支持少部分的基础性研究和基础性技术工作，一是通过政策供给稳住基本队伍，为其科技活动提供稳定环境和条件；二是通过组织创新对“稳住”的科研院所进行组织体制和模式的创新。“放开一片”就是大量放开放活技术开发机构、社会公益机构、科技服务机构，根据1992年8月15日发布的《全民所有制技术开发型科研机构实行技术经济承包责任制暂行办法》，按照所有权和经营权分离的原则，以承包合同的方式，明确国家和科研机构的责权利关系，使科研机构做到自主研究、开发和经营管理。

（3）科研机构转制（1999～2006年）。1999年，中共中央、国务院以发布的《关于加强技术创新，发展高科技，实现产业化的决定》为标志，以独立科研机构特别是中央部门直属科研机构的改革为重点，全面启动科技系统的组织结构调整和人才分流；“推动应用型科研机构和设计单位实行企业化转制，大力促进科技型企业的发展……现有社会公益型科研机构要实行分类改革。”

（4）推动建立现代院所制度（2006年至今）。21世纪以来，在改革方向引导方面，国家先后出台了一系列重大纲领性文件，对科研院所改革和发展提出新的明确要求和指导。2006年，中共中央、国务院发布的《中共中央 国务院关于实施科技规划纲要增强自主创新能力的决定》提出深化科研机构改革，建立健全现代科研院所制度。2012年，中共中央、国务院发布的《关于深化科技体制改革加快国家创新体系建设的意见》提出进一步推进科研院所分类改革，明确不同类型的科研院所的功能定位，加强对科研院所的分类支持。2016年5月，中共中央、国务院印发了《国家创新驱动发展战略纲要》，提出推动一批高水平大学和学科进入世界一流行列或前列，建设世界一流科研院所，发展面向市场的新型研发机构。

第二节　应用类科研院所政策

应用类科研院所，主要从事直接面向生产、面向经济建设第一线的研究工作。1999 年，全国县以上政府所属的此类科研院所有 2000 多家，其中，国务院各产业部门所属有 376 家，集中了大量的产业科研力量和科技资源。

（1）开展应用类科研院所转制。为了从根本上解决科技与经济脱节的问题，1999 年，科学技术部和国家经济贸易委员会等部门根据《关于加强技术创新，发展高科技，实现产业化的决定》的要求，联合发布了《关于国家经贸委管理的 10 个国家局所属科研机构管理体制改革的实施意见》（国科发政字〔1999〕143 号），对国家经济贸易委员会管理的 10 个国家局所属 242 个科研院所进行管理体制改革，采取了将它们转制成为科技型企业或者科技中介服务机构或者将它们并入某些已有企业等方式。

（2）推进和规范科研院所转制具体工作。国务院及中央各部门持续出台了一系列政策文件，对科研院所转制后的相关事宜做出了规定。《关于转制科研机构和工程勘察设计单位转制前离退休人员待遇调整等问题的通知》（劳社部〔2002〕5 号）对转制科研院所的离退休承接工作作出了规定；《关于深化转制科研机构产权制度改革的若干意见》（国办发〔2003〕9 号）对转制科研院所的产权结构和国有资产处置做出规定；《关于转制科研机构有关问题的通知》（财教〔2003〕68 号）对过渡期退休人员的养老金问题、转制科研院所的医疗保障和住房补贴与土地出让金等做出了规定，同时设立了科研院所技术开发研究专项资金，以支持中央级技术开发型科研院所（大部分为转制院所）开展应用开发研究工作。

（3）坚定转制科研院所的市场化改革方向。对转制科研院所的发展，新时期发布的政策文件在进一步明确了市场化和企业制的基本改革方向，同时也提出了新的扶持措施。2006 年，中共中央、国务院发布的《中共中央 国务院关于实施科技规划纲要增强自主创新能力的决定》提出进一步深化应用开发类科研院所企业化转制改革，鼓励和支持其在行业共性关键技术研究开发与推广应用中发挥骨干作用。2012 年，中共中央、国务院发布的《关于深化科技体制改革加快国家创新体系建设的意见》提出技术开发类科研院所要坚持企业化转制方向，完善现代企业制度。2015 年，中共中央办公厅、国务院办公厅发布的《深化科技体制改革实施方案》提出坚持技术开发类科研院所企业化转制方向，对承担较多行业共性任务的转制科研院所，可组建产业技术研发集团。对部分转制科研院所中基础能力强的团队，在明确定位和标准的基础上，引导其回归公益，参与国家重点实验室建设，支持其继续承担国家任务。

专栏 8-1：钢铁研究总院转制及其成效

钢铁研究总院成立于 1952 年，隶属于原冶金工业部，是冶金行业最大的综合性研发机构。1999 年 7 月，由科研事业单位转制为中央直属大型科技企业，2000 年 3 月正式在国家工商局注册为企业法人，隶属国务院国有资产监督管理委员会。2006 年 12 月，经国务院同意、国务院国有资产监督管理委员会批准，钢铁研究总院更名为中国钢研科技集团有限公司（简称钢研集团），同时冶金自动化研究设计院（创建于 1973 年）作为全资子企业并入中国钢研科技集团有限公司。2009 年 5 月，经国有资产监督管理委员会批准改制为国有独资公司，并进行董事会试点，标志着中国钢研科技集团有限公司建立现代企业制度、完善法人治理结构工作进入了新阶段。

自 1999 年从科研事业单位转制为科技型企业以来，钢研集团陆续发起设立或组建了以安泰科技股份有限公司、新冶高科技集团有限公司、北京钢研高纳科技股份有限公司等为代表的一批具有较强经济实力、高成长性的高新技术企业，正在逐步建立符合现代企业制度的一流科技企业集团。2004 年钢铁研究总院被认定为高新技术企业，2006 年钢铁研究总院成为首批国家创新型企业之一。

（4）引导和扶持新型研发机构发展。近年来，新型研发机构在东南沿海地区兴起，如中国科学院深圳先进技术研究院、江苏省产业技术研究院等，它们通过体制机制和管理创新，以市场为导向，采用以企业化运作模式，集聚国内外优秀人才和团队，紧密服务区域创新和经济发展，正成为新时期我国国家创新体系不可忽视的新生力量。据初步估算，截至 2012 年底，全国各种形态的新型研发机构数以千计，且数量呈快速增长态势。

（5）新型研发机构的发展过程中，各地方积极出台相关政策，引导和扶持新型研发机构的发展。2015 年，广东省发布了《关于支持新型研发机构发展的试行办法》，明确提出要扶持新型研发机构发展，赋予新型研发机构在政府项目承担、职称评审、人才引进、建设用地、投融资等方面可享受国有科研机构待遇。2015 年，江苏省政府办公厅发布《关于支持江苏省产业技术研究院改革发展若干政策措施》，明确建设江苏省产业技术研究院，给予包括成立产业技术研发专项资金等十条具体扶持政策。2016 年，深圳市政府出台《关于促进科技创新的若干措施》中提出支持各类主体创办新型科研机构，鼓励海外高层次人才创新创业团队发起设立专业性、公益性、开放性的新型研发机构，予以最高 1 亿元支持。

（6）针对新型研发机构，近些年中央相关文件中明确提出了引导和鼓励其健康可持续发展。2016 年 5 月，中共中央、国务院印发的《国家创新驱动发展战略纲要》提出“发展面向市场的新型研发机构，围绕区域性、行业性重大技术需求，实行多元化投资、多样化模式、市场化运作，发展多种形式的先进技术研发、成果转化和产业孵化机构。”2015 年，中共中央办公厅、国务院办公厅发布的《深化科技体制改革实施方案》明确要求“制定鼓励社会化新型研发机构发展的意见，探索非营利性运行模式”。为鼓励和支持采用民办非企业制的新型研发机构开展科技创新，财政部和科学技术部等多部门 2012 年 11 月专门发布了《关于科技类民办非企业单位进口科学研究用品免征进口税收的规定》（财关税〔2012〕54 号），将符合条件的科技类民办非企业单位纳入现行科学研究和教学用品进口税收优惠政策范围。

专栏 8-2：德国弗劳恩霍夫协会的经验

德国弗劳恩霍夫协会（简称弗会）成立于 1949 年 3 月 26 日，是欧洲最大的应用科研机构，包含 67 家研究所及其他独立研究机构，分布于德国各地 40 多个城市。2013 年，弗会拥有 23 000 多名科研人员和工程师，年度研究总经费约为 20 亿欧元，其中 17 亿欧元来自科研合同。

实行“弗劳恩霍夫经费配置模式”，由联邦政府与州政府按 9∶1 的比例拨付占总经费 1/3 的机构基本资金，其余大部分经费来自企业、政府和欧盟的合同项目收入，政府拨款与科研绩效挂钩。超过 70% 的研究经费来自工业合同和由政府资助的研究项目，近 30% 的经费是由德国联邦政府和各州政府以机构资金的形式赞助。

弗会是民办、公助的非营利科研机构，它不隶属于任何一个政府部门，政府部门提供其基本的运行经费，弗会不以营利为目的，取得的收入不用于出资人和机构人员的分配，而是用于事业的再发展。此外，因其非营利的性质，弗会也享受相应的税收优惠。

资料来源：弗劳恩霍夫协会。

第三节　公益类科研院所政策

社会公益类科研机构，主要从事农业、卫生、资源环境等科研工作，主要提供公共技术产品和服务，是政府协调社会发展不可或缺的技术支撑。截至2009年，我国共有2400多家公益类科研院所，其中国务院部门所属有近270家（科学技术部，2009）。加强社会公益类科研事业，首先要深化社会公益类科研的改革，在改革的基础上加大投入，两者缺一不可。20世纪80年代，我国实行科学事业费拨款制度改革以来，对社会公益类科研院所实行事业费包干的办法，包干经费随着国家科技投入的增长而逐步增加。在这之后的十多年来，这类科研院所在发展科技咨询、情报信息服务和兴办科技产业方面也进行了一些积极的探索，逐步实行了“一院（所）两制”多种模式并存的发展道路，但总体上讲改革力度不大，与应用类科研院所相比改革明显滞后。大部分社会公益类科研院所生存与发展困难，创新能力薄弱。除了国家投入不足的原因外，社会公益类科研院所自身存在的观念问题和体制、机制弊端，是造成这种局面的重要原因。在这种体制、机制和机构队伍状况下，如果不进行大的改革，仅靠政府增加投入，不可能使当前社会公益类科技工作的困境发生根本的改变。因此，加强社会公益科研事业，必须对社会公益类科研院所进行改革。

（1）开展社会公益类科研院所的分类改革。2000年，《国务院办公厅转发科技部等部门关于深化科研机构管理体制改革实施意见的通知》（国办发〔2000〕38号）做出了具体部署，要求社会公益类科研院所分不同情况实行改革：主要从事应用基础研究或提供公共服务无法得到相应经济回报，确需国家支持的社会公益类科研院所，仍作为事业单位，按非营利性机构运行和管理；有面向市场能力的要向企业化转制。按非营利性机构管理和运行的社会公益类科研院所，要优化结构、分流人员、转变机制，按照总体上保留不超过30%工作人员的要求，重新核定编制。纳入此次改革范围的国务院部门所属社会公益类科研院所共有265家，2001年时其在职职工约为5.4万人，人员总编制近8万名。此项改革自2001年开始启动，到2004年底，20个部门所属社会公益类科研院所改革方案的批复全部完成（科学技术部，2009）。

（2）加强公益类科研院所的经费支持力度。2006年，《国家中长期科学和技术发展规划纲要（2006—2020年）》提出，加大对中央级公益性科研院（简称公益性科研院所）所的支持力度，建立稳定的支持机制，促进中央级公益性科研院所持续创新能力的提升。为落实《规划纲要》的相关要求，2006年，财政部等部门制定了《中央级公益性科研院所基本科研业务费专项资金管理办法（试行）》，设立“中央级公益性科研院所基本科研业务费专项资金”，用于支持中央级公益性科研院所开展符合公益职能定位、代表学科发展方向、体现前瞻布局的自主选题研究工作。2007年，为进一步增强中央级公益性科研院所的科技创新能力和公益服务能力，科学技术部、财政部、中央机构编制委员会办公室联合制定《关于加大对公益类科研机构稳定支持的若干意见》，提出在深化改革的基础上，稳定支持一批服务于国家目标的重点公益类科研院所，建立稳定支持公益类科研院所的有效方式。

专栏 8-3：中央级公益性科研院所基本科研业务费专项资金的定位与使用原则

中央级公益性科研院所基本科研业务费用于支持公益性科研院所开展符合公益职能定位，代表学科发展方向，体现前瞻布局的自主选题研究工作。具体包括：

(1) 学科优势明显，发展潜力大，能保持或提升科研院所持续发展能力的储备性研究。

(2) 瞄准世界科技发展前沿，具有重要科学意义、学术思想新颖、交叉领域学科新生长点的创新性研究。

(3) 围绕国民经济和社会发展需求，有重要应用前景或重大公益意义，有望取得重要突破或重大发现的孵化性研究。

中央级公益性科研院所基本科研业务费的管理和使用原则：

(1) 稳定支持、长效机制。基本科研业务费稳定支持科研院所培育优秀科研人才和团队，为公益性科研院所形成有益于持续发展、不断创新的长效机制提供经费支持。

(2) 科学民主、公开公正。基本科研业务费支持的自主选题项目和项目负责人应当在公益性科研院所内按照科学民主的原则，通过学术委员会评议，结果公示等公开公平的方式进行遴选。

(3) 依托院所、自主安排。基本科研业务费的使用应当依托科研院所已有的科研条件、设施和环境，由公益性院所机构自行立项，自主安排。重点支持有助于公益性科研院所实现学科布局与发展规划目标，有利于培育优秀科研人才和团队的选题，不搞平均分配。

(4) 专款专用、追踪问效。基本科研业务费应当纳入公益性科研院所财务统一管理，单独设账，专款专用，并实行追踪问效。

资料来源：《中央级公益性科研院所基本科研业务费专项资金管理办法》。

第四节　基础类科研院所政策

（1）开展基础研究“五所二校”试点。探索在新的历史时期如何保持和稳定一支精干高效的基础研究队伍，确保我国基础研究持续、稳定、健康的发展，是深化科技体制改革的重要任务之一。1995 年，国家科学技术委员会会同国家教育委员会、中国科学院，先后选择了基础研究“五所二校一中心”进行为期三年的改革试点工作。这些试点单位是中国科学院的物理所、化学所、地球物理所、生物物理所、应用数学所，北京大学重离子所，北京师范大学低能核物理研究所和上海生命科学研究中心。三年试点阶段当中，国家科学技术委员会认真、及时总结试点所在结构调整和人才分流方面取得的改革成绩；通过多种方式宣传和推广各所突出重点学科方向，调整研究课题，吸引、培养优秀青年人才，改革人事制度和分配制度，强化规章制度的建设和规范科学、绩效管理等方面取得的经验；坚持具体指导、严格管理试点经费的合理使用，有力地推动了试点工作。

（2）加强基础类科研机构能力建设。1998 年 2 月 4 日，党中央、国务院为全面提升我国科技创新能力，做出了建设国家创新体系的重大战略决定。1998 年 6 月 9 日，朱镕基同志主持召开国家科教领导小组会议，审议并通过了中国科学院《关于开展“知识创新工程”试点的汇报提纲》，并首先批准中国科学院启动了知识创新工程试点工作。知识创新工程目标是将中国科学院建设成为“具有国际先进水平的国家自然科学和高技术的知识创新中心”。知识创新工程提出“明确科研方向和基本任务——主要从事企业和大学难以开展的某些基础研究和战略性研究，重点研究我国经济建设和社会发展中的基础性、战略性、综合性、前瞻性重大科技问题，并为社提供大型科研设施”，重点聚焦五大基础前沿领域研究即战略性基础研究、与可持续发展相关的科技创新研究、战略性高技术创新研究（民用）、国家安全战略高技术创新研究、自然科学前沿和大科学创新研究。试点工作分为 3 个阶段：启动阶段（1998～2000 年），全面推进阶段（2001～2005 年），优化完善阶段（2006～2010 年）。

（3）加强中央级科研院所科技基础性工作的支持。为规范科技基础性工作专项资金（简称专项资金）的管理，提高专项资金的使用效益，促进中央级科研院所科技基础性工作的开展，2000 年，科学技术部制定了《中央级科研院所科技基础性工作专项资金管理暂行办法》，专项支持中央科研机构以下活动。①基础数据类：对科技、经济与社会发展具有重要影响的基础科技数据与资料的采集、鉴定、分析和积累等方面的工作。②基础标准类：对经济与社会发展具有重要作用的国家基础标准和计量、检测体系维护更新等方面的工作。③种质资源类：对科技及其产业发展具有重要意义和具有我国自然、地理与人文资源特色的动物、植物、微生物等种质资源及各类标（样）本的采集、鉴定、分析和保存等方面的工作。④其他有关科技基础性工作。

（4）进一步推进大院大所改革。2013 年，习近平调研中国科学院（简称中科院）时提出，中科院要率先实现科学技术跨越发展，率先建成国家创新人才高地，率先建成国家高水平科技智库，率先建设国际一流科研院所。根据习近平总书记的要求，2014 年 7 月 7 日，国家深化科技体制改革和创新体系建设领导小组第 7 次会议审议通过了《中国科学院“率先行动”计划暨全面深化改革纲要》，开启了中科院的新一轮院所制度改革。该纲要将根据不同性质科技创新活动的特点和规律，对现有科研院所进行较大力度的系统调整和精简优化，重点建设四类科研机构：一是面向国家重大需求，组建若干科研任务与国家战略紧密结合、创新链与产业链有机衔接的创新研究院。二是面向基础科学前沿，建设一批国内领先、国际上有重要影响的卓越创新中心。三是依托国家重大科技基础设施，建设一批具有国际一流水平面向国内外开放的大科学研究中心。四是依托具有鲜明特色的优势学科，建设一批具有核心竞争力的特色研究所。

专栏 8-4：马克斯–普朗克科学促进学会的经验

马克斯–普朗克科学促进学会（Max-Planck Society for the Advancement of Science，MPG，简称马普学会）成立于 1948 年，其前身是创建于 1911 年的德国威廉皇家学会，是世界上历史最悠久的科研机构之一。马普学会的整体科研实力居世界前茅，特别是在生物、化学、物理等基础学科领域。1914 ~ 1948 年，其前身德国威廉皇家学会共有 15 名科学家获得诺贝尔奖，自 1948 年马普学会组建以来，共有 17 位科学家获此殊荣。

定位：马普学会主要进行自然科学、生命科学、人文科学和社会科学等领域的基础研究，特别是从事那些在大学不宜开展的研究工作。这些研究工作往往是跨学科领域的，不适合在以院系为基本架构的大学中展开或者有些研究需要的研发经费或仪器超出大学的承受范围。

人员：截至 2012 年，马普学会共有 17 019 名雇员。人员分为长期聘用人员和限期聘用人员。长期聘用人员享受公务员待遇，工资标准由国家统一制定，按规定享受正常晋升工资的待遇，并且终身就业不能被解雇。而限期聘用人员的待遇标准则由雇员与马普学会签订的雇佣合同予以规定，自己缴纳医疗、失业和养老保险。

经费：2012 年，马普学会总收入约为 18.93 亿欧元，经费的绝大部分由德国联邦政府和各州政府提供，其中州政府所需提供的财政资金根据德国联邦政府和州政府协商制定的分配方案决定，该方案每年进行修订。

第五节　高等院校创新政策

中华人民共和国成立后，中共中央、国务院一直非常重视在高等教育领域进行重点建设。1954～1960 年，共确定 44 所全国重点大学。截至 1981 年，共确定 96 所全国重点高校。1984 年 4 月，国务院确定 10 所高校列入国家重点项目，国家“七五”期间投入专项资金 5 亿元。1985 年，《中共中央关于教育体制改革的决定》中提出教育必须为社会主义现代化建设服务，社会主义现代化建设必须依靠教育；为了增强科学研究能力，培养高质量的专门人才，要改进和完善研究生培养制度；要根据同行评议、择优扶植的原则，有计划地建设一批重点学科。1991 年 4 月，第七届全国人民代表大会第四次会议批准《中华人民共和国国民经济和社会发展十年规划和第八个五年计划纲要》。该纲要明确提出有重点地办好一批大学，加强一批重点学科点的建设，使其在科学技术水平上达到或接近发达国家同类学科的水平。1993 年 2 月，中共中央、国务院正式发布《中国教育改革和发展纲要》，其指出要集中中央和地方等各方面的力量办好 100 所左右重点大学与一批重点学科、专业。为加快我国高水平大学建设，中共中央、国务院根据国家经济建设、社会发展和高等教育发展的实际，先后实施了“211 工程”和“985 工程”，有力地推动了我国高等教育水平和高等教育质量的提高，是实施科教兴国和人才强国战略的重大举措。

推进重点学科、公共服务体系和学校整体条件建设。“211 工程”是我国在 21 世纪重点建设 100 所左右的高等院校和一批重点学科的建设工程。“211 工程”是由国家发展和改革委员会、教育部、财政部共同组织实施的国家重点建设项目。1995 年，经国务院批准，国家计划委员会、国家教育委员会、财政部发布了《“211 工程”总体建设规划》，“211 工程”正式启动建设，建设内容主要包括重点学科、公共服务体系和学校整体条件建设三部分。重点学科建设是“211 工程”建设的核心，要加大学科结构调整力度，支持发展新兴和交叉学科，力争使其中部分学科接近或达到世界先进水平，建成布局和结构比较合理的高等教育重点学科体系。公共服务体系建设，要加快高等教育信息化步伐，增强我国教育和科研计算机网络、高等教育文献信息保障体系及图书数字化资源的服务能力，构建高等院校仪器设备等资源共享体系，使高等教育公共服务体系的运行环境得到较大幅度的改善；建立起辐射我国高等院校的整体信息服务平台。高等院校整体条件建设，要围绕对重点学科和公共服务体系安排建设，推进和深化教育改革，进一步发挥“211 工程”学校对我国高等教育发展的示范带动作用。

推进创建世界一流大学和国际知名的高水平研究型大学的建设。1998 年 5 月 4 日，江泽民在庆祝北京大学建校 100 周年大会上向全社会宣告：“为了实现现代化，我国要有若干所具有世界先进水平的一流大学。”为贯彻落实中共中央科教兴国战略和江泽民的号召，1999 年，国务院批转教育部《面向 21 世纪教育振兴行动计划》，决定实施重点支持北京大学、清华大学等部分高等学校创建世界一流大学和国际知名的高水平研究型大学的建设工程，简称“985 工程”，建设任务主要包括机制创新、队伍建设、平台和基地建设、条件支撑和国际交流与合作 5 个部分。①机制创新是要坚持改革和创新，深化高等学校内部管理体制和运行机制改革，以适应世界一流大学建设的需要。②队伍建设是要造就和引进一批具有世界一流水平的学术带头人和创新团队，加快建设一支具有世界一流大学水平的教师队伍、管理队伍和技术支撑队伍。③平台和基地建设是要紧密结合国家创新体系的建设，以国家目标为导向，瞄准世界先进水平和国家重大需求，重点建设一批创新平台和创新基地，促进一批世界一流学科的形成，使之成为攀登世界科技高峰、解决重大理论和实践问题、带动相应学科领域发展的重要基地，使高等院校成为国家创新体系的重要力量，增进国家核心竞争力。④条件支撑是要建设公共资源与仪器设备共享平台，建设配置合理、设施完备的教学科研用房，继续改善所建高校的教学科研基础设施。⑤国际交流与合作是要加强与世界一流大学或学术机构开展实质性合作，推动我国高等教育国际化进程。

第九章　创新创业服务机构政策

摘要：我国创新创业服务机构政策的对象包括科技企业孵化器（高新技术创业服务中心）、大学科技园、生产力促进中心、众创空间等。从1984年至今，创新创业服务机构政策经历了启动探索期、规范发展期、成熟完善期和聚焦发展期，创新创业服务机构的政策内容完成了由覆盖单一的生产力促进中心扩大到创业服务中心、孵化器、科技园，再聚焦到众创空间的过程。我国科技企业孵化器政策和大学科技园政策主要通过设定标准化门槛和评估指标的方式促进其规范化发展，再以此为条件确定其能否享受相应的税收优惠政策。生产力促进中心方面，国家于2013年已经取消了对国家级示范生产力促进中心认定，其正处于政策的“真空期”。当前，鼓励众创空间发展是我国创新创业服务机构政策的重点，在国务院和部委层面出台指导意见的基础上，地方政府纷纷出台支持本地众创空间发展的政策。

自1987年我国第一家科技企业孵化器——武汉东湖新技术创业中心诞生起，“创新创业生产力促进中心服务机构”这一概念的外延不断拓展，围绕创新创业服务机构的政策也不断演化。从政策对象的角度看，我国的创新创业服务机构政策可分为科技企业孵化器（高新技术创业服务中心）政策、大学科技园政策、生产力促进中心政策、众创空间政策等。

第一节　创新创业服务机构政策发展的历史

（1）创新创业服务机构政策的启动探索期：政策对象主要是生产力促进中心，政策内容以指导性意见为主（1984～1995年）。1984年，国家科学技术委员会向国务院报告提出在我国有条件的城市试办科学园区，请有关部门研究制定科学园区和企业孵化器优惠政策。这是我国发展创新创业服务机构的最早尝试。1992年7月，国家科学技术委员会工业科技司批复山东省科学技术委员会请求，同意在威海市科技情报研究所的基础上建立“山东生产力促进中心”，要求其“逐步建立能为企业提供信息、咨询、企业诊断、人才培训及多种技术服务的综合服务体系”，这是我国第一家创新创业服务机构。1993 年，国家科学技术委员会印发《关于建立生产力促进中心的若干意见》，提出“生产力促进中心是面向企业，特别是面向乡镇企业和中小企业的新型综合性科技服务机构”，明确了生产力促进中心的业务范围、法人形式、工作方针和目标、主要支持措施等内容。1994 年 8 月，国家科学技术委员会发布《关于对我国高新技术创业服务中心工作的原则意见》，对此类机构的根本性原则做出明确规定。1995 年，《中共中央、国务院关于加速科学技术进步的决定》明确提出“要建立、健全为中小型企业提供技术、信息服务的生产力促进中心等技术服务机构”。这是生产力促进中心工作在起步仅仅 3 年的情况下，第一次也是迄今唯一一次写入中央文件。

（2）创新创业服务机构政策的规范发展期：政策内容从指导性意见向认定政策转变，政策对象扩大到高新技术创业服务中心和大学科技园（1996～2002 年）。1996 年 1 月，国家科学技术委员会颁布了《国家高新技术创业服务中心认定暂行办法》，首次对国家级创新创业服务机构的条件做出具体规定。1997 年，国家科学技术委员会印发《生产力促进中心管理办法》，明确了国家级生产力促进中心应具备的条件、认定程序和管理办法。同年 8 月，国家科学技术委员会以此为依据认定了首批 10 家国家级示范生产力促进中心。1999 年 8 月，为贯彻《中共中央、国务院关于加强技术创新，发展高科技，实现产业化的决定》中关于鼓励高校教师和科研人员从事科技成果商品化、产业化工作，支持发展高等学校科技园区的意见，科学技术部和教育部发布《关于组织开展大学科技园建设试点的通知》，启动了国家大学科技园建设工作。2000 年 4 月，科学技术部发布《关于加快高新技术创业服务中心建设与发展的若干意见》，提出了新形势下对创业中心工作的要求，以及加快创业中心建设与发展的措施，明确表示科学技术部在“十五”期间将进一步加大对创业中心的支持力度，每年增加创业中心的经费支持。

（3）创新创业服务机构政策的成熟完善期：政策对象进一步清晰为科技企业孵化器、生产力促进中心、大学科技园三类，政策内容在稳定的框架下不断完善（2003～2013 年）。2003～2004 年，科学技术部和教育部陆续发布了《关于进一步提高科技企业孵化器运行质量的若干意见》《关于进一步加快生产力促进中心发展的意见》《科学技术部、教育部关于进一步推进国家大学科技园建设与发展的意见》三个文件。这三个文件是科学技术部和教育部贯彻党的十六大关于加强国家创新体系建设和完善科技服务体系的有关精神的具体体现。

2005～2007 年，科学技术部和教育部陆续发布《高新技术创业服务中心管理办法》(2005 年版)、《科技企业孵化器（高新技术创业服务中心）认定和管理办法》(2006 年版)、《科技企业孵化器评价指标体系（试行)》(2007 年版)、《国家大学科技园认定和管理办法》(2006 年版)、《国家级示范生产力促进中心认定和管理办法》(2007 年版)、《国家级示范生产力促进中心绩效评价工作细则》(2007 年版)、《国家技术转移示范机构管理办法》(2007 年版)、《国家技术转移示范机构评价指标体系（试行)》(2007 年版)，对科技企业孵化器、生产力促进中心和大学科技园的认定、管理与评估进行了规范设定。

2010 ~ 2013 年，科学技术部和教育部又颁布了以上政策的最新版本，主要是根据《中华人民共和国中小企业促进法》《国家中长期科学和技术发展规划纲要(2006—2020 年)》《国家中长期人才发展规划纲要（2010—2020 年)》，在广泛征求意见的基础上对原政策进行了修订。

（4）创新创业服务机构政策的聚焦发展期：政策对象开始聚焦到众创空间这一新的形式，从更早期介入并支持创新创业活动（2015 至今)。2015 年，伴随着新一届政府大力推动“大众创业、万众创新”，专门针对新型创新创业服务机构形态——众创空间的政策开始逐渐推出。2015 年 3 月，国务院办公厅发布《关于发展众创空间推进大众创新创业的指导意见》，同年 9 月，国务院又发布了《国务院关于加快构建大众创业万众创新支撑平台的指导意见》。科学技术部同步发布《发展众创空间工作指引》。2016 年 5 月，国务院办公厅又发布了《国务院办公厅关于建设大众创业万众创新示范基地的实施意见》，同年 6 月，工业和信息化部发布了《国家小型微型企业创业创新示范基地建设管理办法》，众创空间相关政策发布进入密集期（图 9-1)。

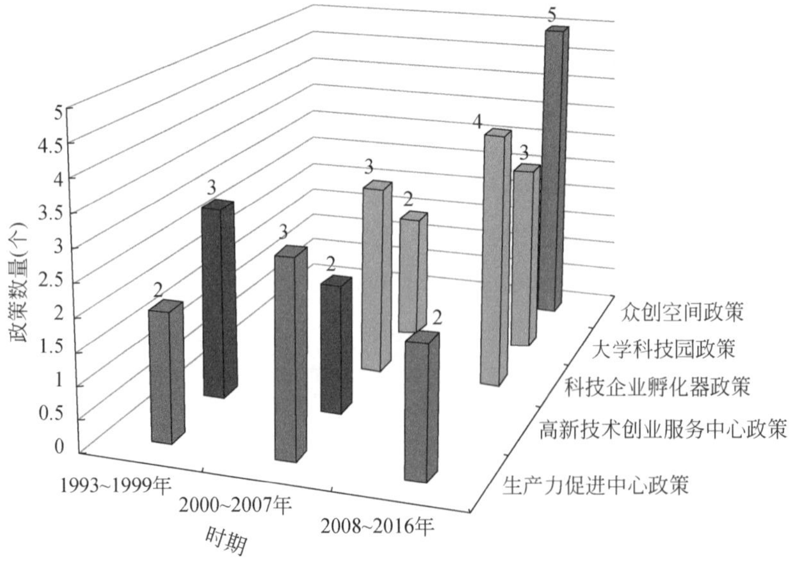

图 9-1　创新创业服务机构政策发展历程

第二节　科技企业孵化器政策（创业中心政策）

我国科技企业孵化器政策经历了政策对象名称从高新技术创业服务中心（简称创业中心）到科技企业孵化器的转变。2006 年以前的政策文本以创业中心命名，之后以科技企业孵化器命名。截至 2014 年，我国共有科技企业孵化器 1748 家，其中国家级科技企业孵化器 601 家。当前，我国科技企业孵化器政策主要通过设定标准化门槛和评估指标的方式促进其规范化发展，再以此为条件确定其能否享受相应的税收优惠政策。

《中共中央 国务院关于深化体制机制改革加快实施创新驱动发展战略的若干意见》和《国家创新驱动发展战略纲要》都对发展科技企业孵化器提出明确要求。该意见提出完善中小企业创新服务体系，加快推进创业孵化、知识产权服务、第三方检验检测认证等机构的专业化、市场化改革；该纲要提出引导社会资本参与建设面向小微企业的社会化技术创新公共服务平台；建设多种形式的孵化机构，构建“孵化+创投”的创业模式，为创业者提供工作空间、网络空间、社交空间、共享空间，降低大众参与创新创业的成本和门槛。

当前，在国家层面影响科技企业孵化器的政策主要有《科技企业孵化器认定和管理办法》（2010 年版）、《国家级科技企业孵化器评价指标体系（试行）》（2013 年版）和财政部、国家税务总局 2016 年 8 月发布的《关于科技企业孵化器税收政策的通知》（财税〔2016〕89 号）。

专栏 9-1：国家级科技企业孵化器认定条件（部分）

《科技企业孵化器认定和管理办法》（2010 年版）规定，申请国家级科技企业孵化器，需满足以下条件：

（1）可自主支配的孵化场地使用面积达 20 000 平方米以上；

（2）在孵企业使用的场地占孵化场地面积的 75% 以上；

（3）可自主支配孵化场地内的在孵企业达 80 家以上；

（4）累计毕业企业达到 25 家以上；

（5）毕业企业和在孵企业提供的就业岗位超过 1200 个；

（6）孵化器中的在孵企业应有 30% 以上已申请专利；

（7）在孵企业中的大专以上学历人数应占企业总人数的 70% 以上；

（8）孵化器自有种子资金或孵化资金不低于300万元人民币，并至少有3个以上的资金使用案例；

（9）孵化器的运营时间一般达3年以上，并按国务院科技行政主管部门要求，至少连续2年上报相关统计数据，且数据齐全、真实……”

同时，在孵企业应具备下列条件：

（1）成立时间一般不超过24个月；

（2）属迁入的孵化企业，其产品（或服务）尚处于研发或试销阶段，上年营业收入不超过200万元人民币；

（3）在孵时限一般不超过42个月；在孵企业成立时的注册资金，扣除“知识产权出资”后，现金部分一般不超过300万元人民币；

（4）单一在孵企业入驻时使用的孵化场地面积，一般不大于1000平方米……

地方政府在制定省级科技企业孵化器认定标准时，把国家标准作为重要参考，如《江苏省科技企业孵化器认定和管理办法》《广东省科技企业孵化器认定和管理办法》分别根据国家标准略作调整（表9-1）。

表9-1　国家级和江苏省、广东省科技企业孵化器认定标准

认定指标	国家级科技企业孵化器	江苏省科技企业孵化器	广东省科技企业孵化器
孵化用地（可自主支配）	1. 20000平方米以上（专业孵化器达10000平方米以上）； 2. 在孵企业使用的场地（含公共服务场地）占75%以上（国家级，广东省）；或占2/3以上（江苏省）		
专利申请	在孵企业应有30%以上已申请专利		
在孵企业规模	80家以上（专业孵化器的在孵企业应达50家以上）	20家以上（专业孵化器的在孵企业应达15家以上）	40家以上（专业孵化器的在孵企业应达25家以上）
毕业企业规模（累计毕业企业数）	25家以上（专业孵化器的毕业企业15家以上）	无	10家以上（专业孵化器的毕业企业5家以上）
在孵企业运营时间	3年以上	1年以上	2年以上
在孵企业人员结构（大专以上学历人数应占企业总人数比例）	70%以上	50%以上	50%以上

续表

<table>
<tr><th colspan="2">认定指标</th><th>国家级科技企业孵化器</th><th>江苏省科技企业孵化器</th><th>广东省科技企业孵化器</th></tr>
<tr><td colspan="2">毕业企业和在孵企业提供的就业岗位</td><td>超过1200个（专业孵化器的毕业企业和在孵企业提供的就业岗位超过800个）</td><td>无</td><td>超过600个（专业孵化器的毕业企业和在孵企业提供的就业岗位超过300个）</td></tr>
<tr><td rowspan="3">在孵企业要求</td><td>成立时间</td><td colspan="3">不超过24个月</td></tr>
<tr><td>在孵时限</td><td>1. 不超过42个月；
2. 纳入“创新人才推进计划”及“海外高层次人才引进计划”的人才或从事生物医药、集成电路设计、现代农业等特殊领域的创业企业，一般不超过60个月</td><td>1. 不超过42个月；
2. 从事生物医药、集成电路设计、现代农业等特殊领域的创业企业，一般不超过60个月</td><td>1. 不超过48个月；
2. 从事生物医药、集成电路设计、现代农业等特殊领域的创业企业，一般不超过60个月</td></tr>
<tr><td>注册资金（扣除“知识产权出资”后的现金部分）</td><td>1. 不超过300万元；
2. 纳入“创新人才推进计划”及“海外高层次人才引进计划”的人才或从事现代农业等特殊领域的创业企业，一般不超过500万元人民币；
3. 属生物医药、集成电路设计等特殊领域的创业企业，一般不超过1000万元人民币</td><td>1. 不超过300万元人民币；
2. 属生物医药、集成电路设计等特殊领域的创业企业，一般不超过1000万元人民币</td><td>1. 不超过300万元人民币；
2. 属生物医药、集成电路设计等特殊领域的创业企业，一般不超过1000万元人民币</td></tr>
</table>

（1）在评估方面，最新的国家级科技企业孵化器评估体系将国家级科技企业孵化器评价结果分为优秀、良好、合格和不合格四个等级。评价结果为优秀的国家级科技企业孵化器，在安排相关科技计划项目和表彰时，给予优先考虑；连续两次评价结果不合格的国家级科技企业孵化器，将被取消国家级科技企业孵化器资格，两年内不得重新申报国家级资格。

（2）在税收优惠方面，财税〔2016〕89号文规定，对符合条件的科技企业孵化器免征房产税、城镇土地使用税和营业税，在营业税改征增值税试点期间免征增值税。享受的税收优惠条件包括取得国家级科技企业孵化器资格；科技企业孵化器应将面向孵化企业出租场地、房屋及提供孵化服务的业务收入在财务上单独核算；孵化用地面积应占孵化器可自主支配场地面积的75%以上，孵化企业数量应占科技企业孵化器内企业总数量的75%以上；新注册企业或申请进入科技企业孵化器前企业成立时间不超过2年；孵化企业在科技企业孵化器内孵化的时间不超过48个月；符合《中小企业划型标准规定》所规定的小型、微型企业划型标准等。

第三节　大学科技园政策

相对科技企业孵化器，我国大学科技园发展起步较晚，与之相对应的政策出台也较晚。1999年，为贯彻落实《中共中央、国务院关于加强技术创新发展高科技实现产业化的决定》中鼓励教师和科研人员进入高新技术产业开发区从事科技成果商品化、产业化工作的精神，科学部和教育部联合启动了国家大学科技园建设工作，两部门先后出台两版《国家大学科技园认定和管理办法》，一个版本的《国家大学科技园评价指导意见》和三版税收优惠政策。

《中共中央 国务院关于深化科技体制改革加快国家创新体系建设的意见》提出"加强区域科技创新公共服务能力建设，进一步完善大学科技园等创新创业载体的运行服务机制，强化创业辅导功能。"《国家中长期科学和技术发展规划纲要（2006—2020年）》指出"要优化高新技术产业化环境，构建技术交流与技术交易信息平台，对国家大学科技园等科技中介服务机构开展的技术开发与服务活动给予政策扶持。"《国家中长期教育改革和发展规划纲要（2010—2020年）》强调"要充分发挥高校在国家创新体系中的重要作用，推进产学研用结合，加快科技成果转化，鼓励高校在知识创新、技术创新、国防科技创新和区域创新中做出贡献。"

截至2014年，我国共有国家级大学科技园115家。当前，在国家层面影响大学科技园的政策主要有《国家大学科技园认定和管理办法》（2010年版）、《国家大学科技园评价指导意见》（2010年版）和财政部、国家税务总局2016年9月发布的《关于国家大学科技园税收政策的通知》（财税〔2016〕98号）。

专栏9-2：国家级大学科技园认定条件（部分）

《国家大学科技园认定和管理办法》（2010年版）规定申请国家级大学科技园，需满足以下条件：

（1）以具有较强科研实力的大学为依托；

（2）有具备独立法人资格的专业化管理机构，实际运营时间在2年以上；

（3）有专门的经营管理团队，管理人员中本科以上学历占85%以上；

（4）具有边界清晰固定区域不超过3个，面积达15 000平方米以上的可自主支配场地；

（5）提供给孵化企业使用的场地面积应占大学科技园可自主支配面积的60%及以上；

（6）大学科技园内的在孵企业达50家以上；

（7）为社会提供1000个以上的就业机会；

（8）大学科技园50%以上的孵化企业在技术、成果、技术转移和人才方面与依托高校有实质性关联；

（9）大学科技园区内有风险投资、金融机构进驻，大学科技园区筹措设立的种子资金不低于500万元，并至少有3个以上投资案例……

同时，在孵企业应具备以下条件：

（1）企业注册地及主要研发、办公场所必须在大学科技园工作场地内；

（2）申请进入大学科技园的在孵企业，成立时间不超过3年；

（3）迁入的在孵企业，上年营业收入不超过500万元；

（4）在孵企业在大学科技园的孵化时间不超过42个月（海外高层次创业人才或从事生物医药、集成电路设计等特殊领域的创业企业，不超过60个月）；

（5）在孵企业成立时注册资金中扣除“知识产权”出资后，现金部分不超过500万元（属海外高层次创业人才或从事生物医药、集成电路设计等特殊领域的创业企业，现金部分不超过1000万元）；

（6）单一在孵企业使用的孵化场地面积不大于1000平方米；从事航空航天、现代农业等特殊领域的单一在孵企业，不大于3000平方米；

（7）在孵企业研发的项目（产品），知识产权界定清晰；

（8）在孵企业团队具有一定的经营管理能力。留学生、大学生企业的团队主要管理者或技术带头人，由其本人担任。

（1）在评估方面，《国家大学科技园评价指导意见》（2010年版）规定科学技术部、教育部负责组织实施国家大学科技园的评价工作、确定评价时间、聘请评价专家、审定专家组的评价意见、确定并公布评价结果。国家大学科技园评价结果分为优秀、良好、整改和摘牌四个等级。对评价结果为优秀的国家大学科技园在有关国家科技计划中给予支持。评价指标体系包括大学科技园区服务与运营、创新绩效、成果转化能力、孵化绩效、人才培养与集聚、社会贡献六个方面的一级指标。

（2）税收优惠方面，财税〔2016〕98 号文规定，对符合条件的大学科技园免征房产税、城镇土地使用税和营业税。在营业税改征增值税试点期间免征增值税。符合非营利组织条件的大学科技园的收入，还可享受企业所得税优惠。享受税收优惠条件包括符合国家大学科技园条件；向孵化企业出租场地、房屋及提供孵化服务的业务收入在财务上单独核算；孵化企业使用面积占可自主支配场地面积的 60% 以上，孵化企业占大学科技园内企业总数的 75% 以上；新注册企业或申请入园前企业成立时间不超过 3 年；在孵企业在大学科技园内孵化的时间不超过 48 个月；符合《中小企业划型标准规定》所规定的小型、微型企业划型标准等。

第四节　生产力促进中心政策

生产力促进中心最近一次写入中央文件是在 2006 年颁布的《规划纲要》里，该纲要明确提出继续加强国家高新技术产业开发区等产业化基地建设，制定有利于促进国家高新技术产业开发区发展并带动周边地区发展的政策，构建技术交流与技术交易信息平台，对生产力促进中心等科技中介服务机构开展的技术开发与服务活动给予政策扶持。

2010 年 2 月，为贯彻全国基层科技工作会议精神，科学技术部高新司和火炬中心启动了生产力促进中心服务产业集群、服务基层科技专项行动（即“两服务行动”），会同地方科学技术部门指导生产力促进中心为区域经济发展和基层科技事业服务，还启动了相关试点，注册了专项行动的标识。2011 年 5 月，科学技术部印发了《生产力促进中心服务产业集群、服务基层科技专项行动的实施意见》。同年 7 月，在江西省南昌市举行深入实施“两服务行动”动员大会，总结进展、交流经验，推动“两服务行动”深入开展。“两服务行动”重点任务是支持和引导生产力促进中心深入园区集群、提升服务能力（包括完善机构布局、加强公共服务平台建设、推动技术创新战略联盟发展和培育企业技术创新能力）、创新服务方式、提高为基层科技服务的水平（包括服务县域经济、促进农村科技进步、深化行业中心与地方中心合作、跨区域对接）、加强自身能力建设和打造资源优势（包括培育核心能力、深化业务联盟建设、人员队伍建设和对外合作），“两服务行动”已成为生产力促进中心新一轮发展的重要旗帜。

截至2014年底，我国共有生产力促进中心2599家，其中国家级示范生产力促进中心为247家。国家级示范中心一直是我国生产力促进中心事业的支撑力量，针对其设定的专门标准和评价方法，是有关生产力促进中心的最主要政策。2013年7月，科学技术部根据《国务院关于取消和下放一批行政审批项目等事项的决定》（国发〔2013〕19号），废止了《国家级示范生产力促进中心认定和管理办法》（国科发高〔2011〕173号）。随着国家级示范中心行政审批的取消，行政调控的引导作用进一步减弱，对地方原有的行政约束机制产生巨大冲击，替代政策尚未出台，形成了政策“真空期”。

取消国家级示范生产力促进中心审批后，《国家级示范生产力促进中心绩效评价工作细则》成为目前唯一的规范性政策。《国家级示范生产力促进中心绩效评价工作细则》规定科学技术部组织开展国家级示范生产力促进中心的绩效评价工作，包括制定评价指标、评价程序和评价标准，认定和发布评价结果。对国家级示范生产力促进中心的评价分为企业类和事业类，实行权重打分制。无论企业类还是事业类国家级示范生产力促进中心，企业类评价权重见表9-2，事业类评价权重见表9-3。

表9-2　企业类生产力促进中心评价权重

分类	权重	具体指标	权重	来源
中心规模	22	资产总额	6	财务
		职工人均资产	6	财务
		实收资本	5	财务
		职工人均资本	5	财务
服务成效	36	收入总计	8	财务
		主营业务收入净额	6	财务
		业务增长率	8	财务
		人均服务收入	8	财务
		服务企业总数	6	统计
财务效益	15	主营业务利润率	5	财务
		平均净资产	5	财务
		净资产收益率	5	财务
人力资源	12	职工总数	6	统计
		学士学位以上人员比例	6	统计
沟通交流	15	报表及时与准确性	5	定性
		参加行业活动情况	5	定性
		信息沟通情况	5	定性

表 9-3 事业类生产力促进中心评价权重

分类	权重	具体指标	权重	来源
中心规模	16	资产总额	8	财务
		职工人均资产	8	财务
发展能力	37	收入总计	8	财务
		非政府性收入比例	7	财务
		主营业务收入净额	7	财务
		业务增长率	7	财务
		服务企业总数	8	统计
服务条件	14	人均政府投入	7	财务
		政府投入增长率	7	财务
人力资源	18	职工总数	6	统计
		学士学位以上人员比例	6	统计
		中级职称以上人员比例	6	统计
沟通交流	15	报表及时与准确性	5	定性
		参加行业活动情况	5	定性
		信息沟通情况	5	定性

专栏 9-3：国家级示范生产力促进中心评价结果

1. 评价结果分为 5 类。

（1）A 类，即评价排在企业类、事业类前 15% 的国家级示范中心。

（2）B 类，即评价排在企业类、事业类前 15% ~40% 的国家级示范生产力促进中心。

（3）C 类，即评价排在企业类、事业类前 40% ~70% 的国家级示范生产力促进中心。

（4）D 类，即评价排在企业类、事业类前 70% ~90% 的国家级示范生产力促进中心。

（5）E 类，即评价排在企业类、事业类后 10% 的国家级示范生产力促进中心。

2. 评价结果为 E 类的国家级示范生产力促进中心，该年度评价为不合格。

第五节 众创空间政策

众创空间是我国新兴起，也是当前中央政策支持最明确、最集中的一类创新创业服务机构。中央文件第一次提到众创空间是在2015年1月28日，李克强主持召开国务院常务会议，研究确定支持发展众创空间推进大众创新创业的政策措施。2015年3月11日，国务院办公厅印发“众创空间”纲领性文件——《关于发展众创空间推进大众创新创业的指导意见》，此举为国家层面首次部署众创空间平台，支持大众创新创业。此后，全国各省市相继出台政策文件，培育发展众创空间，推进大众创新创业。

根据国务院《关于发展众创空间推进大众创新创业的指导意见》中的定义，众创空间是顺应网络时代创新创业特点和需求，通过市场化机制、专业化服务和资本化途径构建的低成本、便利化、全要素、开放式的新型创业服务平台的统称。众创空间和科技企业孵化器、大学科技园、生产力促进中心是不同的载体，它们承担着不同的使命，功能定位的不同导致服务的方向和内容也不尽相同。作为一个新兴的开放创新平台，众创空间目前更多是围绕筛选和培育处于“苗圃阶段”的创新创业项目，开展一些小规模的孵化器前期的服务性工作，与传统孵化器相比，众创空间更注重创意的转化，提供的服务比传统孵化器更多。

中共中央、国务院印发的《国家创新驱动发展战略纲要》明确要求“实现创新群体从以科技人员的小众为主向小众与大众创新创业互动转变”；“发展众创空间，依托移动互联网、大数据、云计算等现代信息技术，发展新型创业服务模式，建立一批低成本、便利化、开放式众创空间和虚拟创新社区，建设多种形式的孵化机构，构建‘孵化+创投’的创业模式，为创业者提供工作空间、网络空间、社交空间、共享空间，降低大众参与创新创业的成本和门槛。”

当前，针对众创空间的政策以中央层面的指导性政策和地方具体规范性政策为主。在中央层面，国务院和科学技术部分别发布了《国务院办公厅关于建设大众创业万众创新示范基地的实施意见》和《发展众创空间工作指引》。这两个文件的内容主要是指导性意见，如《发展众创空间工作指引》不像《科技企业孵化器认定和管理办法》一样细致。该文件既没有细化的指标，也不过于强调硬件条件，更不从数量上鼓励大发展，它的重点是明确众创空间的服务功能和主要特征，鼓励各地积极探索，百花齐放。该政策目前最具体的一条支持措施是“将符合条件、运行良好的众创空间经备案后纳入国家级科技企业孵化器管理服务体系。”这意味着经科学技术部备案的众创空间至少可以享受国家级科技企业孵化器享受的房产税、土地使用税、增值税等优惠政策。

当前中央层面唯一一个在内容方面较具体的众创空间政策是工业和信息化部2016年6月发布的《国家小型微型企业创业创新示范基地建设管理办法》。尽管该政策没有使用众创空间的名义，但小型微型企业创新创业示范基地服务内容与众创空间高度一致。该政策规定小型微型企业创业创新示范基地申报需同时满足以下基本条件：①经省级中小企业主管部门认定的小型微型企业创业创新（示范）基地。②申报主体具有独立法人资格并运营管理本基地，基地成立时间3年以上。③目前基地入驻小微企业80家以上，从业人员1500人以上。④专职从事创业创新服务的人员不少于10人，其中创业辅导师不少于3人，引入或战略合作的外部专业服务机构不少于5家。⑤服务有特色，业绩突出。为小微企业提供的公益性服务或低收费服务不少于总服务量的20%。

另外，科学技术部2013年9月发布了《“苗圃—孵化器—加速器”科技创业孵化链条建设指南》，开展科技创业孵化链条建设示范工作。该政策文本规定了建设示范单位的标准，主要涵盖管理人员数量、服务场地、培育的创业项目数等条件。截至2015年底，科学技术部已经以此为条件开展了三批示范单位的评定工作。

在中央政策指引下，地方陆续发布了众创空间的认定和支持政策，如天津市2015年发布了《天津市众创空间认定管理办法（试行）》，规定“区县众创空间应在500平方米以上（含500平方米），高校众创空间应在200平方米以上（含200平方米），属租赁场地的，租期应在5年以上。其中，公共办公与服务场地面积不低于总面积的90%，并提供开放共享式办公场地、宽带接入、互联网资源等设施，鼓励提供科研设施、仪器设备及简式餐饮、公寓等硬件设施；设立不少于300万元的种子基金，聚集天使投资人与创投机构，为创业者提供资金支持和融资服务，通过提供借款和收购初创成果及天使投资等方式，促进创业者持续创业……”

此外，天津市众创空间的认定方法有以下几种：①高校众创空间由市教育委员会组织认定，各区县（含滨海新区各功能区）众创空间由市科学技术委员会组织认定，认定程序及结果向社会公开。②各高校众创空间运营主体向所在高校提出书面申请，经高校审核同意后，向市教育委员会出具推荐函；各区县众创空间运营主体向所在区县科学技术委员会提出书面申请，经区县科学技术委员会审核同意后，向市科学技术委员会出具推荐函。③市教育委员会、市科学技术委员会分别委托社会独立机构分期分批组织专家评审，对拟认定的众创空间进行网上公示，公示无异议的分别经市教育委员会主任办公会、市科学技术委员会主任办公会审定，认定为天津市众创空间。

第四部分　关 联 政 策

第十章　产学研结合政策

摘要：产学研结合政策是旨在促进大学、科研院所和企业进行技术创新合作的激励政策，是完善我国技术创新体系的重要组成部分。产学研结合政策手段形式多样，从科技计划强调大学、科研院所与企业的联合形式，到联盟、协同创新中心建设，再到科技成果转化中合作及其对产学研合作的财税激励政策，以及人才政策等。从政策演进上看，在早期，产学研结合政策的主要目标是在经济、科技体制改革推动下，大学、科研机构逐步摆脱传统计划管理方式开始进入市场，产学研各方逐步打破禁锢的藩篱，相互渗透，并探求多种结合的方式。2000 年，产学研结合政策逐步开始关注企业的核心作用，注重市场机制在促进产学研结合中的基础作用，开始加强产学研合作组织建设，推广产业技术创新战略联盟、协同创新中心等建设。十八大以来，产学研结合政策更加突出市场在创新中的决定性作用，强调大学、科研院所和企业自主创新中的协同、和谐发展，政策形式更加灵活，成为促进全社会创新创业的重要政策支撑。

改革开放以来，我国逐渐认识到产学研结合的重要意义，给予产学研合作越来越丰富的内涵。产学研结合，不仅成为市场经济体制下科技成果向产业转移从而最大限度地发挥全社会技术创新力量的关键，而且也成为探索和完善新体制下技术创新体系的重要内容。

第一节　促进产学研结合的政策演进

从《中共中央、国务院关于加强技术创新，发展高科技，实现产业化的决定》《中华人民共和国科学技术进步法》《国家中长期科学和技术发展规划纲要(2006—2020 年)》到《中共中央 国务院关于深化体制机制改革加快实施创新驱动发展战略的若干意见》《国家创新驱动发展战略纲要》等政策文件中，政府越来越重视产学研结合，逐步将其上升到国家发展战略高度，并制定了一系列与产学研合作有关的政策法规，在推动产学研结合、促进科技创新、加快经济发展方面成效明显。

按照我国经济体制改革的进程和产学研在国家创新体系建设中所发挥的作用，本书大致把产学研结合划分为五个阶段。

一、以改革推动产学研结合阶段（1985～1992年）

十一届三中全会以来，与计划经济体制改革相适应，科技体制也进行了改革。为打破产学研相分离的状态、促进科技与经济的结合，国家先后出台了一系列政策，探索产学研结合的新途径。以1985年《中共中央关于科学技术体制改革的决定》为标志，我国科技体制改革进入新时期，该决定明确提出要改革拨款制度，从资金供应上改变科研机构对行政部门的依附，使其主动为经济建设服务，用商品经济规律调整科技力量布局，扩大全社会的科技投入，加速科技成果商品化。开放技术市场，在政策和法律上承认技术成果也是商品，建立按照价值规律有偿转让的机制。国家先后颁布了《中华人民共和国专利法》《中华人民共和国技术合同法》及相应的实施条例，为技术开发、技术转让、技术咨询、技术服务等各种技术交易制定了基本技术规则，极大地促进了技术交易和技术市场的发展，有效地保护了科技人员的合法权益。在科学技术体制改革的组织结构方面，要改变过多的研究机构与企业相分离，研究、设计、教育、生产脱节，军民分割、部门分割、地区分割的状况；大力加强企业的技术吸收与开发能力和技术成果转化为生产能力的中间环节，促进研究机构、设计机构、高等学校、企业之间的协作和联合，并使各方面的科学技术力量形成合理的纵深配置。这表明我国已认识到科技与经济的隔离状态，体现了要加强两者联系的要求。

在解决两者关系的模式选择上，特别强调应使科研机构进入企业或使两者实现紧密联合。例如，1987年《国务院关于进一步推进科技体制改革的若干规定》指出以技术开发工作为主的大多数科研机构，特别是从事产品开发的科研机构，都应逐步进入企业、企业集团或与其实行紧密联合，研究开发经费应逐步依靠企业或企业集团从销售总额中提取。1988年，《国务院关于深化科技体制改革若干问题的决定》指出科研机构可以和企业互相承包、租赁、参股、兼并，实行联合经营，或进入企业、企业集团，或发展成科研型企业等。

二、探索市场经济体制下产学研结合新形式阶段（1992～1999年）

1992年10月召开的十四大，明确提出把建立社会主义市场经济体制作为我国经济体制改革的目标。在市场经济条件下，由于产学研各方主体地位和功能都有了较为明确的定位，产学研结合对经济社会发展的重要作用日益得到人们的重视。1992年，国家经济贸易委员会联合国家教育委员会、中国科学院共同实施了“产学研联合开发工程”，这是在国家层面上促进产学研结合的一大举措。

此后，对产学研结合的关注也从科技成果转化转向如何在市场经济体制下形成产学研的有效结合机制。1992年，国务院发布的《国家中长期科学技术发展纲领》提出，通过多种方式推进企业之间、企业与研究开发机构、高等院校之间的横向联合，提倡以大中型企业为骨干，以优质名牌商品为龙头，通过科研和生产的联合，形成具备技术开发、生产、销售、服务功能的企业集团，特别要支持科技先导型或具有国际竞争力的企业集团的发展。1993年，《中华人民共和国科学技术进步法》提出应建立科学技术与经济有效结合的机制，国家鼓励企业建立和完善技术开发机构，鼓励企业与研究开发机构、高等院校联合和协作，增强研究开发、中间试验和工业性试验能力。这是我国第一次以法律形式提出鼓励产学研之间的联合和协作。1994年，国家科学技术委员会、国家经济体制改革委员会关于《适应社会主义市场经济发展深化科技体制改革实施要点》（国科发政字〔1994〕29号）提出继续鼓励研究开发机构以开发科技产业为目标，探索和实践技工贸、技农贸一体化经营。同年，国家经济体制改革委员会、国家科学技术委员会和国家教育委员会（三委）联合颁布了《关于高等学校发展科技产业的若干意见》，对高等学校科技产业发展的指导方针、企业制度、财务和人事管理制度、产业发展的环境和条件等作了具体规定，规范和引导高等学校科技产业的发展走上了健康有序的道路。在这以后，高等学校科技产业得到了长足的发展。

1995年，中共中央、国务院发布《关于加速科学技术进步的决定》中明确提出，要继续推动产学研相结合，鼓励科研院所、高等学校的科技力量以多种形式进入企业或企业集团，参与企业的技术改造和技术开发。大中型企业要普遍建立、健全技术开发机构，与科研院所、高等学校开展多种形式的合作，大力增强技术开发能力，逐步成为技术开发的主体。国务院《关于“九五”期间深化科学技术体制改革的决定》指出“九五”期间，要形成科研、开发、生产、市场紧密结合的机制，建立以企业为主体、产学研相结合的技术开发体系和以科研机构、高等学校为主的科学研究体系及社会化的科技服务体系，提高科技在国民经济中的贡献率。大中型企业和企业集团都应以市场为导向，逐步建立与科研机构、高等学校联合等多种形式的技术开发机构。

三、明确提出探索新型产学研协作机制阶段（1999～2006年）

1999年召开的全国技术创新大会和发布的《中共中央、国务院关于加强技术创新，发展高科技，实现产业化的决定》给科研机构的改革与发展指明了方向，提出了目标和任务，对深化高等教育体制改革，进一步发挥高等学校科技和智力优势，积极为国民经济建设和社会发展服务。该决定要求我国积极推进科技体制、教育体制和经济体制的配套改革，从根本上解决科技、教育与经济脱节的问题；并提出大中型企业要加强企业与高等学校、科研机构的联合协作；还明确提出支持发展高等学校大学科技园区，培育一批知识和智力密集，具有市场竞争优势的高新技术企业和企业集团，使产学研更加紧密地结合。

产学研结合不只是科技和教育领域的事，企业必须发挥在技术创新中的主体作用，并在实践中探索产学研结合的新机制。1999年，《中共中央关于国有企业改革和发展若干重大问题的决定》指出要形成以企业为中心的技术创新体系，推进产学研结合，鼓励科研机构和大专院校的科研力量进入企业和企业集团，强化应用技术的开发和推广，增加中间试验投入，促进科技成果向现实生产力的转化。2000年，国家经济贸易委员会发布《关于加速实施技术创新工程形成以企业为中心的技术创新体系的意见》（国经贸技术〔2000〕60号）提出要加强产学研联合机制建设，并确定100个多种形式的产学研联合示范点，抓好50个左右以企业为主体、高等院校和科研院所积极参与的产学研联合体；以对产业技术升级有重大影响的项目为目标，重点抓好一批产学研联合示范项目，促进高技术产业化和用高新技术改造传统产业。2002年，《国家产业技术政策》（国经贸技术〔2002〕444号）提出要建立以企业为中心，风险共担的产学研结合机制。建立企业与大学、科研院所的产学研联合体，形成以市场为导向的研究开发体系和开放式的产学研合作机制。

四、把产学研结合提升到国家战略高度的阶段（2006～2012年）

2006年召开的全国科技大会提出要建设创新型国家，其突破口就在于形成以企业为主体、产学研结合的技术创新体系。产学研结合被作为技术创新体系的重要组成部分，提到了前所未有的战略高度。在大会上发布的《中共中央 国务院关于实施科技规划纲要增强自主创新能力的决定》提出要建立以企业为主体、市场为导向、产学研相结合的技术创新体系；大力推进产学研相结合，鼓励和支持企业同科研院所、高等院校联合建立研究开发机构、产业技术联盟等技术创新组织。《国家中长期科学和技术发展规划纲要（2006—2020 年）》提出只有产学研结合，才能更有效配置科技资源，激发科研机构的创新活力，并使企业获得持续创新的能力。必须在大幅度提高企业自身技术创新能力的同时，建立科研院所与高等院校积极围绕企业技术创新需求服务、产学研多种形式结合的新机制。《规划纲要》配套政策提出要研究制定促进产学研结合的优惠政策。

随着全国科技大会的召开，政府对产学研结合的推动进入了一个新时期。2006 年，科学技术部、国务院国有资产监督管理委员会、中华全国总工会共同实施了以提高企业创新能力、推动产学研结合的“技术创新引导工程”。相关部门在研究制定促进产学研结合的配套政策，并寻求形成产学研结合新机制（表 10-1）。

表 10-1　2006～2011 年主要产学研合作政策列表

年份	政策名称	主要相关内容
2006	《中共中央 国务院关于实施科技规划纲要增强自主创新能力的决定》	建设创新型国家，增强自主创新能力，建立以企业为主体，市场为导向、产学研相结合的技术创新体系
	《国家中长期科学和技术发展规划纲要（2006—2020 年）》	在大幅度提高企业自主技术创新能力的同时，建立学研积极围绕企业技术创新需求服务、产学研多种形式结合的新机制
	技术创新引导工程（2009 年更名为“技术创新工程”）	形成拥有自主知识产权、自主品牌和持续创新能力的创新型企业；建立以企业为主体、市场为导向、产学研相结合的技术创新体系；引导增强战略产业的原始创新能力和重点领域的集成创新能力
2009	《国务院关于发挥科技支撑作用促进经济平稳较快发展的意见》	促进产学研用相结合，支持建立产学研用结合的产业技术创新战略联盟
2011	2011 计划	以协同创新中心建设为载体，构建四类协同创新模式

之后，产学研结合政策进一步加强。2009 年，国务院在《国务院关于发挥科技支撑作用促进经济平稳较快发展的意见》中提出在“技术创新引导工程”基础上组织实施“技术创新工程”，以“产业技术创新战略联盟”为重要抓手。这是一种新的产学研合作组织形式，是中国特色产学研合作的新发展。与以往项目层面上的合作相比，其更具有战略性、长期性、稳定性，能够更有效地组织和配置联盟内各成

员单位的优势资源，克服以往合作中存在的短期化、单一化等问题。2011 年，教育部、财政部决定启动实施 2011 计划，全称是高等学校创新能力提升计划，该计划与以往“211 工程”“985 工程”不同，更侧重突破高等学校内外部机制体制的壁垒，释放人才资源等创新要素活力，主要体现为推进学校与学校、与科研院所、与行业企业、与区域发展、与国际合作的深度融合，建成一批 2011 协同创新中心，推动产学研合作层次的提升。

需特别指出的是，2008 年初发布了于 2007 年 12 月 29 日修订的《中华人民共和国科学技术进步法》，其中第六条明确指出国家鼓励科学技术研究开发与高等教育、产业发展相结合，鼓励自然科学与人文社会科学交叉融合和相互促进，国家加强军用与民用科学技术计划的衔接与协调，促进军用与民用科学技术资源、技术开发需求的互通交流和技术双向转移，发展军民两用技术。第二十六条进一步指出国家推动科学技术研究开发与产品、服务标准制定相结合，科学技术研究开发与产品设计、制造相结合；引导科学技术研究开发机构、高等学校、企业共同推进国家重大技术创新产品、服务标准的研究、制定和依法采用。以上新增内容，以法律的形式明确了产学研在国家发展战略中的重要地位。

五、创新驱动发展战略下的产学研结合新阶段（2012 年至今）

2012 年全国科技创新大会，《中共中央 国务院关于深化科技体制改革加快国家创新体系建设的意见》指出统筹技术创新、知识创新、国防科技创新、区域创新和科技中介服务体系建设，建立基础研究、应用研究、成果转化和产业化紧密结合、协调发展机制。支持和鼓励各创新主体根据自身特色和优势，探索多种形式的协同创新模式。

之后，出台了一系列的政策文件，部署产学研合作创新的工作，加强产学研合作，如《国务院办公厅关于强化企业技术创新主体地位全面提升企业创新能力的意见》《“十二五”国家自主创新能力建设规划》（国发〔2013〕4 号）、中共中央办公厅、国务院办公厅印发《深化科技体制改革实施方案》和《中共中央 国务院关于深化体制机制改革加快实施创新驱动发展战略的若干意见》等。至 2016 年，在全国科技创新大会上，习近平指出，“深化改革创新，形成充满活力的科技管理和运行机制。创新是一个系统工程，创新链、产业链、资金链、政策链相互交织、相互支撑，改革只在一个环节或几个环节搞是不够的，必须全面部署，并坚定不移推进。科技创新、制度创新要协同发挥作用，两个轮子一起转。”2016 年 5 月 19 日，中共中央、国务院印发了《国家创新驱动发展战略纲要》，该纲要指出明确企业、科研院所、高校、社会组织等各类创新主体功能定位，构建开放高效的创新网络。

第二节　科技计划与基金

一、国家科技计划中鼓励联合申请

随着对产学研结合的重视，国家科技计划逐步重视在计划实施过程中体现企业的主导作用，对产学研合作进行引导。例如，国家的863计划，在项目申请过程中强调要产学研结合。在科技型中小企业技术创新基金的规定（1999年《科学技术部、财政部关于科技型中小企业技术创新基金的暂行规定》国办发〔1999〕47号）中，也明确了要优先支持产学研的联合创新，优先支持具有自主知识产权、高技术、高附加值、能大量吸纳就业、节能降耗、有利环境保护及出口创汇的各类项目。

国家在设立的“国家重点工业性试验项目计划”（1984年）、“星火计划”（1986年）、“国家重点新产品计划”（1988年）、火炬计划（1988年）、“国家重大科技成果产业化计划”及“国家工程技术研究中心计划”（1991年）、“国家工程研究中心计划”（第八个五年计划）、“国家重大科技成果产业化项目计划和示范工程”（1995年）等科技计划中，均强调加强产学研结合。

二、中小企业技术创新基金鼓励产学研联合

在《关于科技型中小企业技术创新基金的暂行规定》中，第六款指出创新基金鼓励并优先支持产学研的联合创新，优先支持具有自主知识产权、高技术、高附加值、能大量吸纳就业、节能降耗、有利环境保护及出口创汇的各类项目。

第三节　产业技术创新战略联盟

一、促进产业技术创新战略联盟构建

2006年，科学技术部、国务院国有资产监督管理委员会、中华全国总工会实施“技术创新引导工程”。其主要目标是引导形成拥有自主知识产权、自主品牌和持续创新能力的创新型企业；引导建立以企业为主体、市场为导向、产学研相结合的技

术创新体系；引导增强战略产业的原始创新能力和重点领域的集成创新能力。其中一个重要内容是引导和支持若干重点领域形成产学研战略联盟。主要内容包括：引导若干重点领域，以共性技术和重要标准为纽带，以大中型骨干企业和行业龙头企业为核心，形成各种形式的产学研战略联盟，并给予优先支持。主体科技计划优先支持企业承担或企业牵头、产学研联合承担的竞争前技术与共性关键技术研发，引导战略产业的原始创新和重点领域的集成创新。而在保障措施方面，主要包括要加强政策研究、创新型企业试点、研发中心与工程中心建设、产学研结合引导及工程整体推动等方面工作。

根据国务院《关于发挥科技支撑作用促进经济平稳较快发展的意见》（国发〔2009〕9号）的要求，科学技术部、财政部、教育部、国务院国有资产监督管理委员会、中华全国总工会、国家开发银行决定共同组织实施“技术创新工程”。2009年6月2日，科学技术部等联合发布《国家技术创新工程总体实施方案》（国科发政〔2009〕269号），其中包含以下几方面。

（1）推动产业技术创新战略联盟构建和发展。统筹推进产业技术创新战略联盟的构建和发展。以增强产业核心竞争力为目标，重点围绕十大产业振兴和战略性产业发展，形成工作布局。

（2）引导产业技术创新战略联盟的构建。促进产学研各方围绕产业技术创新链在战略层面建立持续稳定的合作关系，立足产业技术创新需求，开展联合攻关，制定技术标准，共享知识产权，整合资源建立技术平台，联合培养人才，实现创新成果产业化；指导和鼓励地方结合当地实际，构建支撑本地经济发展的产业技术创新战略联盟；鼓励行业协会发挥组织协调、沟通联络、咨询服务等作用，推动本行业联盟的构建。

（3）引导产业技术创新战略联盟健康发展。通过科技计划委托联盟组织实施国家和地方的重大技术创新项目；积极探索支持产业技术创新战略联盟发展的各种有效措施和方式；推动产业技术创新战略联盟建立和完善技术成果扩散机制，向中小企业辐射和转移先进技术，带动中小企业产品和技术创新；依托产业技术创新战略联盟探索国家支持企业技术创新的相关政策。

二、依托产业技术创新战略联盟建设国家重大创新基地

支持产业技术创新战略联盟组织实施科技计划项目，开展重大产业技术创新活动。2013年3月11日，科学技术部、国家发展和改革委员会联合发布《关于印发

“十二五”国家重大创新基地建设规划的通知》(国科发计〔2013〕381 号)。在科学技术部、国家发展和改革委员会组织编制的《“十二五”国家重大创新基地建设规划》中，部署建设国家重大创新基地，在现有创新载体基础上，优化和集成创新资源，建设国家重大创新基地，以新的组织形式，跨领域、跨部门、跨区域集中组织实施面向国家目标的协同创新。以大幅提升自主创新能力，进一步推进创新成果转化与扩散，促进科技与经济紧密结合，探索创新驱动发展的新模式。

“十二五”期间，结合国民经济发展重大需求和现有创新载体的发展基础，选择具备优势创新条件和基础的领域，试点建设 15 ~ 20 个国家重大创新基地。在集成各类创新载体建设国家重大创新基地的过程中，根据不同领域内创新载体结合的紧密程度和创新资源的集聚特点，可采取三种建设模式：一是一家为主、多家参与；二是多家共建；三是联盟组建。

在移动通信等创新资源较为分散的领域，由领域内创新资源丰富的骨干企业、大学和科研机构共同牵头组织，联合相关创新主体，以联盟形式组建国家重大创新基地。建立资源共用、利益共享、风险共担的合作机制，签署具有法律效力的联盟协议，制定组织管理章程，形成以联盟决策机构和常设执行机构为中心，以各家实体运行的分基地为网络节点，地理上相对分散，体系上高度统一的合作创新组织。

三、支持产业技术创新战略联盟组织实施国家科技计划

《关于印发进一步鼓励和引导民间资本进入科技创新领域意见的通知》指出，科学技术部鼓励民营企业组建产业技术创新战略联盟，明确该联盟可组织实施国家科技计划项目。2012 年 6 月 18 日，科学技术部发布了《关于印发进一步鼓励和引导民间资本进入科技创新领域意见的通知》(国科发财〔2012〕739 号)，进一步鼓励和引导民间资本进入科技创新领域，提升民营企业技术创新能力，促进民间投资和民营企业健康发展。该意见提出，鼓励更多的民营企业参与国家科技计划，经科学技术部审核的产业技术创新战略联盟，可作为项目组织单位参与国家科技计划项目的组织实施。该意见中提到鼓励更多的民营企业参与国家科技计划。切实落实国家科技计划管理改革的各项政策措施，在计划管理的各个环节为民营企业提供便利，鼓励其通过平等竞争牵头承担或与高等院校、科研院所联合承担国家科技重大专项和 973 计划、863 计划、支撑计划、科技惠民计划等国家科技计划项目。支持有实力的民营企业联合高等院校、科研院所等组建产业技术创新战略联盟，组织实施产业带动力强、经济社会影响力大的国家重大科技攻关项目和科技成果产业化项目，依靠

科技创新做强做大。经科学技术部审核的产业技术创新战略联盟，可作为项目组织单位参与国家科技计划项目的组织实施。

四、支持产业技术创新战略联盟承担重大科技成果转化

国务院发布《促进科技成果转移转化行动方案》提出，支持产业技术创新战略联盟承担重大科技成果转化。《中华人民共和国促进科技成果转化法》指出，支持构建产业技术创新战略联盟，并要求发挥产业技术创新战略联盟在科技成果转化中的作用。2016 年 4 月 21 日，国务院办公厅发布了《关于印发促进科技成果转移转化行动方案的通知》（国办发〔2016〕28 号），落实《中华人民共和国促进科技成果转化法》，加快推动科技成果转化为现实生产力，明确了重点任务分工及进度安排，其中，第八项重点任务就是由科学技术部、工业和信息化部、中科院等部门牵头，围绕国家重点产业和重大战略，构建多种形式的产业技术创新战略联盟。

五、专职管理服务机构：产业技术创新试点联盟联络组

《2015 年度产业技术创新战略联盟活跃度评价报告》指出为了更好地引导推动产业技术创新战略联盟培育发展，加强对试点联盟发展方向的政策引导，产业技术创新试点联盟联络组开展了 2015 年度联盟活跃度评价工作。此次评价范围涵盖了科学技术部批复的前三批国家试点联盟，评价时限为 2015 年 1 月 1 日～2015 年 12 月 31 日。

六、新时期的产业技术创新战略联盟发展政策

中央发布实施创新驱动发展战略意见明确支持产业技术创新战略联盟发展。2015 年 3 月 23 日《中共中央 国务院关于深化体制机制改革加快实施创新驱动发展战略的若干意见》正式发布。该文件对如何深化改革、全面落实国家创新驱动战略提出了三十条意见。其中，在第七条意见中明确提出鼓励构建以企业为主导、产学研合作的产业技术创新战略联盟。在第十九条意见中再次提出推动以生产经营活动为主的转制科研院所深化市场化改革，通过引入社会资本或整体上市，积极发展混合所有制，推进产业技术创新战略联盟建设。

《深化科技体制改革实施方案》的措施。2015 年 9 月 24 日，中央办公厅、国务

院印发《深化科技体制改革实施方案》，提出在强化产业链和创新链、完善技术转移机制两方面，都要发挥产业技术创新战略联盟的重要作用。建立技术创新市场导向机制，强化创新链和产业链有机衔接。鼓励构建以企业为主导、产学研合作的产业技术创新战略联盟，制定促进产业技术创新战略联盟发展的措施，按照自愿原则和市场机制，进一步优化产业技术创新战略联盟在重点产业和重点区域的布局。完善技术转移机制，加速科技成果产业化方面，推动修订标准化法，鼓励产业技术创新战略联盟及学会、协会协调市场主体共同制定团体标准，加速创新成果市场化、产业化，提高标准国际化水平。

第四节　2011 协同创新中心

2012 年 3 月 5 日，《教育部 财政部关于实施高等学校创新能力提升计划的意见》（教技〔2012〕6 号）中明确了建设目标，其中指出建立一批 2011 协同创新中心，集聚和培养一批拔尖创新人才，取得一批重大标志性成果，成为具有国际重大影响的学术高地、行业产业共性技术的研发基地、区域创新发展的引领阵地和文化传承创新的主力阵营。

2012 年 5 月 4 日，《教育部 财政部关于印发高等学校创新能力提升计划实施方案的通知》（教技〔2012〕7 号），明确了 2011 协同创新中心建设的基本要求（含总体目标、重点任务、协同创新中心类型、实施范围和实施周期）、实施原则、计划管理、实施方式和支持措施等。

之后，教育部、财政部又出台了《2011 协同创新中心建设发展规划》《2011 协同创新中心政策支持意见》《2011 协同创新中心认定暂行办法》三个文件（《教育部 财政部关于印发〈2011 协同创新中心建设发展规划〉等三个文件的通知》（教技〔2014〕2 号）。

《2011 协同创新中心建设发展规划》指出 2013～2017 年，教育部、财政部选择国际科学前沿和国家经济社会发展中最为迫切的领域，择优、择重认定不超过 80 个 2011 协同创新中心。探索协同创新机制，构建协同创新模式，建立绩效管理与考评方法，形成 2011 计划和 2011 协同创新中心运行管理的良性机制。一批 2011 协同创新中心在一些国际科技前沿和国民经济、社会发展的重点领域取得重大突破和重大标志性成果，为推进高校综合改革、转变高校发展方式探索道路并取得明显进展。2017 年之后，在总结 2011 计划实施成效和经验的基础上，按照中央关于深化教育体制、科技体制、财税体制等改革的部署和要求，动态调整组织实施方式，进一步优化2011协同创新体制机制，推动2011协同创新中心持续健康发展。

第五节 财税政策

国际经验表明，税收优惠政策是促进产学研结合的重要手段。我国与产学研结合相关的税收优惠政策还有待进一步加强。在我国现行和新近颁布的税收政策中，对产学研结合方面的优惠政策主要体现在流转税和所得税方面。

根据财政部、国家税务总局《关于促进企业技术进步有关财务税收问题的通知》（财工〔1996〕41号）的规定，企业技术开发和新产品研制，在依靠自身技术力量的同时，应通过多种形式与科研院所、高等学校开展合作，鼓励和支持科研院所、高等学校直接进入大中型企业或企业集团，成为企业的技术开发机构，也可以通过联营投资、参股、控股或者兼并等方法实现与企业的联合，促进企业逐步成为技术开发的主体。企业技术开发可以采取自主开发、委托其他单位开发和联合开发等形式。鼓励企业与其他单位（包括企业、事业单位、科研院所和高等院校）进行联合开发，对技术要求高、投资数额大、单个企业难以独立承担的技术开发项目，按照联合攻关、费用共摊、成果共享的原则，报经主管财税机关批准后，可以采取由集团公司集中收取技术开发费的办法。其中，成员企业交纳的技术开发费在管理费用中列支，集团公司集中收取的技术开发费，在核销有关费用支出后，形成资产的部分作为国家投资，在资本公积金中单独反映。这些税收政策在一定程度上有利于推动产学研的合作、促进联合开发。

另外，国家税务总局规定，外商投资企业和外国企业资助科研机构与高等学校研究开发经费，可以在资助企业计算所得税时全额列支。

第六节 专项政策

我国社会主义市场经济体制处于建立和完善时期，在科技与产业的结合方面还存在着许多阻碍，通过奖励制度、双导师制度、专项资金或引导工程来打通阻碍科技与产业结合的通路，具有重要的意义。

一、《国家科学技术奖励条例》

科技奖励制度对我国科研教育事业具有引导作用。我国的国家级科技奖励制度强调科技成果的应用，实际上包含了促进产学研结合的内容。我国《国家科学技术奖励条例》（1999 年 5 月 23 日中华人民共和国国务院令第 265 号发布，2003 年修订）规定，国家最高科学技术奖授予在当代科学技术前沿取得重大突破或者在科学技术发展中有卓越建树的，同时授予在科学技术创新、科学技术成果转化和高技术产业化中，创造巨大经济效益或者社会效益的。而国家科学技术进步奖授予在应用推广先进科学技术成果，完成重大科学技术工程、计划、项目等方面，做出突出贡献的公民、组织。2004 年《国家科学技术奖励条例实施细则》（中华人民共和国科学技术部令第 9 号）对科技奖励进行了细化和界定，强调了经济效益或者社会效益显著的标准，即所开发的项目经过一年以上较大规模的实施应用，产生了很大的经济效益或者社会效益，实现了技术创新的市场价值或者社会价值，为经济建设、社会发展和国家安全做出了很大贡献。

高等院校、科研机构的职称、成果评价制度对促进产学研结合具有重大意义。1994 年，国家教育委员会、国家科学技术委员会、国家经济体制改革委员会在《关于高等学校发展科技产业的若干意见》中提出，高等院校科技企业人员根据《科技进步法》第四十一条规定，可以根据其学术水平、业务能力和工作实绩，取得相应的职称。其职称评聘工作，参照企业的办法进行。技术职务岗位数额，原属学校编制的人员可由学校在其总指标内切块解决，条件单列，设专门小组或委员会评审，以其在科技开发、生产经营和组织管理方面的水平与业绩为主要依据评聘。2006 年，《规划纲要》提出要建立科学合理的综合评价体系，在科研成果质量、人才队伍建设、管理运行机制等方面对科研机构整体创新能力进行综合评价，促进科研机构提高管理水平和创新能力。

二、双导师制度

《国家中长期教育改革和发展规划纲要（2010—2020 年）》中指出，要大力推进研究生培养机制改革。建立以科学与工程技术研究为主导的导师责任制和导师项目资助制，推行产学研联合培养研究生的双导师制。实施“研究生教育创新计划”。加强管理，不断提高研究生特别是博士生培养质量。

《教育部关于大力推进教师教育课程改革的意见》（教师〔2011〕6 号）中指出，在建设高水平师资队伍中，要“采取有效措施，吸引和激励高水平教师承担教育类课程教学任务。支持高校教师积极开展中小学教育教学改革试验，担任教育类课程的教师要有中小学教育服务工作经历。聘任中小学和幼儿园名师为兼职教师，占教育类课程教学教师人数不少于20%。形成高等院校与中小学教师共同指导师范生的机制，实行双导师制”。

三、《关于进一步促进科技型中小企业创新发展的若干意见》

推动科技型中小企业开展产学研合作。支持高等院校、科研院所与科技型中小企业共建研发机构、联合开发项目、共同培养人才。在产业技术创新战略联盟构建中根据产业链需要，大力吸纳科技型中小企业参与。继续开展科技人员服务企业行动。通过科技特派员、创业导师等方式组织科技人员帮助科技型中小企业解决技术难题。

推进科技中介机构服务科技型中小企业。继续实施生产力促进中心服务产业集群、服务基层科技专项行动。加快建设技术转移示范机构、科技企业孵化器、创新驿站和技术产权交易市场。继续推进技术转移等专业化联盟建设。支持高等院校、科研院所建立专门的成果转化机构。推进各类技术转移机构专业化、社会化和网络化发展，鼓励科技中介机构开展面向科技型中小企业的服务。

第十一章　促进科技成果转化政策

摘要： 促进科技成果转化政策作用的主要对象是国家设立的研究开发机构、高等院校，政策的着力点是通过建立科技成果转化的产权激励机制，收入分配奖励和税收激励机制，促进科研院所、高等院校及其科技人员转化科技成果。与此同时政府还积极推进专业化的技术转移服务体系建设，推进多元化的科技成果转移转化投入渠道构建，以及建立适合科技成果转化的科研评价体系。促进科技成果转化政策，根据不同时期科技与经济发展的需求，在不断地调整与完善，更加注重科技成果转化的法制化建设。科技成果转移转化政策的作用范围在不断扩大，激励机制在不断完善，激励力度在不断提高；技术转移服务体系建设在逐步推进，多元化的科技成果转移转化投入渠道正在形成。

科技成果转化是科技促进经济和社会发展、科技创造财富的关键环节，因而促进科技成果转化政策一直是各国科技政策关注的重点。我国政府十分重视科技成果转化工作，出台了一系列法律、法规和规章制度，旨在推动科技成果转化为现实生产力，增强我国的技术创新能力，实现创新驱动发展的战略。

第一节　促进科技成果转化政策发展历程

（1）建立科技成果转化的市场化机制和激励机制。1987 年颁布实施的《中华人民共和国技术合同法》，建立了科技成果转化的市场机制。1996 年颁布实施的《中华人民共和国促进科技成果转化法》，建立了科技成果转化的奖励和税收优惠机制。

（2）调整知识产权归属，平衡各方利益关系。2002 年，国务院办公厅转发的科学技术部、财政部《关于国家科研计划项目研究成果知识产权管理的若干规定》（国办发〔2002〕30 号），调整了财政资助形成的科技成果的知识产权归属，平衡国家、单位和研究者之间的利益关系，激励科研院所、高等院校及其科技人员转化科技成果。2011 年，财政部在中关村国家自主创新示范区进行科技成果处置权和收益权管理改革试点，下放了规定限额以下科技成果的处置权，扩大了收益权，将国有技术类无形资产与有形资产区别管理。2013 年，试点范围扩大到东湖国家自主创新示范区、张江国家自主创新示范区和合芜蚌自主创新综合试验区。2014 年，经国务院批准，在国家自主创新示范区、合芜蚌自主创新综合试验区开展深化科技成果使用、处置和收益管理改革试点，下放了试点单位科技成果处置、使用权，转化收益全部留归单位自主分配。

（3）推进技术转移服务机构建设。2007 年，科学技术部、教育部和中国科学院联合组织实施“国家技术转移促进行动”，推进国家技术转移示范机构建设。2012 年，国家知识产权局、科学技术部等 9 部门联合推进知识产权服务业发展，2014 年，国务院提出加强科技服务业发展，并对符合条件的科技企业孵化器、大学科技园实施税收优惠政策。2015 年、2016 年，国务院提出推动专业化的技术转移服务体系建设，2015 年修订的《中华人民共和国促进科技成果转化法》提出，要建立、完善科技报告制度和科技成果信息系统，构建科技成果转化服务平台。

（4）拓宽科技成果转化的投入渠道。2011 年，中央财政设立促进科技成果转化的引导基金，支持财政资金资助形成的科技成果地转化；2016 年，国务院提出技术创新引导专项、基地和人才专项，要加大对技术转移机构和相关人才、基地的支持。2011 年，科学技术部、财政部等 8 部门联合推进金融对科技成果转化的支持。2014 年，中国人民银行、科学技术部、中国银行业监督管理委员会等 6 部门联合推动科技和金融深层次的结合，提出要着力培育和发展服务科技创新的金融组织体系，2014 年，我国第一支专注于专利运营和技术转移的基金诞生，旨在帮助高科技企业获取核心专利技术。之后，北京、广东等地先后成立了具有政府背景的知识产权运营公司。

（5）推进科技成果转化的法制化建设。2015 年修订了《中华人民共和国促进科技成果转化法》，将科技成果的处置权、使用权和收益权下放到成果完成单位，并提高了科技成果转化的法定奖励比例；还提出建立、完善科技报告制度和科技成果信息系统，建立有利于科技成果转化的科研评价体系，为科技成果转化创造良好的制度环境。2016 年，国务院办公厅印发的《国务院办公厅关于印发〈促进科技成果转移转化行动方案〉的通知》（国办发〔2016〕28 号）指出，要开展科技成果信息汇交与发布，强化科技成果转移转化市场化服务，科研院所、高等院校建立符合科技成果转化工作特点的职称评定、岗位管理和考核评价制度。

从以上分析可以看出，我国促进科技成果转化政策，根据不同时期科技与经济发展的需求，在不断地调整与完善，已建立了科技成果转化的产权激励机制、收入分配奖励和税收激励机制，专业化技术转移服务体系，多元化的科技成果转移投入渠道，以及适合科技成果转化的科研评价体系。

第二节　科技成果处置权、使用权和收益权政策

不断调整国家财政资助形成科技成果的知识产权权利归属，鼓励知识作为生产要素参与分配，保障科技计划项目承担单位和科技人员的技术权益和经济利益，激励科研机构、高等学校及其科技人员转化科技成果。

（1）逐步明确知识产权权利归属。2000 年修订的《中华人民共和国专利法》将全民所有制单位职务发明专利权利由“持有”改为专利权人，在境内转让专利申请权或者专利权的，不必经上级主管机关批准，只需将转让合同向国务院专利行政部门登记；允许发明人或者设计人通过合同约定，获得职务发明的所有权。2002 年，国务院办公厅转发的科学技术部、财政部《关于国家科研计划项目研究成果知识产权管理的若干规定》（国办发〔2002〕30 号），将财政性资金为主支持的国家科研项目形成的知识产权，除涉及国家安全、国家利益和重大社会利益以外，授予项目承担单位取得，项目承担单位可以依法自主决定实施、许可他人实施、转让、作价入股等，并取得相应的收益，国家根据需要保留无偿使用的权利。2007 年修订的《中华人民共和国科学技术进步法》作了同样的规定，以法律的形式明确了财政资金资助形成的知识产权的权利归属。1989 年颁布的有关科技成果管理的文件规定，863 计划科技成果转让需经国家批准，技术成果转让的部分收益返还委托方。

（2）技术转让收入实行税收优惠政策。为了落实《中华人民共和国促进科技成果转化法》（1996 年），鼓励高新技术产业发展，1999 年，经国务院批准，对科研机构、高等学校的技术转让收入免征营业税；技术成果转让、技术培训、技术咨询、技术服务、技术承包所取得的收入暂免征收企业所得税。2013 年，在中关村国家自主创新示范区，将 5 年以上非独占许可使用权转让，纳入企业技术转让税收优惠政策，以此鼓励高校院所和企业的技术转让与技术入股，财政部、国家税务总局颁布了《关于中关村国家自主创新示范区技术转让企业所得税试点政策的通知》（财税〔2013〕72 号）等政策，2015 年，这项政策推广至全国。

（3）不同政府部门对技术类无形资产管理有不同的政策。2006～2009 年，财政部，从加强中央级事业单位国有资产管理，保证国有资产安全、完整和有效使用的角度，颁布了《事业单位国有资产管理暂行办法》（财政部令第 36 号）等多条政策，

对科技成果的转让、作价入股、对外投资有不同的规定，这些政策规定，中央级事业单位国有资产转让和对外投资要按照规定限额报财政部或主管部门审批，经审批的国有资产转让或投资项目须进行资产评估，评估结果实行备案核准制，科技成果转让收益，除奖励科技人员外，上缴中央国库，实行“收支两条线”管理。

（4）在中关村国家自主创新示范区实施科技成果处置权、收益权管理改革试点。2011 年，为了激励中关村国家自主创新示范区内中央级事业单位及其研发人员转化科技成果的积极性，财政部颁布实施了《关于在中关村国家自主创新示范区进行中央级事业单位科技成果处置权改革试点的通知》（财教〔2011〕18 号）和《关于在中关村国家自主创新示范区开展中央级事业单位科技成果收益权管理改革试点的意见》（财教〔2011〕127 号）分别规定限额以下科技成果的转让可自主进行，结果报财政部备案，规定限额以上的按照原政策执行；科技成果处置收益应上缴中央国库的部分，分段按比例留归单位和上缴中央国库，留归单位的用于科研及相关技术转移工作。2013 年试点范围扩大到东湖国家自主创新示范区、张江国家自主创新示范区和合芜蚌自主创新综合试验区。

（5）深化科技成果处置权、使用权和收益权管理改革。2014 年，财政部、科学技术部等部门颁布了《关于开展深化中央级事业单位科技成果使用、处置和收益管理改革试点的通知》（财教〔2014〕233 号），允许试点单位自主决定对其持有的科技成果采取转让、许可、作价入股等方式转移转化，不再履行国有资产审批手续。涉及国家安全、国家利益和重大社会公共利益的科技成果转移转化，依照相关法律规定管理和实施，科技成果转化所得收入全部留归单位自主分配。2015 年，中共中央、国务院发布的《关于深化体制机制改革加快实施创新驱动发展战略的若干意见》（中发〔2015〕8 号）和《深化科技体制改革实施方案》均提出，要将这项政策推广至全国，2015 年修正的《中华人民共和国促进科技成果转化法》也以法律的形式明确规定将科技成果处置权、使用权和收益权管理改革政策推广至全国（表 11-1）。该法规定国家设立的研究开发机构、高等院校对其持有的科技成果，可以自主决定转让、许可或者作价投资。但应当通过协议定价，在技术交易市场挂牌交易、拍卖等方式确定价格。科技成果转化所得收入全部留归本单位，除奖励科技人员外，用于科学技术研究和成果转化工作。

（6）解除科技成果转化定价的后顾之忧。2016 年，国务院颁布的《实施〈中华人民共和国促进科技成果转化法〉若干规定》的通知（国发〔2016〕16 号）规定，单位领导在履行勤勉尽责义务、没有牟取非法利益的前提下，免除其在科技成果定价中因科技成果转化后续价值变化产生的决策责任。

表 11-1 科技成果处置权、使用权和收益权政策及调整科技成果权利归属

文件名称	发文机构	文号	政策及其演变要点
《关于发布实行“八六三计划”科技成果管理暂行规定的通知》	国家科学技术委员会	(89)国科发成字655号	863成果转让，须经国家科学技术委员会商有关部门批准，转让收益的一部分，用做863计划的专项经费
《事业单位国有资产管理暂行办法》	财政部	财政部令第36号	事业单位国有资产处置和对外投资，按规定限额报财政部或主管部门审批，审批之后进行资产评估，评估项目实行核准和备案制，处置及对外投资收益实行“收支两条线”管理
《中央级事业单位国有资产管理暂行办法》	财政部	财教〔2008〕13号	规定限额（800万元）以下的国有资产处置、对外投资，由财政部授权主管部门审批，报财政部备案；规定限额以上的国有资产处置、对外投资，经主管部门审核后报财政部审批。经审批的国有资产处置、对外投资项目须进行资产评估，评估结果实行备案核准制，处置收入收实行“收支两条线”管理
《中央级事业单位国有资产处置管理暂行办法》	财政部	财教〔2008〕495号	规定限额（800万元）以下的国有资产处置，由财政部授权主管部门进行审批，报财政部备案；规定限额以上的国有资产处置，经主管部门审核后报财政部审批。经审批的国有资产处置项目须进行资产评估，评估结果实行备案核准制。科技成果转化收入，扣除奖励资金后上缴中央国库
《中央级事业单位国有资产使用管理暂行办法》	财政部	财教〔2009〕192号）	规定限额（800万元）以下的国有资产对外投资，由财政部授权主管部门进行审批，报财政部备案；规定限额以上的国有资产对外投资，经主管部门审核后报财政部审批。经审批的国有资产对外投资项目须进行资产评估，评估结果实行备案核准制

续表

文件名称	发文机构	文号	政策及其演变要点
《关于促进科技成果转化有关税收政策的通知》	财政部、国家税务总局	财税〔1999〕45 号	科研院所、高等院校转化职务科技成果以股份或出资比例等股权形式给予个人奖励，获奖人在取得股份、出资比例时，暂不交纳个人所得税； 科研院所、高等院校的技术转让收入免征营业税；科研院所、高等院校的技术成果转让、技术培训、技术咨询、技术服务、技术承包所取得的收入暂免征收企业所得税
《关于中关村国家自主创新示范区技术转让企业所得税试点政策的通知》	财政部、国家税务总局	财税〔2013〕72 号	自 2013 年 1 月 1 日起至 2015 年 12 月 31 止，中关村国家自主创新示范区内企业，5 年以上非独占许可使用权转让，可纳入企业技术转让所得税优惠政策
《中华人民共和国专利法》（2000 年修正）	全国人民代表大会常务委员会	主席令第 36 号	将全民所有制单位职务发明专利权利由“持有”，改为专利权人，在境内转让专利申请权或者专利权的，不必经上级主管机关批准，只需将转让合同向国务院专利行政部门登记；允许发明人或者设计人通过合同约定，获得职务发明的所有权
《科技部、财政部关于国家科研计划项目研究成果知识产权管理若干规定的通知》	国务院办公厅	国办发〔2002〕30 号	财政性资金资助形成的知识产权，除涉及国家安全、国家利益和重大社会利益的以外，归项目承担单位所有。项目承担单位可以依法自主决定实施、许可他人实施、转让、作价入股等，并取得相应的收益。国家保留无偿使用、开发、使之有效利用和获取收益的权利

续表

文件名称	发文机构	文号	政策及其演变要点
《中华人民共和国科学技术进步法》（2007 年修订）	全国人民代表大会常务委员会	主席令第 82 号	财政性资金资助形成的知识产权，除涉及国家安全、国家利益和重大社会公共利益的外，授权项目承担者依法取得。国家保留相应的权利。项目承担单位实施该项知识产权产生的利益分配，依照有关法律、行政法规的规定执行
《关于在中关村国家自主创新示范区进行中央级事业单位科技成果处置权改革试点的通知》	财政部	财教〔2011〕18 号	中央级事业单位，一次处置单位价值或批量价值在规定限额（800 万元）以下的国资产，可自主进行，结果报财政部备案；规定限额以上的，按原规定执行。试行时间为本通知发布之日起至 2013 年 12 月 31 日
《关于在中关村国家自主创新示范区开展中央级事业单位科技成果收益权管理改革试点的意见》	财政部	财教〔2011〕127 号	科技成果处置收益和利用科技成果对外投资形成股权处置产生的收益，按照有关规定，应上缴中央财政的部分，分段按比例留归单位和上缴中央财政。留归单位的用于科研及相关技术转移工作。试行时间为自意见发布之日起至 2013 年 12 月 31 日止
《关于进一步加强职务发明人合法权益保护促进知识产权运用实施的若干意见》	国家知识产权局、教育部、科学技术部、工业和信息化部、财政部等 13 个部门	国知发法字〔2012〕122 号	鼓励单位与发明人约定发明创造的知识产权归属，对利用本单位物质技术条件完成的发明创造，除法律、行政法规另有规定的以外，单位可以与发明人约定由双方共同申请和享有专利权或者相关知识产权，或由发明人申请并享有专利权或者相关知识产权、单位享有免费实施权。支持职务发明人受让单位拟放弃的知识产权

续表

文件名称	发文机构	文号	政策及其演变要点
《关于扩大中央级事业单位科技成果处置权和收益权管理改革试点范围和延长试点期限的通知》	财政部	财教〔2013〕306 号	将试点范围扩大到东湖国家自主创新示范区、张江国家自主创新示范区和合芜蚌自主创新综合试验区。试点时间为 2013 年 10 月 1 日～2015 年 12 月 31 日。中关村国家自主创新示范区实施时间延长至 2015 年 12 月 31 日
《关于开展深化中央级事业单位科技成果使用、处置和收益管理改革试点的通知》	财政部、科学技术部、国家知识产权局	财教〔2014〕233 号	在中关村国家自主创新示范区、合芜蚌自主创新综合试验区选择若干符合条件的中央级事业单位开展科技成果使用、处置和收益管理改革。允许试点单位自主决定对其持有的成果采取转让、许可、作价入股等方式转移转化，科技成果的使用、处置和收益分配不再报主管部门和财政部门审批或备案。涉及国家安全、国家利益和重大社会公共利益的科技成果转移转化，依照相关法律规定管理和实施。成果转化所得收入全部留归单位自主分配。试点时间为 2014 年 10 月 1 日～2015 年 12 月 31 日
《中华人民共和国促进科技成果转化法》	全国人民代表大会常务委员会	主席令第 32 号	国家设立的科研机构、高等院校对其所持有的科技成果，可以自主决定转让、许可或者作价投资，但应该通过协议定价，在技术交易市场挂牌交易、拍卖等方式确定价格。国家设立的科研机构、高等院校转化科技成果所获得的收入全部留归单位，除奖励科技人员外用于科学研究和成果转化工作

续表

文件名称	发文机构	文号	政策及其演变要点
《关于深化体制机制改革加快实施创新驱动发展战略的若干意见》	中共中央、国务院	中发〔2015〕8号	将财政资金支持形成的，不涉及国防、国家安全、国家利益、重大社会公共利益的科技成果的使用权、处置权和收益权，全部下放给符合条件的项目承担单位。单位主管部门和财政部门对科技成果在境内的使用、处置不再审批或备案，科技成果转移转化所得收入全部留归单位，纳入单位预算，实行统一管理，处置收入不上缴国库
《深化科技体制改革实施方案》	中共中央、国务院		尽快将不涉及国防、国家安全、国家利益、重大社会公共利益的科技成果的使用权、处置权和收益权，全部下放给符合条件的项目承担单位。单位主管部门和财政部门对科技成果在境内的使用、处置不再审批或备案，科技成果转移转化所得收入全部留归单位，纳入单位预算，实行统一管理，处置收入不上缴国库

专栏11-1：美英日德等国政府资助产生的知识产权权属的法律制度

《拜杜法案》是美国调整科技成果权属的转折点。美国之后，英国、日本、德国也纷纷效仿《拜杜法案》，修改了知识产权法律，调整了知识产权权属，旨在发挥产权的激励功能，促进技术转移。

《拜杜法案》于1980年冬天，在美国国会和上议院通过，并于1981年7月1日生效。《拜杜法案》规范非营利机构（大学或其他高等教育机构）和企业受政府资助产生的知识产权的权利归属。

《拜杜法案》允许受政府资助的企业或非营利组织，可以选择保留研发成果的权利，并申请专利，而且可以将专利授权出去获得收益。获得研发成果权利的项目承担者，有责任定期向联邦机构报告其专利许可使用的情况。对项目承担者选择保留权利的发明，联邦机构拥有无偿使用权及保留介入权。

如果研发活动承担者不愿意保留研发成果的权利，可由政府资助机构保留。

在此之前，美国各界对联邦政府资助研究成果的专利权归属问题一直存在收权和放权的争论。《拜杜法案》开始时针对小企业和非营利组织，限制大企业获得联邦政府资助研究的专利权，1983 年里根总统发布备忘录赋予了大企业同等地位。1984 年，《拜杜法案》的修订案批准了里根总统的备忘录，并将政府拥有、合同运营的机构如联邦实验室也包括进去。另外，还赋予了政府法定权限，可将政府拥有的专利权属转让给承包商，同时赋予商务部负责技术转移工作的主导地位。

1967 年，英国政府颁布的《发明开发法》规定，由政府资助的研发成果一律归国家所有，国家研究开发公司负责研究成果的商品化。1984 年 11 月，英国政府废除了这一规定，并规定，由高等教育拨款委员会（Higher Education Funding Councils）或研究理事会（Research Councils）资助的研究项目，除在资助前事先有约定的外（如军事项目研究），产生的知识产权属于大学。而对其他政府资助的项目的知识产权归属问题，根据 2001 年 12 月英国专利局制定的政策，政府资助的研究产生的知识产权一般应属于研究机构和大学，知识产权许可和转让收入在扣除相关费用之后，在教师、大学和下属学院之间分配。

在日本，对政府资助研发产生知识产权的权利归属问题，传统的指导原则是政府保留。1996 年 4 月，日本科学协会制定的《科学技术基本计划》，将以前的“收权政策”调整为“国立科研机构的发明人与国家共享研究成果的专利权、实用新型权，并允许发明人用自己研究开发的成果创办企业”。1998 年 8 月 13 日，日本颁布了《产业活力再生特别措施法》。该法第 30 条规定：受国家委托项目产生的研究成果的相关专利权等权利，满足下列条件之一者，国家可以不收回成果的专利权。这些条件包括：①在取得特定研究成果时，应即刻向国家有关部门报告；②当国家为公共利益所需时，研究者应无偿提供专利的使用权；③专利权在一定期限内没有使用，国家可以许可第三方使用该专利权。大学转让政府资助产生的专利权获得的报酬在研究者、研究者所在的系、学校之间分配。

1957 年，德国《雇员发明法》规定，职务发明人完成发明后有义务及时通知雇主，雇主有权利选择接受发明的全部或部分权利，如免费的一般实施权、有限独占实施权、无限期独占实施权或产权。如果预期未做选择，则职务发明归属于发明人个人。可见，雇员实际拥有发明的原始权利，雇主享有选择实施权。2002 年，修订后的《雇员发明法》规定，高等学校的职务发明成果归属于高等学校，对职务发明成果，高等学校享有申请专利和使用的权利，发明人有权请求利用其发明所得收入的 30%，其余大部分收入仍归高等学校所有，主要用于创新研究。政府资助科研项目产生的发明创造也遵循《雇员发明法》，但是政府享有非独占的无偿使用权。

从以上分析可见，美、英、日、德等国家的做法是以求得最优转化结果为总体目标，强调项目承担主体的权利所得与转化责任。

第三节　促进科技成果转化的收入分配激励政策

通过对转化职务科技成果的科技人员给予奖励和税收优惠，激励科技人员转化科技成果。随着相关政策的调整，奖励机制不断完善，奖励力度不断提高（表 11-2）。

（1）建立科技成果转化的奖励机制。1999 年，国务院办公厅转发科学技术部等部门《关于促进科技成果转化的若干规定》（国办发〔1999〕29 号）规定，科研院所、高等院校转化职务科技成果，可采用下列方式对科技成果的完成人和为转化做出重要贡献的人员给予奖励，从科技成果转让所取得的净收入中，提取不低于 20% 的比例用于奖励；自行实施转化或与他人合作实施转化的，应当在项目成功投产后，

表 11-2　促进科技成果转化的收入分配激励政策

文件名称	发文机构	文号	政策及其演变要点
《中华人民共和国促进科技成果转化法》	全国人民代表大会常务委员会	主席令第 68 号	从转让职务科技成果所取得的净收入中，提取不低于 20% 的比例，用于奖励科技成果完成人。与其他单位合作研究开发的科技成果实施转化成功投产后，单位应当连续 3 ~ 5 年从实施该科技成果新增留利中提取不低于 5% 的比例，对完成该项科技成果及其转化做出重要贡献的人员给予奖励；采用股份形式的企业，可按国家有关规定将其折算为股份或者出资比例，奖励科技成果研究开发、实施转化的人员

续表

文件名称	发文机构	文号	政策及其演变要点
《关于促进科技成果转化若干规定》	国务院办公厅	国办发〔1999〕29号	转让职务科技成果，可从所取得的净收入中，提取不低于20%的比例，用于奖励科技成果完成人。自行实施转化或与他人合作实施转化的，在项目成功投产后，连续在3～5年，从实施该科技成果的年净收入中提取不低5%的比例用于奖励；采用股份形式实施转化的，可用不低于科技成果入股时作价金额20%的股份给予奖励，主要贡献人员，所得奖励份额应不低于奖励总额的50%。以上奖励总额超过技术转让净收入或科技成果作价金额50%，由职工代表大会讨论决定
《中关村国家自主创新示范区企业股权和分红激励实施办法》	财政部、科学技术部	财企〔2010〕8号	允许符合条件的企业，对为企业科技成果研发和产业化做出突出贡献的技术人员和经营管理人员实施股权和分红激励。股权激励包括股权奖励、股权出售和股票期权。高校和科研院所的科技成果作价入股，可按评估价值的20%以上，但不高于30%的比例奖励有关技术人员
《关于支持科技成果出资入股确认股权的指导意见》	中国证券监督管理委员会、科学技术部	证监发〔2012〕87号	依法确认科技成果出资入股奖励给科技人员的股权
《关于开展深化中央级事业单位科技成果使用、处置和收益管理改革试点的通知》	财政部、科学技术部、国家知识产权局	财教〔2014〕233号	试点单位对在科技成果完成和转化中做出重要贡献人员的奖励比例，不得低于有关法律法规规定的最低比例。以科技成果作价入股，用于奖励人员的股权超过入股时作价金额50%的，由单位职工代表大会讨论决定。试点单位科技成果转移转化收入用于人员奖励的支出部分，计入当年单位工资总额，但不纳入工资总额基数。试点时间为2014年10月1日～2015年12月31日

续表

文件名称	发文机构	文号	政策及其演变要点
《中共中央 国务院关于深化体制机制改革加快实施创新驱动发展战略的若干意见》	国务院	国发〔2015〕8 号	在财政资金设立的科研院所和高等学校中，职务发明成果转让收益，奖励科技人员的比例可以从现行不低于 20% 提高到不低于 50%
《中华人民共和国促进科技成果转化法》	全国人民代表大会常务委员会	主席令第 32 号	职务科技成果转让、许可他人实施的，从转让或许可净收入中提取不低于 50% 的比例用于奖励科技成果完成和转化人员；作价投资的，可在股份或者出资比例中提取不低 50% 的比例用于奖励科技成果完成和转化人员。奖励和报酬支出计入当年本单位工资总额，但不受当年本单位工资总额限制、不纳入本单位工资总额基数
《实施〈中华人民共和国促进科技成果转化法〉若干规定》	国务院	国发〔2016〕16 号	研究开发机构、高等院校等事业单位正职领导，是科技成果完成人，或对科技成果转化做出重要贡献，可以按照《促进科技成果转化法》的规定获得现金奖励，但不能获取股权激励。其他担任领导职务的科技人员，可以按照《促进科技成果转化法》的规定获得现金、股份或者出资比例等奖励和报酬
《深化科技体制改革实施方案》	中共中央、国务院		在财政资金设立的科研院所和高等学校中，职务发明成果转让收益，用于奖励技术人员的比例，可以从现行不低于 20% 提高到不低于 50%。对高等学校和科研院所等事业单位以科技成果作价入股的企业，放宽股权奖励、股权出售对企业设立年限和盈利水平的限制
《对中关村科技园区建设国家自主创新示范区有关股权奖励个人所得税试点政策的通知》	财政部、国家税务总局	财税〔2010〕83 号	2010 年 1 月 1 日 ~ 2011 年 12 月 31 日，示范区内科技创新创业企业转化科技成果，以股份或出资比例等股权形式给予本企业相关技术人员的奖励，经主管税务机关审核，可分期缴纳个人所得税，但最长不得超过 5 年

续表

文件名称	发文机构	文号	政策及其演变要点
《关于中关村、东湖、张江国家自主创新示范区和合芜蚌自主创新综合试验区有关股权奖励个人所得税试点政策的通知》	财政部、国家税务总局	财税〔2013〕15号	2012年1月1日～2014年12月31日，试验地区内的高新技术企业转化科技成果，以股权形式奖励技术人员，一次缴纳税款有困难的，可分期缴纳个人所得税，但最长不得超过5年
《关于中关村国家自主创新示范区有关股权奖励个人所得税试点政策的通知》	财政部、国家税务总局、科学技术部	财税〔2014〕63号	2014年1月1日～2015年12月31日，示范区内高新技术企业和科技型中小企业转化科技成果，以股份或出资比例等股权形式给予本企业相关人员奖励的，可暂不缴纳税款，在分红或转让股权时一并缴纳
《关于推广中关村国家自主创新示范区税收试点政策有关问题的通知》	财政部、国家税务总局	财税〔2015〕62号	自2015年1月1日起，中关村国家自主创新示范区有关税收试点政策：股权奖励个人所得税、有限合伙制创业投资企业法人合伙人企业所得税、技术转让企业所得税等优惠政策，在国家自主创新示范区、合芜蚌自主创新综合试验区和绵阳科技城实施
《关于将国家自主创新示范区有关税收试点政策推广到全国范围实施的通知》	财政部、国家税务总局	财税〔2015〕116号	自2016年1月1日起，在全国范围内推广股权奖励个人所得税政策
《中共中央 国务院关于深化体制机制改革加快实施创新驱动发展战略的若干意见》	国务院	国发〔2015〕8号	高新技术企业和科技型中小企业科研人员通过科技成果转化取得股权奖励收入时，原则上在5年内分期缴纳个人所得税

连续在3～5年，从实施该科技成果的年净收入中提取不低5%的比例用于奖励；采用股份形式实施转化的，可用不低于科技成果入股时作价金额20%的股份给予奖励，主要贡献人员所得奖励份额应不低于奖励总额的50%。以上奖励总额超过技术转让净收入或科技成果作价金额50%，以及超过实施转化年净收入20%的，由该单位职工代表大会讨论决定。

（2）对科研院所、高等院校实施的股权奖励个人所得税，实行税收优惠政策。

1999 年，为了激励科技人员转化科技成果，财政部、国家税务总局印发的《关于促进科技成果转化有关税收政策的通知》（财税〔1999〕45 号）规定，科研院所、高等院校转化职务科技成果，以股份或出资比例等股权形式给予个人奖励，获奖人在取得股份、出资比例时，暂不缴纳个人所得税；取得分红或转让股权、出资比例所得时，应依法缴纳个人所得税。

（3）不同的政府部门对奖励力度有不同的规定。2010 年，为建立有利于企业自主创新和科技成果转化的激励分配机制，财政部、科学技术部印发了《中关村国家自主创新示范区企业股权和分红激励实施办法》（财企〔2010〕8 号），允许符合条件的企业，对为企业科技成果研发和产业化做出突出贡献的技术人员和经营管理人员实施股权激励与分红激励。股权激励包括股权奖励、股权出售和股票期权。该文件还规定，科研院所、高等院校的科技成果向企业作价入股，可以按科技成果评估作价金额的 20% 以上，但不高于 30% 的比例折算为股权奖励给有关技术人员。与国办发〔1999〕29 号文件相比，降低了奖励力度。

（4）对科技创新企业实施的股权奖励个人所得税，实行延期纳税政策。2010 年，国务院决定对中关村国家自主创新示范区内科技创新创业企业转化科技成果，股权奖励个人所得税实行延期纳税政策，财政部、国家税务总局印发了《对中关村科技园区建设国家自主创新示范区有关股权奖励个人所得税试点政策的通知》（财税〔2010〕83 号），规定示范区内科技创新创业企业转化科技成果，以股份或出资比例等股权形式给予本企业技术人员奖励的，可分期缴纳个人所得税，但最长不得超过 5 年，2013 年，该项试点政策扩展到东湖国家自主创新示范区、张江国家自主创新示范区和合芜蚌自主创新综合试验区，2015 年，中共中央、国务院颁布的《关于深化体制机制改革加快实施创新驱动发展战略的若干意见》（中发〔2015〕8 号），将中关村国家自主创新示范区科技企业转化科技成果，股权奖励个人所得税延期纳税试点政策推广至全国的高新技术企业和科技型中小企业。

（5）支持奖励股权确权。2012 年，中国证券监督管理委员会、科学技术部联合颁布了《关于支持科技成果出资入股确认股权的指导意见》（证监发〔2012〕87 号），支持北京中关村国家自主创新示范区、上海张江国家自主创新示范区、武汉东湖国家自主创新示范区和安徽合芜蚌自主创新综合试验区内科技成果出资入股的股权激励确权；并指出要进一步深化发行审核机制改革，对科技成果形成的股权予以审核确认。

（6）加大对科技成果转化的奖励力度。2014 年，财政部、科学技术部等部门颁布的《关于开展深化中央级事业单位科技成果使用、处置和收益管理改革试点的通知》（财教〔2014〕233 号）规定，在国家自主创新示范区、合芜蚌自主创新综合试验区内的试点单位，转化科技成果对科技人员的奖励比例不得低于有关法律法规规定的最低比例。2015 年，国务院颁布的《中共中央 国务院关于深化体制机制改革加快实施创新驱动发展战略的若干意见》（国发〔2015〕8 号）、《深化科技体制改革实施方案》均提出，要提高科研人员成果转化收益比例，加大科研人员股权激励力度。2015 年修订的《中华人民共和国促进科技成果转化法》，将转让或许可职务科技成果净收入中，以及作价投资中用于奖励科技人员的比例从不低于 20% 提高到不低于 50%，同时允许科技成果完成单位规定或者与科技人员约定奖励和报酬的方式、数额及时限。

（7）对担任领导的科技人员的股权奖励实行分类管理。2016 年，国务院印发的《实施〈中华人民共和国促进科技成果转化法〉若干规定》（国发〔2016〕16 号）指出，对研究开发机构、高等院校等事业单位中，担任领导职务的科技人员获得科技成果转化奖励，应按照分类管理的原则执行。正职领导可以获得现金奖励，但不能获取股权激励，其他领导，可以获得现金、股份或者出资比例等奖励和报酬。

第四节　推进技术转移服务体系建设

技术转移服务体系是促进知识流动和技术转移的关键环节，是国家创新体系的重要组成部分，我国政府逐步推进技术转移服体系建设，包括推进技术交易市场、技术转移示范机构、知识产权服务机构、科技服务机构建设，以及推进科技报告制度建立和搭建科技成果信息发布平台（11-3）。

表 11-3　推进技术转移服务体系建设政策

文件名称	发文机构	文号	政策要点
《国家技术转移示范机构管理办法》	科学技术部	国科发火字〔2007〕565 号	在综合考核评价的基础上，评定一批服务能力强、业绩显著、模式明确的国家技术转移示范机构。国家科技计划对技术转移示范机构的技术转移项目给予资金支持
《国家技术转移促进行动实施方案》	科学技术部、教育部、中国科学院	国科发火字〔2007〕609 号	完善国家、区域技术转移体系；健全技术市场法律法规政策保障体系，营造有利于技术转移的法律环境；开展国家技术转移示范工作，加强技术转移机构建设

续表

文件名称	发文机构	文号	政策要点
《关于提高知识产权信息利用和服务能力推进知识产权信息服务平台建设的若干意见》	科学技术部	国科发政字〔2006〕562 号	加强知识产权信息服务业的人才培养、机构培育、服务能力提升；建设和完善各种类型的知识产权信息库，及运行机制
《关于加快培育和发展知识产权服务业的指导意见》	国家知识产权局、国家发展和改革委员会等	国知发规字〔2012〕110 号	发展知识产权代理服务、法律服务、信息服务、商用化服务、咨询服务和培训服务
《关于加快发展技术市场的意见》	科学技术部	国科发市字〔2006〕75 号	以完善现代技术市场体系建设为重点，以营造自主创新的制度环境和促进技术转移为主线，发挥技术市场的主渠道作用，加速技术转移和科技成果转化；推动技术市场与其他要素市场的良性互动；整合技术市场中介服务资源，提升技术市场服务水平
《国务院关于加快科技服务业发展的若干意见》	国务院	国发〔2014〕49 号	发展多层次的技术（产权）交易市场体系，支持技术交易机构探索基于互联网的在线交易模式，推动技术交易市场做大做强。构建以专业孵化器和创新型孵化器为重点，综合孵化器为支撑的创业孵化生态体系。大力发展知识产权代理、法律、信息、咨询、培训等服务
《深化科技体制改革实施方案》	中共中央办公厅、国务院办公厅		完善高校、科研院所技术转移工作体系，推动建立专业化的机构和职业化的人才队伍，强化知识产权申请、运营权责。构建全国技术交易市场体系，以信息化网络连接依法设立、运行规范的现有各区域技术交易平台，制定促进技术交易和相关服务业发展的措施
《国务院办公厅关于印发促进科技成果转移转化行动方案的通知》	国务院办公厅	国办发〔2016〕28 号	构建国家科技成果信息系统；推动高校和科研院所建立国家技术转移机构；构建国家技术交易网络平台

续表

文件名称	发文机构	文号	政策要点
《国家创新驱动发展战略纲要》	中共中央、国务院		构建专业化技术转移服务体系。发展创业孵化、知识产权等各类科技服务。完善全国技术交易市场体系，发展规范化、专业化、市场化、网络化的技术交易平台。在科研院所和高校建立专业化技术转移机构
《关于科技企业孵化器税收政策的通知》	财政部、国家税务总局	财税〔2013〕117号	2013年1月1日～2015年12月31日，对符合条件的孵化器使用的房产、土地，免征房产税和城镇土地使用税；对其出租场地、房屋及提供孵化服务的收入，免征营业税。符合非营利组织条件的孵化器的收入，享受企业所得税优惠政策
《关于国家大学科技园税收政策的通知》	财政部、国家税务总局	财税〔2013〕118号	2013年1月1日～2015年12月31日，对符合条件的大学科技园使用的房产、土地，免征房产税和城镇土地使用税；对其出租场地、房屋及提供孵化服务的收入，免征营业税。符合非营利组织条件的大学科技园的收入，享受企业所得税优惠政策

（1）推进技术交易市场建设。2006年，科学技术部发布的《关于加快发展技术市场的意见》（国科发市字〔2006〕75号）指出，要鼓励科研单位、大专院校设立技术转移办公室，推动科技计划项目在全国技术交易信息服务平台发布。推动技术交易市场和技术转移机构形成国家级技术转移中心。积极发展技术产权交易市场。加强对技术经纪人资质制度的研究，逐步建立和完善技术经纪人认证制度。促进技术市场与金融市场、产权市场的衔接。整合技术市场中介服务资源，加强技术市场基础设施建设，提高技术市场公共服务能力。

（2）推进技术转移示范机构、知识产权服务机构、科技服务机构建设。2007年，科学技术部等部门颁布《国家技术转移示范机构管理办法》（国科发火字〔2007〕565号）等文件，旨在推进国家技术转移示范机构建设；2012年，国家知识产权局、国家发展和改革委员会、科学技术部等9部门联合制定了《关于加快培育和发展知识产权服务业的指导意见》（国知发规字〔2012〕110号），目的是推动知识产权代理服务、知识产权法律服务、知识产权信息服务、知识产权商用化服务、知识产权咨询服务和知识产权培训服务等机构的发展，以增强知识产权服务对科技和经济的支撑作用。2014 年，国务院颁布的《国务院关于加快科技服务业发展的若干意见》（国发〔2014〕49 号）指出，要推动多层次的技术（产权）交易市场体系发展；构建以专业孵化器和创新型孵化器为重点，综合孵化器为支撑的创业孵化生态体系，充分发挥大学科技园在高校科技成果转化中的载体作用，促进天使投资与创业孵化紧密结合，推广“孵化+创投”等孵化模式，为培育新兴产业提供源头支撑。从 2008 年开始，对符合条件的科技企业孵化器、大学科技园实施税收优惠政策，对其自用及提供给孵化企业使用的房产、土地，免征房产税和城镇土地使用税；对其向孵化企业出租场地、房屋及提供孵化服务的收入，免征营业税。财政部、国家税务总局颁布了《关于科技企业孵化器有关税收政策问题的通知》（财税〔2007〕121 号）、《关于国家大学科技园有关税收政策问题的通知》（财税〔2007〕120 号）等政策。

（3）推进专业化的技术转移服务体系建设。2015 年，中共中央办公厅、国务院办公厅联合印发的《深化科技体制改革实施方案》及 2016 年中共中央、国务院印发的《国家创新驱动发展战略纲要》均指出，要多部门联合推动专业化的技术转移服务体系建设，完善高校、科研院所技术转移工作体系，构建全国技术交易市场体系，制定促进技术交易和相关服务业发展的措施。

（4）建立科技报告制度和科技成果信息系统。2015 年修订的《中华人民共和国促进科技成果转化法》提出，要建立、完善科技报告制度和科技成果信息系统。利用财政资金设立的科技项目的承担者应当按照规定及时提交相关科技报告，并将科技成果和相关知识产权信息汇交到科技成果信息系统。2016 年，《国务院办公厅关于印发促进科技成果转移转化行动方案的通知》（国办发〔2016〕28 号）指出，要开展科技成果信息汇交与发布工作，发布转化先进适用的科技成果包，建立国家科技成果信息系统，构建由财政资金支持产生的科技成果转化项目库与数据服务平台，加强科技成果信息汇交，加强科技成果数据资源开发利用。

第五节 构建多元化的科技成果转移转化投入渠道

发挥中央财政对科技成果转移转化的引导作用，吸引社会资本投入科技成果转化；推动科技与金融结合，拓宽科技成果转化资金市场化供给渠道，多元化的科技成果转移转化投入渠道日益完善（表 11-4）。

表 11-4　科技成果转化的多元化投入渠道

文件名称	发文机构	文号	政策及其变化要点
《国家科技成果转化引导基金管理暂行办法》	财政部、科学技术部	财教〔2011〕289 号	财政部设立国家科技成果转化引导基金，支持主要利用财政资金资助形成的科技成果的转化
《科技部 财政部关于印发〈国家科技成果转化引导基金设立创业投资子基金管理暂行办法〉的通知》	科学技术部、财政部	国科发财〔2014〕229 号	规范国家科技成果转化引导基金设立创业投资子基金
《关于将国家自主创新示范区有关税收试点政策推广到全国范围实施的通知》	财政部、国家税务总局	财税〔2015〕116 号	自 2015 年 10 月 1 日起，在全国范围内推广：有限合伙制创业投资企业法人合伙人企业所得税政策、技术转让所得企业所得税政策；自 2016 年 1 月 1 日起，在全国范围内推广股权奖励个人所得税政策（财税〔2013〕15 号）
《关于加强知识产权质押融资与评估管理支持中小企业发展的通知》	财政部、工业和信息化部、中国银行业监督管理委员会、国家知识产权局、国家工商局等	财企〔2010〕199 号	鼓励商业银行优先支持中小企业自主知识产权质押贷款；完善知识产权质押融资风险管理机制、评估管理体系；建立知识产权流转的管理机制
《专利权质押登记管理办法》	国家知识产权局	国家知识产权局令第 56 号	规范专利权质押管理
《关于商业银行知识产权质押贷款业务的指导意见》	中国银行业监督管理委员会、国家知识产权局、国家工商管理局、国家版权局	银监发〔2013〕6 号	商业银行要认真调查知识产权质押标的、合理确定知识产权质押贷款条件、健全知识产权质押评估管理、完善知识产权质押合同、加强知识产权质押贷款后管理
《关于促进科技和金融结合加快实施自主创新战略的若干意见》	科学技术部、财政部、中国人民银行等	国科发财〔2011〕540 号	培育和发展创业投资；引导银行业金融机构加大对科技型中小企业的信贷支持，加大对国家科技计划、科技成果转化的信贷支持力度；发展多层次资本市场；推动科技保险发展

续表

文件名称	发文机构	文号	政策及其变化要点
《关于大力推进体制机制创新 扎实做好科技金融服务的意见》	中国人民银行、科学技术部、中国银行业监督管理委员会等	银发〔2014〕9号	培育和发展服务科技创新的金融组织体系，推进科技信贷产品和服务模式创新，拓宽融资渠道。探索构建符合科技创新特点的保险产品和服务
《关于中关村国家自主创新示范区有限合伙制创业投资企业法人合伙人企业所得税试点政策的通知》	财政部、国家税务总局	财税〔2013〕71号	2013年1月1日～2015年12月31日，注册在示范区内的有限合伙制创业投资企业采取股权投资方式投资于未上市的中小高新技术企业2年以上，该有限合伙制创业投资企业的法人合伙人，可在有限合伙制创业投资企业持有未上市中小高新技术企业股权满2年的当年，按照该法人合伙人对该未上市中小高新技术企业投资额的70%，抵扣该法人合伙人从该有限合伙制创业投资企业分得的应纳税所得额，当年不足抵扣的，可以在以后纳税年度结转抵扣
《关于推广中关村国家自主创新示范区税收试点政策有关问题的通知》	财政部、国家税务总局	财税〔2015〕62号	自2015年1月1日起，中关村国家自主创新示范区有关税收试点政策：股权奖励个人所得税、有限合伙制创业投资企业法人合伙人企业所得税、技术转让企业所得税等优惠政策，在国家自主创新示范区、合芜蚌自主创新综合试验区和绵阳科技城实施

（1）加强财政资金对科技成果转化投入的引导作用。2011年，中央财政设立促进科技成果转化的引导基金，制定《国家科技成果转化引导基金管理暂行办法》（财教〔2011〕289号），旨在发挥国家科技成果转化引导基金的杠杆作用，采取设立子基金、贷款风险补偿等方式，吸引社会资本投入，支持主要利用财政资金形成的科技成果的转化。2014年，科学技术部、财政部进一步出台了《国家科技成果转化引导基金设立创业投资子基金管理暂行办法》（国科发财〔2014〕229号），对子基金的发展进行规范管理。2016年，《国务院办公厅关于印发促进科技成果转移转化行动方案的通知》（国办发〔2016〕28号）指出，要通过优化整合后的技术创新引导专项（基金）、基地和人才专项，加大对符合条件的技术转移机构、基地和人才的支持

力度。加强国家科技重大专项、重点研发计划，对战略性重大科技成果产业化前期攻关和示范应用的支持。科技成果转化的财政资助渠道越来越多。

（2）建立知识产权质押融资机制，支持中小企业创新发展。2010 年，财政部、工业和信息化部、中国银行业监督管理委员会印发了《关于加强知识产权质押融资与评估管理支持中小企业发展的通知》（财企〔2010〕199 号），2013 年，国家知识产权局、国家工商行政管理总局、国家版权局印发了《关于商业银行知识产权质押贷款业务的指导意见》（银监发〔2013〕6 号），旨在鼓励商业银行优先支持中小企业自主知识产权质押贷款，完善知识产权质押融资风险管理机制、评估管理体系，建立知识产权流转的管理机制，引导和规范商业银行开展知识产权质押贷款。

（3）推进科技与金融结合。2011 年，科学技术部、财政部、中国人民银行等 8 个部门联合印发的《关于促进科技和金融结合加快实施自主创新战略的若干意见》（国科发财〔2011〕540 号）指出，要培育和发展创业投资，支持初创期的科技企业和科技成果转化项目；引导银行业金融机构加大对国家科技计划、科技成果转化的信贷支持力度；发展多层次资本市场；推动科技保险发展。2014 年，中国人民银行、科学技术部、中国银行业监督管理委员会等 6 个部门联合印发的《关于大力推进体制机制创新扎实做好科技金融服务的意见》（银发〔2014〕9 号）指出，要着力培育和发展服务科技创新的金融组织体系，加快推进科技信贷产品和服务模式创新，拓宽多元化融资渠道，推动创业投资发展壮大，支持符合条件的创新创业企业通过发行债券、资产证券化等方式进行融资；探索构建符合科技创新特点的保险产品和服务。2013 年，国务院决定对中关村国家自主创新示范区创业投资企业实行相关税收优惠政策，支持创业投资机构发展，2015 年，这项税收优惠政策推广至全国。

（4）建立专利运营基金。2014 年，我国第一支专注于专利运营和技术转移的基金——睿创专利运营基金在中关村诞生。其基金资金来源于中关村科技园区管委会和北京海淀区政府的引导资金，以及 TCL 集团股份有限公司、北京小米科技有限责任公司等作为投资方投入的资金。该基金将帮助国内高科技企业获取核心技术专利，为企业在未来行业发展格局中获取主导权提供支撑。同年，北京市政府倡导并出资设立的北京知识产权运营管理有限公司正式成立，注册资本金为 1 亿元。广东、江苏、厦门等地也正在筹建具有“官方”背景的知识产权运营公司。

第六节 建立有利于科技成果转化的绩效评估体系

2015 年修订的《中华人民共和国促进科技成果转化法》明确了科研院所、高等院校转化科技成果的法定义务，并将科技成果转化绩效列入对科研院所、高等院校及其科技人员的评价范畴（表 11-5）。

表 11-5　促进科技成果转化的绩效评估政策

文件名称	发文机构	文号	政策要点
《中华人民共和国促进科技成果转化法》	全国人民代表大会常务委员会	主席令第 32 号	有关政府部门应建立有利于促进科技成果转化的绩效考核评价体系，将科技成果转化情况作为对相关单位及人员评价、科研资金支持的重要内容和依据之一，并对科技成果转化绩效突出的相关单位及人员加大科研资金支持。国家设立的研究开发机构、高等院校应建立符合科技成果转化工作特点的职称评定、岗位管理和考核评价制度
《国务院办公厅关于印发促进科技成果转移转化行动方案的通知》	国务院办公厅	国办发〔2016〕28 号	推动科研院所、高等院校建立符合自身人事管理需要和科技成果转化工作特点的职称评定、岗位管理和考核评价制度
《国家创新驱动发展战略纲要》	中共中央、国务院		推进科研院所、高等院校分类评价，把技术转移和科研成果对经济社会的影响纳入评价指标，将评价结果作为财政科技经费支持的重要依据

（1）建立有利于研究开发机构、高等院校推动科技成果转化的绩效评价体系。2015 年修订的《中华人民共和国促进科技成果转化法》规定，研究开发机构、高等院校的主管部门及财政部、科学技术部等行政管理部门应建立有利于促进科技成果转化的绩效考核评价体系，并对科技成果转化绩效突出的相关单位及科技人员加大科研资金支持。

（2）推动研究开发机构、高等院校建立分类评价体系，促进科技成果转化。2016 年，国务院办公厅印发的《国务院办公厅关于印发促进科技成果转移转化行动方案的通知》（国办发〔2016〕28 号）指出，要推动科研院所、高等院校建立符合自身人事管理需要和科技成果转化工作特点的职称评定、岗位管理和考核评价制度。2016 年，中共中央、国务院印发的《国家创新驱动发展战略纲要》提出，推进科研院所、高等院校，根据不同创新活动的规律和特点，对科技人员实行分类评价，把技术转移和科研成果对经济社会的影响纳入评价指标。

第十二章　军民融合政策

摘要：科技领域的军民融合是我国军民融合战略的重要组成部分。我党几代领导人在不同时期均提出符合当时时代要求的军民融合战略思想。在政策层面，军民融合政策由早期强调“军转民”逐步转向支持“民参军”和发展军民两用技术。当前，军民融合政策可分为“军用技术转民用政策”“民口单位参与武器装备科研生产政策”“国防科技工业投资政策”。从政策文本的角度看，“军转民”政策略显单薄，而“民参军”政策十分丰富，引导优势民营企业参与武器装备科研生产是支持的重点方向。“民参军”政策主要围绕民营企业参军资质“四证”展开，国防科技工业投资政策的对象是社会资本对军工产品项目的投资行为，分为完全社会投资政策、部分社会投资政策及军工企业股份制改造政策。

习近平指出，我国经济建设和国防建设融合发展的目标是形成“全要素、多领域、高效益的军民融合深度发展格局”。科技领域的军民融合是我国军民融合战略的重要组成部分。当前，科技领域的军民融合政策可分为“军用技术转民用政策”“民口单位参与武器装备科研生产政策”及“国防科技工业投资政策”三大类。

第一节　军民融合战略思想及政策的历史沿革

（1）军民两用阶段。我国历代领导人均非常重视军民融合发展。中华人民共和国成立之初，毛泽东就提出了军民两用的思想。他指出，在生产上要注意军民两用，注意学会军用和民用两套生产技术，要有两套设备，平时为生产，一旦有事，就可把民用生产转化为军用生产。在这一思想的指引下，“军民两用、平战结合”成为我国国防科技工业最早的发展方针。这一阶段，在“军民两用、平战结合”方针的指导下，一批军工企业利用自身在生产和技术方面的优势，生产出了国民经济发展需要的大型机械和设备，有力地支援了国民经济发展。但这一阶段的国防科技工业基本以政府干预和调节为主，忽略了市场资源配置的作用，军民两用的思想未能完全实现，逐渐导致了军民分离的局面。

（2）军民结合阶段。党的十一届三中全会后，我国实行以经济建设为中心的发展战略，邓小平提出了“军民结合、平战结合、军品优先、以民养军”的十六字方针，拉开了国防科技工业军转民、军民结合的序幕。国防科技工业在邓小平提出的“军品优先，以民养军”方针指引下开始进行了第二次艰苦创业，逐步走出了“军工小天地”，投入到国民经济建设的主战场，实现了战略转变。这一时期，军民结合思想还体现在军事设施“军民合用”和培养“军地两用人才”方面。尽管取得了一定成绩，但军民结合思想仅要求军事资源向民用的单向流动，没有从整体上和战略上考虑国防科技工业与民用科技工业的有机结合问题。

（3）寓军于民阶段。党的十三届四中全会以后，以江泽民为核心的第三代领导集体又提出“军民结合、寓军于民、大力协同、自主创新”的新十六字方针，要求国防科技工业打破军民分割、自成体系的固有格局，把国防科研生产根植于国家科技与经济发展之中，充分利用军民两种资源为国防建设和经济发展服务。

2000 年 10 月，党的十五届五中全会通过的《中共中央关于制定国民经济和社会发展第十个五年计划的建议》，建议中提出“坚持军民结合，寓军于民，大力协同，自主创新，建立适应国防建设和市场经济要求的新型国防科技工业体制。”这是党中央的文件中第一次出现寓军于民的提法。

在寓军于民战略思想的指导下，国防科技工业开始积极探索和实施寓军于民发展新路子，建立和完善与社会主义市场经济体制相适应的国防科技工业运行机制，大力发展军民两用技术，逐步提高军民兼容程度。1998 年，成立国务院主管的国防科学技术工业委员会（简称国防科工委），将原国防科工委（军委建制）管理国防科技工业的职能、国家计划委员会国防司的职能及各军工总公司承担的政府职能，统归新组建的国防科工委管理。与此同时，中国共产党中央军事委员会（简称中央军委）组建了中国人民解放军总装备部（简称总装备部），负责全军武器装备的订货、采购、维修等管理工作。将核、航空、航天、兵器、船舶工业五大军工总公司一分为二，改组为十大军工集团公司，寓军于民的国防科技工业体制机制开始初步建立。

（4）军民融合阶段。2004 年 12 月，胡锦涛指出要把军队现代化建设纳入国家现代化建设全局之中，使国防建设和国家经济建设能够相互兼顾、相互促进、协调发展。2007 年，胡锦涛在党的十七大报告中提出，建立完善军民结合、寓军于民的武器装备科研生产体系、军队人才培养体系和军队保障体系、坚持勤俭建军，走出一条中国特色军民融合式发展道路，军民融合思想正式提出。2012年9月，中共中央、国务院印发《关于深化科技体制改革加快国家创新体系建设的意见》，国防科技创新体系被定位为国家创新体系五大子体系之一，军民融合的思想得到进一步深化。

（5）军民融合深度发展战略阶段。党的十八大报告指出，坚持走中国特色军民融合发展道路，坚持富国与强军相统一，加强融合式发展战略规划、体制机制建设、法规建设。2016年3月，中国共产党中央政治局（简称中共中央政治局）召开会议，审议通过了《关于经济建设和国防建设融合发展的意见》，正式将军民融合发展上升为国家战略。军民融合深度发展战略思想提出在更高层次、更广范围、更深程度、更多形式上实现全局性规划、多领域统筹、全要素整合的军民融合，强调军民融合双方的一体化实施和双向运行。军民融合深度发展是我国第一次将军民融合提升到国家战略层面，是对军民融合战略思想的进一步完善和补充。

在具体政策方面，早期的军民融合问题主要体现为军事技术向民用领域的转移，这主要是因为当时我国民营企业还不发达，有条件“民参军”的民口单位力量还不够强大，因此这一时期的政策也以鼓励“军转民”为主。

1988年11月，国务院原则同意了国防科工委上报的《关于促进军工技术向民用转移和组织军工力量为沿海地区经济发展战略服务的建议》。该建议提出把国防科技优势同沿海地区的资金、劳动力等优势结合起来。组织国防科研、生产单位对沿海地区引进项目的消化、移植和翻版，组织内地及军工企业生产的民用产品和技术的出口。1989年6月，国家科学技术委员会颁布《军工技术转民用科技开发贷款项目管理办法（试行）》，其明确贷款目的为支持军工技术转民用（简称“军转民”）开发、转让和推广应用，促进军工技术成果商品化，搞活军工企事业单位。1997年5月，国家科学技术委员会、财政部、国家计划委员会等多部委联合发布《关于加强军工科研院所与企业结合进一步促进军转民工作的若干意见》。该意见从结构改革、促进科技成果转化、推进“军转民”产品和技术进入国际市场等几个方面，对新时期“军转民”工作做出指导。

进入2000年以来，随着我国民营企业技术水平不断提高，民口单位参与国防科技工业建设日渐活跃。2002年，中央军委颁布《中国人民解放军装备采购条例》。随后，总装备部陆续下发《装备采购方式与程序管理规定》等5个配套规章，开始了面向市场经济的竞争性装备采购法规体系的探索。2004年6月，陕西宝鸡民营企业家王宝和，拿下了为联合国维和部队生产轻型装甲防暴车的合同，成为民企闯入武器装备生产领域的第一人。

2006年，总装备部出台《陆军武器装备型号科研竞争办法》，推进装备科研订购一体化竞争采购，规定所有新上型号项目及重要分系统，必须通过竞争择优确定承研承制单位，从顶层设计上走开了科研竞争采购的路子。

2005 年 2 月和 2010 年 5 月，国务院先后发布《国务院关于鼓励支持和引导个体私营等非公有制经济发展的若干意见》《国务院关于鼓励和引导民间投资健康发展的若干意见》，新旧两版非公经济 36 条均单独拿出一条对“民参军”做专门要求。

旧版非公经济 36 条规定“允许非公有资本进入国防科技工业建设领域。”而新版非公经济 36 条规定“鼓励民间资本进入国防科技工业投资建设领域。”从措辞上由允许改为鼓励，彰显国家层面对“民参军”支持力度的不断加大。

为配合新老版本非公经济 36 条，国家国防科技工业局于 2007 年发布《关于非公有制经济参与国防科技工业建设的指导意见》《非公有制经济参与国防科技工业建设指南》；2012 年，国家国防科技工业局（简称国防科工局）、总装备部发布《鼓励和引导民间资本进入国防科技工业领域的实施意见》，对“民参军”进行了更为详细的解释和规定。

2014 年 9 月，总装备部发布《竞争性装备采购管理规定》，这是我军第一部规范和指导全军竞争性装备采购工作的专门规章。《装备价格方案评审规定》则在对试行规定修改完善的基础上，立足建立符合价格管理特点的评审工作机制，为高质量完成装备价格工作任务提供保障。

第二节 军用技术转民用政策

军用技术转民用的政策对象是我国在国防科技建设事业中取得的科技成果，以及军工科研机构或军工企业掌握的科技资源，政策方向是促进军用技术在民用领域转化应用（民用核能、民用航空、民用安防装备、民用信息技术产品等），并与军队、军工企业科技资源向社会开放。

我国国家层面文件始终强调“军转民”的重要性，并对“军转民”提出明确要求。2016 年发布的《国家创新驱动发展战略纲要》指出要开展军民协同创新，推进军民科技基础要素融合，开展军民通用标准制定和整合，促进军民标准体系融合。

2010 年发布的《国务院 中央军委关于建立和完善军民结合寓军于民武器装备科研生产体系的若干意见》指出要加快“军转民”的步伐，增强武器装备发展的产业基础，在政策方向上要大力发展军民结合产业和军工优势产业、促进军民结合产业与国家相关产业基地融合发展、加强国际合作与交流。

尽管在中央文件始终鼓励“军转民”发展，但在具体政策上专门针对“军转民”的政策还十分匮乏。这主要是由于当前我国军工科研院所、军工企业的自主投资权限还不明确。作为公益类事业单位，军工科研院所资产由财政部管辖，生产业务由国防科工局主管，日常具体业务则由国务院国有资产监督管理委员会下属的中央企业管理。在投资权限上，财政部、国防科工局、国务院国有资产监督管理委员会及中央企业目前还没有统一规定①。

当前，为数不多的针对“军转民”的政策主要有国防科工局每年编制的《军用技术转民用推广目录》《国家新型工业化产业示范基地（军民结合）认定和管理细则》《国防科工委关于加强国防科技资源共享的指导意见》《关于推动军工重大试验设施和大型科研仪器向社会开放的通知》等。

为拓宽军民技术信息沟通渠道，推动军用技术向民用转移，工业和信息化部自2009年起开始编制并发布《军用技术转民用推广目录》，截至2015年已有7期。2015年《军用技术转民用推广目录》按重点推荐项目、推荐项目和推广项目分为三类，收录了公共安全、智能制造、应急救援、节能环保、动力与传动、核技术应用、航天技术应用、通用航空、海洋工程装备9个领域150项技术成果。数据显示，该目录在推广后取得了良好的转化效果，据不完全统计，在2011年、2012年目录中，有118项技术成果在近700家企业得到转化应用，签订合同达1300多项，总金额为160亿元。

《国家新型工业化产业示范基地（军民结合）认定和管理细则》于2013年颁布，将军民结合示范基地定义为“军工和民用科研生产资源相对集中区域内形成的、具有鲜明军民结合特色的高技术产业集聚区，是‘国家新型工业化产业示范基地’的基本类型之一。”国家级军民结合产业基地的认定条件包括：“①具备较完善的军民结合产业基地工作方案，制定包括产业、人才、科技等内容的规划……；②产业集聚区军民结合特色产品产值比例超过70%……；③产业集聚区内研发投入占销售收入比例不低于4%，有2家以上国家级企业技术中心或4家以上主省级企业技术中心，从事基础研究、应用研究和试验发展活动的人员数量占在岗人员数量比例不低于12%……；④产业集聚区年销售收入不低于100亿元……。”

专栏12-1：军民结合国家新型工业化示范基地

自2009年起，工业和信息化部依托国家新型工业化产业示范基地创建工作，积极开展国家级军民结合产业基地的培育和认定，推动军民结合产业集

① 万钢. 2016-03-07. 关于抓紧出台军工科研院所技术成果转化配套政策的提案. http://energy.people.com.cn/GB/n1/2016/0307/C71661-28177121.html. [2017-10-03]。

聚化、规模化发展。截至2017年，已在陕西、湖北、湖南、四川、贵州、内蒙古、北京、上海、甘肃等地，分7批认定和挂牌了32个军民结合·国家级新型工业化示范基地国家级军民结合产业基地。随着工作的深入开展，基地布局更为合理，示范带动效应明显。

资料来源：工业和信息化部军民结合司网站。

2015年12月，国防科工局、财政部发布《关于推动军工重大试验设施和大型科研仪器向社会开放的通知》，要求军品科研生产单位要在确保军品科研生产正常开展及军工核心能力安全、完整和有效的前提下，积极为用户提供开放服务。有关主管部门应主动对军工设备设施开放情况进行监督检查，不断推动开放共享。

第三节 民口单位参与武器装备科研生产政策

相对于“军转民”政策的不足，我国民口单位参与武器装备科研生产政策非常丰富。由于“民参军”涉及军队装备采购、质量管理、保密等多个维度上的问题，从国家层面又在推动军民融合，因此近年来通过中央军委、国务院、中央军委装备发展部、国防科工局发布的政策屡见不鲜。

“民参军”政策的主要政策对象是民口单位参与军队装备科研生产活动的资质，即“四证”[①] 政策，以及科研政策、装备采购政策和税收优惠政策。近年来，我国国家层面政策不断强调放宽“民参军”条件，鼓励优势民营企业“民参军”。2016年5月颁布的《国家创新驱动发展战略纲要》提出“放宽国防科技领域市场准入，扩大军品研发和服务市场的开放竞争，引导优势民营企业进入军品科研生产和维修领域。完善军民两用物品的技术进出口管制机制。”2010年，中央军委、国务院颁布的《国务院 中央军委关于建立和完善军民结合寓军于民武器装备科研生产体系的若干意见》将“推动军工开放，引导社会资源进入武器装备科研生产领域”作为首要任务。2014年，总装备部、国家保密局、国防科工局联合发布《关于加快吸纳优势民营企业进入武器装备科研生产和维修领域的措施意见》，主要改革举措是通过实行分类审查制度，降低民口单位参与武器装备科研生产的门槛（图12-1）。

① “四证”分别是武器装备质量管理体系证书、武器装备科研生产保密资格证书、武器装备科研生产许可证和装备承制单位资格证书。

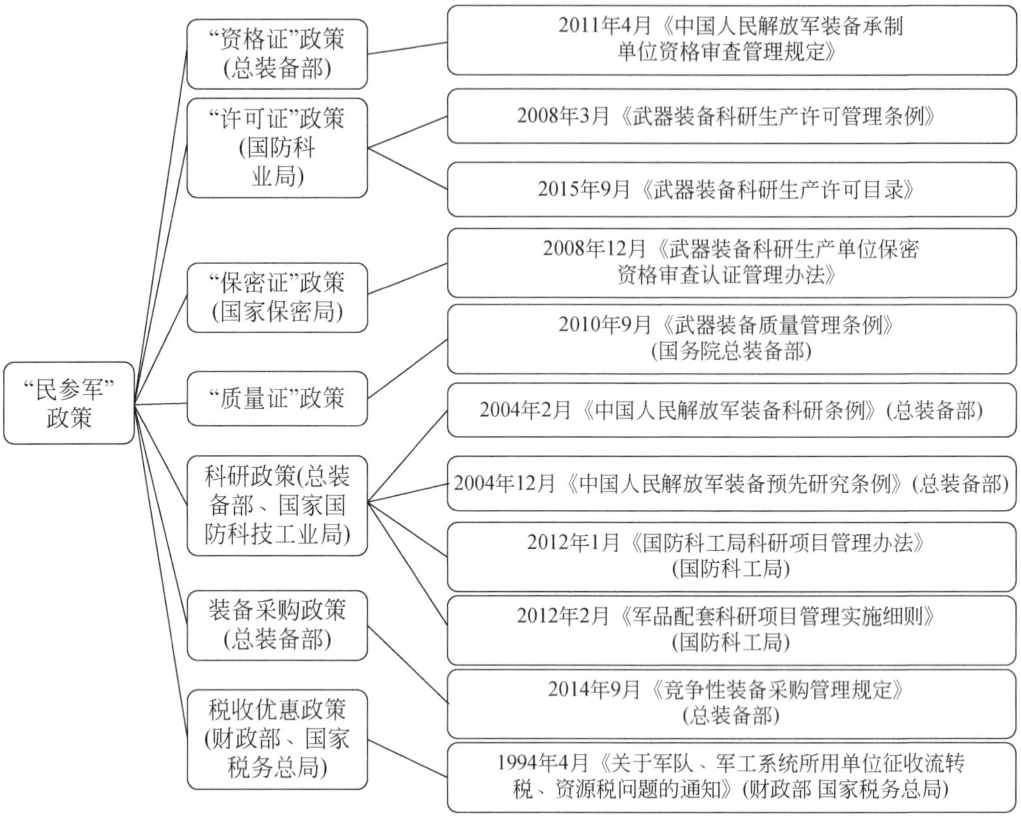

图 12-1 "民参军"政策体系

(1)在"资格证"政策方面，2015 年总装备部颁布了最新《中国人民解放军装备承制单位资格审查管理规定》。由于发布时间较近，这是目前最权威，也是最全面的关于民参军单位资质要求的政策。该规定对"民参军"单位资格审查具体方式进行了详细规定，还对申请不同类型资格"民参军"单位的"许可证""质量证"和"保密证"做出了不同要求，体现了分类改革思想。

该规定第五条提出，"装备承制单位资格实行分类审查制度。第一类装备承制单位，是指承制装备的总体，关键、重要分系统和核心配套产品的单位；第二类装备承制单位，是指承制其他军队专用装备和一般配套产品的单位；第三类装备承制单位，是指承制军选民用产品的单位。"第十五条提出的审查内容包括"①法人资格；②专业技术资格；③质量管理；④财务资金状况；⑤履约信用；⑥保密管理；⑦总装备部要求的其他内容。"

该规定关于不同类别装备承制单位的"许可证""质量证""保密证"要求详情见表 12-1。

表 12-1　装备承制单位资格分类及要求

分类	“许可证”	“质量证”	“保密证”
一类单位	需要	武器装备质量管理体系认证证书	必须认证
二类单位	不需要	取得国家标准的质量管理体系认证证书，并建立武器装备质量管理体系	采购方与装备承制单位签订保密协议或通过相应的保密资格认证
三类单位	不需要	取得国家标准的质量管理体系认证证书	根据保密工作需要应向采购方提供保密承诺书

（2）在“许可证”政策方面，《武器装备科研生产许可目录》（简称《许可目录》）是“民参军”的最基本规则。《武器装备科研生产许可管理条例》规定“除专门的武器装备科研活动外，对列入《许可目录》的武器装备科研生产活动实行许可管理。”2015 年，国防科工局和总装备部联合公布了新版《武器装备科研生产许可目录》。新版许可目录仅将对国家战略安全、社会公共安全、国家秘密安全有影响的武器装备，对武器装备战技指标、性能有重要影响的核心配套产品，以及难以依靠市场机制调节的专用配套产品列入许可管理范围。对武器装备作战性能影响不大的一般分系统和配套产品，不再列入许可管理范围。新版许可目录分核武器与军用动力、军用航空器等 11 大类，共 755 项，与 2005 年版许可目录相比减少约 2/3，许可管理范围大幅缩小。

对仍然列入许可目录的产品，民口单位想要参与科研或生产仍要取得“武器装备科研生产许可证”。《武器装备科研生产许可管理条例》第七条规定，“申请武器装备科研生产许可的单位，应当符合下列条件：①具有法人资格；②有与申请从事的武器装备科研生产活动相适应的专业技术人员；③有与申请从事的武器装备科研生产活动相适应的科研生产条件和检验检测、试验手段；④有与申请从事的武器装备科研生产活动相适应的技术和工艺；⑤经评定合格的质量管理体系；⑥有与申请从事的武器装备科研生产活动相适应的安全生产条件；⑦有与申请从事的武器装备科研生产活动相适应的保密资格。”《武器装备科研生产许可实施办法》规定根据武器装备及其专用配套产品的重要程度，分为一类许可和二类许可，许可的具体分类在许可目录中规定。一类许可和二类许可分别由国防科工局和地方国防科技工业管理部门负责审查批准。

（3）在“保密证”政策方面，2008 年国家保密局、国防科工局、总装备部发布的《武器装备科研生产单位保密资格审查认证管理办法》是最新的关于保密资格的法规。该办法规定“承担涉密武器装备科研生产任务，应当取得相应保密资格。武器装备科研生产单位保密资格分为一级、二级、三级三个等级。经审查认证取得保密资格的单位，列入《武器装备科研生产单位保密资格名录》。国家保密局会同国防科工局、总装备部等部门组成国防武器装备科研生产单位保密资格审查认证委员会（简称国家军工保密资格认证委），履行审查认证职责。”

（4）在“质量证”政策方面，国防科工局和中央军委装备发展部并不负责实施具体的认证工作，而是由具有武器装备质量管理体系认证资质的认证机构负责，因此没有对应的认证管理办法。这方面的主要政策有国务院、中央军委于2010年9月颁布的《武器装备质量管理条例》。该条例第四十六条规定，“未通过质量管理体系认证的单位，不得承担武器装备研制、生产、维修任务。”

科研政策根据发布对象的不同，可分为中央军委装备发展部的科研政策和国防科工局的科研政策，因为这两个部门分别掌握着自己部门的科研预算。此类科研政策主要内容是对特定科研活动的界定，以及对科研项目组织管理、实施过程中各参与主体责任义务的规定，其中也涉及有关质量、保密等资质的限定。

中央军委2004年12月颁布了《中国人民解放军装备预先研究条例》，其第三条规定，“装备预先研究活动是指为研制新型装备而先期进行的国防科学研究和技术开发活动。”第五条规定，“装备预先研究包括应用基础研究、应用研究和先期技术开发。”第二十一条规定，“装备预先研究计划中的应用研究项目和先期技术开发项目，实行合同制管理。装备预先研究计划中的应用基础研究项目，实行基金制管理。”第二十二条规定，“对应用研究项目和先期技术开发项目，总部分管有关装备的部门、军兵种装备部和总装备部授权的单位，应当在经过资格审查的单位中，通过邀请招标、竞争性谈判、单一来源谈判及总装备部认定的其他方式选定承研单位。”第二十九条规定，“对应用基础研究项目，总装备部应当组织编制应用基础研究项目指南（纲要），对有关科研单位定向发布，并组织专家对科研单位上报的装备预先研究基金项目申请书进行评议，择优确定装备预先研究基金资助项目和承研单位。”

国防科工局2012年1月颁布《国防科工局科研项目管理办法》。该办法第二条规定，“本办法所称科研项目，是指由国家国防科技工业局审批或审核后报国务院审批，全部或部分使用中央财政国防科研经费的科研项目（除国家科技重大专项科研项目）。”第七条规定，“科研项目承研单位应具备企事业法人资格。承担有保密要求科研项目的单位，应具有相应资质。”

第八条规定，“国防科工局鼓励和引导有资格的承研单位有序竞争科研项目，具备条件的科研项目要招标择优确定承研单位。技术难度特别大的科研项目，可以安排采用不同技术路线和研究方案的承研单位分别承担。”

国防科工局2012年2月颁布《军品配套科研项目管理实施细则》。该细则第二条规定，“配套科研项目是指为满足武器装备科研生产和发展的需要，全部或部分使用中央财政科研经费，由国防科工局审批立项的材料及其制品、基础机电产品科研项目。”第四条规定，“配套科研项目分为需求牵引和技术推动两类。”第六条规定，“国防科工局根据武器装备科研生产和发展的需要，组织编制军品配套规划，组织编制及发布项目指南、审批配套科研项目、编制下达年度计划、组织实施、监督检查、组织验收。国务院有关部门、中国科学院、省（自治区、直辖市）国防科技工业管理部门、中央企业、中国工程物理研究院、工业和信息化部部属高校等项目主管单位负责本部门（单位）配套科研项目管理，包括组织提出项目建议书、组织项目申报、组织项目实施、进行配套科研项目合同管理、提出年度计划建议、开展项目监督检查、受国防科工局委托组织验收。”第七条规定，“承担单位应当具备法人资格，具备与从事的武器装备科研生产活动相适应的人员、技术、设备、安全生产等条件，具备相应的保密资格；属于武器装备科研生产许可目录确定范围的，承担单位应当具备相应的武器装备科研生产许可资质。”

装备采购政策的政策方向是加强竞争性装备采购管理，提高装备采购效益。2014 年 7 月，总装备部发布《竞争性装备采购管理规定》。该规定第五条要求，“装备采购部门应当积极开展竞争性采购，任何单位及个人不得故意限制和规避竞争，不得妨碍公平竞争。对于单一来源装备采购项目，其分系统或配套产品具备开展竞争性采购条件时，应当开展竞争性采购。对于技术风险可控、研制周期不长、装备技术状态和采购数量明确、规划计划和经费落实、具备竞争条件的装备采购项目，应当区分情况优先开展预先研究与研制一体化，研制与购置一体化，购置与维修一体化或者科研、购置、维修一体化竞争性采购。”第十四条说明了采购项目信息发布对象，分别是“①已经列入《装备承制单位名录》，或已经通过装备承制单位资格审查，具有与承担任务相适应专业技术能力的企事业单位；②具有与承担任务相适应专业技术能力，并具备相应级别武器装备科研生产保密资格的企事业单位。”此外，“军选民用产品的装备采购项目信息发布对象，应包括通过质量管理体系认证、具有与承担任务相适应专业技术能力的企事业单位。装备预先研究的应用基础研究、应用开发研究项目的信息发布对象，应包括具有与承担任务相适应专业技术能力的企事业单位。”

我国针对“民参军”的税收优惠主要是特定军品生产销售的免增值税政策，政策依据是 1994 年财政部、国家税务总局发布的《关于军队、军工系统所属单位征收流转税、资源税问题的通知》。该政策的最大特点是将承担军品生产任务的企业分为军队系统企业、军工系统企业和军队、军工系统以外的一般工业企业。其中，一般工业企业是“民参军”的主要对象，该通知规定，“除军工、军队系统企业以外的一般工业企业生产的军品，只对枪、炮、雷、弹、军用舰艇、飞机、坦克、雷达、电台、舰艇用柴油机、各种炮用瞄准具和瞄准镜，一律在总装企业就总装成品免征增值税。”

第四节　国防科技工业投资政策

国防科技工业投资政策的对象是国防科技领域中社会资本的投资行为，它和民口单位参与武器装备科研生产政策相同点是参军力量均来自非公有制经济，但规制的角度不同，一个是具体的承担军品科研生产任务行为，一个是更广义的投资行为。

我国鼓励社会资本进入国防科技工业领域的政策方向非常明确，新老非公经济36条均有促进民间投资进入军工领域的具体要求。2012年6月，国防科工局、总装备部发布的《关于鼓励和引导民间资本进入国防科技工业领域的实施意见》将民间资本进入国防科技工业的领域描述为武器装备科研生产、国防科技工业投资建设、军工企业改组改制、军民两用技术开发。基本的原则是按照走中国特色军民融合式发展路子的要求，进一步扩大民间资本进入国防科技工业的领域和范围，完善鼓励和引导的政策措施，促进武器装备和国防科技工业发展。

从具体的政策内容上看，国防科技工业投资政策可分为纯社会投资项政策、部分财政投资项目政策和军工企业股份制改造政策三类（图12-2）。

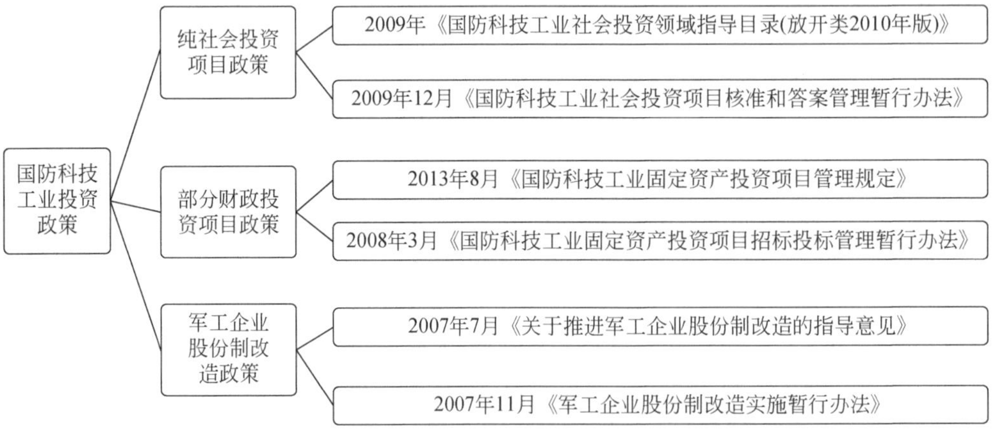

图12-2　国防科技工业投资政策体系

（1）针对完全的社会投资项目，2007年，国务院批复了国防科工委等部门上报的《深化国防科技工业投资体制改革的若干意见》，同意将我国国防科技社会投资领域分为放开类、限制类和禁止类。放开类，鼓励社会资本进入，不限投资比例；限制类，允许社会资本进入，但重要领域须由国家控股；禁止类，实行国有独资。

目前正在执行的《国防科技工业社会投资领域指导目录（放开类2010年版）》是由国防科工局2009年编制发布的，该目录将允许社会资本进入的国防科技领域分为核领域、导弹武器、空间飞行器等十大领域70余个小类。与之配套的《国防科技工业社会投资项目核准和备案管理暂行办法》第三条规定，“对《国防科技工业社会投资领域指导目录》中限制类领域的国防社会投资项目实行核准制；对放开类领域的国防社会投资项目实行备案制。”第四条规定，“国家国防科技工业局是国防社会投资项目核准机关。”

核准审查标准方面，《国防科技工业社会投资项目核准和备案管理暂行办法》第十二条规定了审查的具体内容包括符合《国防科技工业社会投资领域指导目录》规定、符合武器装备发展需求、符合国家保密规定和要求、符合国家和地方环境保护有关规定等九方面条件。

备案审查方面，《国防科技工业社会投资项目核准和备案管理暂行办法》第五条规定，国防科工局和省级国防科技工业管理部门是国防社会投资项目备案机关。备案审查条件包括符合《国防科技工业社会投资领域指导目录》规定、符合武器装备发展需求、符合国防科技工业发展规划、产业政策和军品科研生产能力结构布局等要求。

（2）针对既有政府投资，也有民间投资的放开类投资项目，国防科工局2013年8月颁布了最新版的《国防科技工业固定资产投资项目管理规定》。该规定第二条指出，“本规定所称国防科技工业固定资产投资项目，是指由国防科工局负责审批或审查后报国务院审批，全部或部分使用中央财政资金的固定资产投资项目。”

第三条要求，“国防科技工业固定资产投资项目实行审批制。其中，采取直接投资和资本金注入方式的，执行项目建议书、可行性研究报告等审批和管理规定；采取投资补助、贷款贴息方式的，只审批资金申请报告。”第八条规定，“承担军品任务的科研院所、有关高校、国有独资和国有控股企业、非公企业（外资企业除外）等（以下称项目法人单位）是项目实施责任主体，承担的责任主要包括：①负责编报项目建议书、可行性研究报告、初步设计、资金申请报告；②负责编报项目年度投资需求及实施计划，保证项目按照年度预算和投资计划实施；③负责按规定组织管理项目招投标、资金、质量及安全生产和保密等工作；④负责协调处理项目实施中的问题；⑤负责按季度报送项目执行情况报表等有关信息，随时报告重大问题；⑥对需要调整的项目，负责及时组织编报项目调整方案；⑦负责完成项目竣工验收准备工作，配合完成项目竣工验收工作。”

2008 年 3 月国防科工委颁布了《国防科技工业固定资产投资项目招标投标管理暂行办法》，该办法第四条和第七条分别规定了军工投资项目需要进行招标和可以不进行招标的几种具体情形。

（3）针对社会资本参与军工企业股份制改造，2007 年 5 月，国防科工委、国家发展和改革委员会、国务院国有资产监督管理委员会发布《关于推进军工企业股份制改造的指导意见》，该意见明确提出，“鼓励和支持以民为主，从事军民两用产品、一般武器装备及配套产品生产的军工企业引入各类社会资本实施股份制改造，具备条件的军工企业可以在国内外资本市场上融资。”同年，《军工企业股份制改造实施暂行办法》发布，该办法提出，“军工企业按照国有独资、国有绝对控股、国有相对控股、国有参股四种类型实施改制。”其第十、第十一、第十二、第十三条针对不同股改方向的军工企业，分别提出鼓励社会资本参与的不同措施。对国有绝对控股的军工企业，鼓励境内资本参与其改制，可以在境内资本市场融资；对国有相对控股的军工企业，鼓励境内资本及有条件的允许外资参与其改制，可以在境内资本市场融资，经批准可以到境外资本市场融资；对国有参股的军工企业，鼓励采取多种形式、引入境内外资本参与其改制。对军工企业中的通用设备设施、非主业资产等，剥离出来后允许进行多种形式的改制。

第五部分　产业与区域创新政策

第十三章　产业技术政策

摘要：产业技术政策涉及技术开发、技术进出口、技术安全、应用示范、基础设施等多个方面。整体上看，我国此类政策从对产业关键技术开发、技术引进的关注逐步拓展到对市场准入、基础设施、市场运行规则的关注，技术出口、技术安全的管制也在加强。近年来，我国的产业技术政策有三大趋势：首先，在创新驱动发展战略、科技体制改革等综合性的政策中，对市场环境的关注程度前所未有。其次，伴随着互联网、大数据、云计算、移动通信等新一代信息技术与各类产业的深度融合，催生了“互联网+”行动、大数据发展行动等技术背景鲜明且覆盖领域广泛的政策。最后，基于各行业特点、各地产业布局的差异，产业技术政策在中观、微观层次上呈现出非常高的多样性，这在与技术相关的产业投资、基础设施政策领域尤为明显。

产业技术政策是产业政策和技术政策的交叉领域，是指国家或地方政府引导、促进、规范和控制产业技术发展的有关政策。从广义来看，产业技术政策包括产业技术开发政策、产业技术商业化政策、产业技术引进与消化吸收政策、产业技术出口政策、产业技术转移政策、技术标准政策、知识产权政策、产业技术安全政策等。考虑到与其他部分的重复，本部分重点讨论产业技术开发政策、产业技术进出口政策、产业技术应用示范政策、产业技术安全政策，以及与产业技术相关的投资、基础设施等政策。

1985 年，国家科学技术委员会首次发布《中国技术政策》，包括能源、交通运输、通信等 14 项技术政策要点；1993 年，国家计划委员会、国家科学技术委员会、国家经济贸易委员会联合发布的《九十年代我国经济发展的关键技术》；1994 年，在国务院通过的《90 年代国家产业政策纲要》中，政府首次明确使用“产业技术政策”一词，同时该纲要提出了产业技术政策的重点和国家促进产业技术进步的措施；2002 年，国家经济贸易委员会、财政部、科学技术部和国家税务总局联合发布《国家产业技术政策》；2010 年，《国务院关于加快培育和发展战略性新兴产业的决定》构建了战略性新兴产业技术政策的基本框架，提出我国现阶段将重点培育和发展节能环保、新能源、新兴信息、生物、高端装备制造、新材料和新能源汽车七大战略性新兴产业，将培育和发展战略性新兴产业的要求正式提升到国家产业政策层面。2012 年 5 月，国务院通过《"十二五"国家战略性新兴产业发展规划》，这是对《国务院关于加快培育和发展战略性新兴产业的决定》的进一步完善和细化①，是我国战略性新兴产业发展和技术政策的纲领性文件。

近年来，围绕科技创新出台的综合性政策，对产业技术发展进行了整体部署。2012 年 9 月，《关于深化科技体制改革加快国家创新体系建设的意见》提出，建立科技有效支撑产业发展的机制，围绕战略性新兴产业需求部署创新链，突破技术"瓶颈"，掌握核心关键技术。《中共中央 国务院关于深化体制机制改革加快实施创新驱动发展战略的若干意见》提出，改进新技术新产品新商业模式的准入管理。改革产业准入制度，制定和实施产业准入负面清单，对未纳入负面清单管理的行业、领域、业务等，各类市场主体皆可依法平等进入。健全产业技术政策和管理制度。2015 年 9 月，中共中央办公厅、国务院办公厅印发《深化科技体制改革实施方案》，其中第二十九项举措，则是针对改进市场准入与监管，完善放活市场、拉动创新的产业技术政策。2016 年 5 月 19 日，中共中央、国务院印发《国家创新驱动发展战略纲要》，要求加快工业化和信息化深度融合，把数字化、网络化、智能化、绿色化作为提升产业竞争力的技术基点，推进各领域新兴技术跨界创新，构建结构合理、先进管用、开放兼容、自主可控、具有国际竞争力的现代产业技术体系。

近年来，我国政府从对产业关键技术、重点产业的关注拓展到对市场准入、市场规则关注，随着新兴产业的培育发展，需求面的政策明显增加，辅以产业技术出口、技术安全的管制政策。

第一节　产业技术开发政策

产业技术开发政策主要是依托不同类型的科技计划，面向重点产业领域，突破核心技术，为商业化提供技术基础。这类政策和产业投资政策的内容往往通过规划

① 《"十二五"国家战略性新兴产业发展规划》进一步明确了节能环保、新一代信息技术、生物、高端装备制造、新能源、新材料及新能源汽车七大战略性新兴产业包括发展目标、重大行动和重大政策在内的 2015 年和 2020 年的发展路线图，提出了重大节能技术与装备产业化工程等 20 项重大工程，确定了加大财税金融政策扶持、完善技术创新和人才政策、营造良好的市场环境、加快推进重点领域和关键环节改革四大方面政策措施。

体现（表 13-1）。例如，围绕战略性新兴产业需求部署创新链，突破技术“瓶颈”，掌握核心关键技术，推动节能环保、新一代信息技术、生物、高端装备制造、新能源、新材料、新能源汽车等产业快速发展，增强市场竞争力。以数字化、网络化、智能化为重点，推进工业化和信息化深度融合。加强技术集成、工艺创新和商业模式创新。充分发挥国家重点工程、科技重大专项、科技计划、产业化项目和应用示范工程的引领和带动作用，实现电子信息、能源环保、生物医药、先进制造等领域的核心技术重大突破，促进产业加快发展。加强技术创新，推动技术改造，促进传统产业优化升级。围绕品种质量、节能降耗、生态环境、安全生产等重点，完善新技术、新工艺、新产品的应用推广机制，提升传统产业创新发展能力等方面。

表 13-1 产业技术开发政策的代表

政策名称	政策要点
《中华人民共和国铁路主要技术政策》	2004 年，铁道部发布《中华人民共和国铁路主要技术政策》，该文件中对路网建设、列车速度、密度及重量、铁路运输、铁路信息化、铁路行车安全、机车车辆与供电、工程与工务、通信信号、标准、计量与质量及环保、节能与职业安全卫生十大项铁路技术发展提供了具体指导
《产业关键共性技术发展指南》（2011 年，2013 年）	产业关键共性技术是能够在多个行业或领域广泛应用，并对整个产业或多个产业产生影响和“瓶颈”制约的技术。 2011 年版对节能环保与资源综合利用（14）、原材料工业（29）、装备制造业（65）、消费品工业（19）、电子制造业（20）、软件和信息技术服务业（11）、通信业（10）及信息化和生产性服务业（8）八大领域的 176 项关键共性技术做了相应的发展指导。 2013 年版在 2011 年版基础上，将八大领域关键共性技术内容修订增加至 261 项，尤其着重增加了节能环保与资源综合利用、原材料工业领域的技术内容。《产业关键共性技术发展指南》（2013 年）的技术体现了大力培育战略性新兴产业，加快提升和改造传统产业，推进产业结构优化升级，促进经济发展方式转变的需求

续表

政策名称	政策要点
《“十二五”战略性新兴产业发展规划》	重点引导节能环保、新一代信息技术、生物、高端装备制造、新能源、新材料及新能源汽车七大产业，同时围绕战略性新兴产业提出20项重大工程。战略性新兴产业的引领带动作用要显著增强。战略性新兴产业规模年均增长率保持在20%以上，形成一批具有较强自主创新能力和技术引领作用的骨干企业，一批特色鲜明的产业链和产业集聚区。到2020年，力争使战略性新兴产业成为国民经济和社会发展的重要推动力量，增加值占国内生产总值比例达到15%，部分产业和关键技术跻身国际先进水平，节能环保、新一代信息技术、生物、高端装备制造产业成为国民经济支柱产业，新能源、新材料、新能源汽车产业成为国民经济先导产业

从国际经验看，各国依托产业技术政策引导资源配置。《地平线2020计划》（*Horizon* 2020）是欧盟实施创新政策的工具，于2013年12月11日年正式启动，计划周期为7年（2014～2020年），预算总额为770亿欧元。该计划重新设计了整体研发框架，将研发与创新计划聚焦于基础科学、工业技术及社会挑战三大战略优先领域，保留了合理的政策，简化了难以操作或重复烦琐的项目申请、管理流程。《地平线2020计划》的提出标志着欧盟在研发计划上进入了新纪元。2011年，《美国电池创新法案》对电池供应、电池研究与开发、电池制造、电池的替代及二次应用四个方面进行了详细的说明，该法案旨在提升与保持美国在电动汽车电池领域的竞争力。美国新一代汽车合作伙伴（the partnership for a new generation of vehicles，PNGV）计划（1993年）、FCAR计划（2001年）、先进能源计划（2006年）等一系列电动汽车产业技术政策使美国在电动汽车产业在全球领先。这些政策所带来的启示是，重大产业技术政策应由顶层机构决策并协调推进，政府和市场明确分工、充分发挥市场在科技资源配置中的主导作用，政策实施过程中需要定期评估。

近年来，我国各地因地制宜出台促进产业技术发展的政策。四川省研究编制了《“十二五”四川省战略性新兴产业发展规划思路》，新材料、新能源、新一代信息技术、生物医药、节能环保、航空航天和新能源汽车7个产业也基本完成产业发展规划的编制工作；天津市制定《天津市战略性新兴产业“十二五”规划》，从自主创新和产业发展的重点领域、科技创新体系布局、产业化基地建设、人才队伍建设、体制机制创新等方面明确目标和任务，制定相关政策；广东省制定了《广东省战略性新兴产业发展十二五规划》，并编制高端新型电子信息、节能环保、新材料、航天航空和太阳能光伏、云计算等战略性新兴产业专项规划；湖南省出台了《关于加快培育发展战略性新兴产业的决定》《湖南省加快培育发展战略性新兴产业总体规划纲要》《湖南省加快培育发展战略性新兴产业专项规划》等系列文件。

第二节　与技术有关的产业投资政策

与技术有关的产业投资政策主要通过提出重点发展的产业，扩大投资规模，拓展投资渠道，引导全社会投资，吸引和鼓励外商投资特定产业领域。例如，《国家创新驱动发展战略纲要》要求，充分发挥科技成果转化、中小企业创新、新兴产业培育等方面基金的作用，引导带动社会资本投入创新。《深化科技体制改革实施方案》中提出设立国家新兴产业创业投资引导基金，带动社会资本支持战略性新兴产业和高技术产业早中期、初创期创新型企业发展。完善外商投资创业投资企业规定，引导境外资本投向创新领域。

《当前优先发展的高技术产业化重点领域指南（2011 年度）》明确重点的产业化领域。2004 年版指南提出了优先发展信息、生物及医药、新材料、先进制造、先进能源、环保和资源综合利用、航空航天、农业、现代交通及其他共 10 个方面的 134 项高技术产业化重点领域。一方面，国家以突破产业技术“瓶颈”，形成产业链和高技术产业体系为目标，启动实施了移动通信、数字电视、软件、集成电路、下一代互联网、生物与新医药等几个市场在千亿元的高技术工程；另一方面，各地结合当地实际情况，也启动了一系列具有发展潜力的高技术产业化专项，积极扶持新的经济增长点，带动区域经济的发展。该指南每两年修订发布一次保证了其实效性，利于进一步明确当前高技术产业化的重点领域和方向，引导社会资源投向，提高有限资源的利用率，有重点地培育新的经济增长点，促进我国国民经济和社会全面、协调、可持续发展。

《鼓励外商投资高新技术产品目录》吸引外商投资。为了进一步吸引和鼓励外商投资高新技术产业，引进国外先进适用技术，增强国内消化吸收和自主创新能力，《鼓励外商投资高新技术产品目录》（2003 年）列明的高新技术产品按技术领域分类为十一大类，分别为电子信息、软件、航空航天、光机电一体化、生物医药与医疗器械、新材料、新能源与高效节能、环境保护、地球空间与海洋、核应用技术和现代农业，共有 721 项产品入选。最新新修订的《外商投资产业指导目录》进一步扩大对外开放的产业领域，引导外资投向高端制造业、战略性新兴产业。中关村等地的政策试点中对外资企业给予同等优惠。

产业规划提出投资渠道和方式。《十二五国家战略性新兴产业发展规划》对产业投资的支持体现在三个方面。第一，在整合现有政策资源、充分利用现有资金渠道的基础上，建立稳定的财政投入增长机制，设立战略性新兴产业发展专项资金，着力支持重大关键技术研发、重大产业创新发展工程、重大创新成果产业化、重大应用示范工程及创新能力建设等。第二，加强金融政策和财政政策的结合，运用风险补偿等措施，鼓励金融机构加大对战略性新兴产业的信贷支持。第三，引导外资投向战略性新兴产业，丰富外商投资方式，拓宽外资投资渠道，不断完善外商投资软环境。继续支持引进先进的核心关键技术和设备。鼓励我国企业和研发机构在境外设立研发机构，参与国际标准制定。扩大企业境外投资自主权，支持有条件的企业开展境外投融资。

国外往往通过长周期的研发投资带动市场投资。自20世纪90年代，美国先后推出PNGV计划、FCAR计划、先进能源计划等一系列电动汽车产业技术政策。1993年9月，美国总统克林顿与美国通用、福特和克莱斯勒三大汽车公司总裁提出PNGV计划，旨在开发新一代高效节能汽车，保持技术领先，促进经济繁荣，减少污染和保护自然环境。PNGV计划为期10年，涉及美国联邦政府的7个部门，计划采取政府与汽车工业共同投资的形式进行，政府侧重投资基础研究，工业界在研究开发接近商业化阶段时增加投资比例。2002年1月，美国能源部联合美国汽车研究理事会和三大汽车公司（通用、福特和克莱斯勒）宣布启动FCAR计划，取代本应2004年结束的PNGV计划。FCAR计划重点发展氢燃料电池汽车，但氢燃料汽车迟迟无法实现商用化。2006年，小布什总统在国情咨文中提出先进能源计划，将政策重心转移至大力开发插电式混合动力汽车。奥巴马政府没有提出大型研究开发计划，主要通过支持技术研发、进行补贴减税、限制尾气排放等方式，促进电动汽车发展。例如，2009年2月，《美国复兴和再投资法案》（*American Recovery Reinvestment Act*）计划10年内投入1500亿美元，开发插电式混合动力汽车、下一代生物燃料技术、可再生能源等领域的技术发展。2009年6月《美国清洁能源与安全法案》（*American Clean Enegry and Security Act*）计划10年内对电动汽车技术和其他先进技术机动车投资200亿美元。

各地设立专项资金引导特定领域产业发展和转型升级。为鼓励和引导社会资本投资广东省现代信息服务业，促进全省现代信息服务业快速协调发展。2008年，广东省政府颁布《广东省现代信息服务业发展鼓励投资指导目录（2008—2010年）》文件，该文件中对信息传输服务产业、数字内容服务产业、信息技术服务产业及公共服务体系建设四大领域进行了投资指导。为加快建设具有全球影响力的科技创新中心，培育发展“四新”（指新技术、新产业、新业态、新模式）经济，进一步优化产业结构，提升产业能级，实现经济转型升级。2015年，上海市经济和信息化委员会、市财政局出台《上海市产业转型升级发展专项资金管理办法》，其规定将专项资金适用于产业内涵发展、产业技术创新、高端智能装备首台突破和示范应用等产业转型升级方面。

第三节　产业技术引进与消化吸收政策

产业技术引进与消化吸收政策的导向是加大先进技术的引进力度，充分利用全球创新资源，推动技术和标准输出，提升我国科技创新的国际化水平，主要涉及技术、设备的进出口管理等方面。

《中华人民共和国技术引进合同管理条例》规定技术引进的范围、适用条件、合同内容。1985年5月20日，国务院通过了《中华人民共和国技术引进合同管理条例》①。技术引进合同管理的内容有三个方面：一是专利权或其他工业产权的转让或许可；二是以图纸、技术资料、技术规范等形式提供的工艺流程、配方、产品设计、质量控制及管理等方面的专有技术；三是技术服务。1998年1月，国家经济贸易委员会公布了《中华人民共和国技术引进合同管理条例施行细则》，该细则进一步明确了《中华人民共和国技术引进合同管理条例》的管辖范围，规定了签订技术引进合同应当具备的条件，进一步规定了技术引进合同应当包含的主要内容，对供方的保证条例做了进一步的规定。

2006年，《关于鼓励技术引进和创新，促进转变外贸增长方式的若干意见》提出了鼓励技术引进，包括“引进先进技术和优化引进结构结合起来，把引进技术和开发创新结合起来，把发展高新技术产业和改造传统产业结合起来，把整体推进和重点扶持结合起来，把提高引进外资质量和国内产业发展结合起来”的五项原则，并从加快建设企业技术引进和创新促进体系，综合运用经济手段鼓励技术引进和创新、完善技术引进与创新的各项制度三个方面提出相应意见。

技术引进政策和研发政策协同使用是后发展国家的政策经验。为了赶超欧美经济，日本政府推出了“产业合理化计划”政策，大规模引进国外先进技术。根据日本长期信用银行的调查，在1955～1970年，日本差不多吸收了世界半个世纪开发的全部先进技术，节省了大约90%的研究开发费用，近70%的研究开发时间。日本

① 该条例及其实施细则在2001年12月10日国务院发布《中华人民共和国技术进出口管理条例》后废止。

1949 年 12 月颁布的《外汇法》和 1950 年 5 月 10 日颁布的《外汇及外贸法》，对日本引进外资、扩大对外贸易和引进外国先进设备、技术，起了巨大的推动作用，使日本的技术引进工作逐步走上了正轨。根据这两部法律，日本将技术引进–技术援助合同分为甲、乙两种。前者受外资法的制约，目的在于获取专利使用权和技术资料使用权；后者受外汇法的制约，目的是获取技术文件、聘请外国专家到日本讲学和派遣日本专家去国外学习考察。

20 世纪 80 年代印度科技发展的国际国内环境发生了变化，国内开始进行经济改革，世界范围内新技术革命蓬勃发展。在此背景下，1983 年，印度政府制定了《技术政策声明》，明确了科技与经济社会发展的关系，指出科技是发展经济的基础，同时提出实现技术的本土化，最大限度地创造更多就业机会，降低能耗，保护环境，维持生态平衡，改善生活质量，推动科技与经济和社会发展相结合。

我国各地非常注重产业技术引进与消化吸收政策相配套。为使引进技术与消化吸收紧密地结合起来，加快引进技术的消化吸收、发展创新，促进国产化，争取多出口，1986 年，北京市经济和信息化委员会、市财政局、市税务局、北京海关联合颁布的《北京市关于推进引进技术消化吸收的补充规定》对一些规定进行了具体补充，其中包括消化吸收与技术引进的衔接；消化吸收、国产化需要的外汇；消化吸收工作所需的资金来源及对消化吸收、国产化采取扶植鼓励政策。2000 年，上海市人民代表大会常务委员会通过了《上海市鼓励引进技术的吸收与创新规定》，颁布的规定提高本市引进技术的吸收与创新能力，加快产业升级和技术进步，促进经济和社会发展，吸纳了国内外的基本经验和通行惯例，反映了迈入经济中等发达地区水平的上海面临的客观需求，体现了政策聚焦的集合作用。

第四节　产业技术出口政策

随着技术水平的提高，产业技术出口也逐渐需要政策进行规范。中国的产业技术出口起步于 1980 年，后来逐步拥有大量成熟的产业技术，其中不少达到世界先进水平。鼓励成熟的产业化技术出口，不仅可以进一步促进产业技术开发，还可以通过转让产业技术带动中国生产线、成套设备的出口，扩大出口规模。产业技术出口政策的功能在于规范产业技术出口管理，维护国家安全和社会公共利益。中国产业技术出口管理相关法规政策都是以《中华人民共和国的对外贸易法》（简称《对外贸易法》）为基础的。在《对外贸易法》的指导下，国务院制定了相关管理条例。在《对外贸易法》和国务院相关管理条例的共同指导下，科学技术部及海关总署又分别制定了管理办法。这既有综合性的政策，也有一些特定领域的政策。

2001年《中华人民共和国技术进出口管理条例》出台。这个条例所称技术进出口，是指从中华人民共和国境外向中华人民共和国境内或者从中华人民共和国境内向中华人民共和国境外，通过贸易、投资或者经济技术合作的方式转移技术的行为。这些行为包括专利权转让、专利申请权转让、专利实施许可、技术秘密转让、技术服务和其他方式的技术转移。该条例规定国家鼓励成熟的产业化技术出口；属于禁止出口的技术不得出口；属于出口限制的技术，实行许可证管理，未经许可不得出口；对属于自由出口的技术，实行合同登记管理；出口核技术、核两用品相关技术、监控化学品生产技术、军事技术等出口管制技术的，依照有关行政法规的规定办理。在生物领域，2002年，国务院发布了《中华人民共和国生物两用品及相关设备和技术出口管制条例》，明确了生物两用品及相关设备和技术出口管制清单。

1997年9月10日，国务院发布《中华人民共和国核出口管制条例》，该条例中指出国家严格限制铀浓缩设施、设备，辐照燃料后处理设施、设备，重水生产设施、设备等物项及其相关技术等核扩散敏感物项，以及可以用于核武器或者其他核爆炸装置的材料的出口；《核出口管制清单》所列物项及其相关技术，应当向国家原子能机构提出申请，填写核出口申请表并提交相关文件；同时核出口由国务院指定的单位专营，任何其他单位或者个人不得经营。2006年11月9日，国务院对于该条例做出了相关修订，修订后的版本相比于原版增加了新的要求①。

1998年6月10日，国务院发布《中华人民共和国核两用品及相关技术出口管制条例》，该条例中指出我国对核两用品及相关技术出口实行许可证管理制度；《核出口管制清单》所列的核两用品及相关技术，应当向商务部提出申请，填写核两用品及相关技术出口申请表，并提交相关文件；核两用品及相关技术出口，属于参加境外展览、中方在境外自用、境外检修，并在规定期限内复运进境的或者属于境内检修复运出境及商务部规定的其他情形的，在申请时经商务部审查同意，可以免予提交条例第八条规定的有关文件。2007年1月26日，国务院对该条例进行了修订，修订后的版本额外增加了六条要求。

2001年，国家科学技术委员会和对外贸易经济合作部（简称外经贸部）发布《中国禁止出口限制出口技术目录》，并于2008年9月16日由商务部和科学技术部

---

① 一是海关可对出口经营者出口的物项及其技术是否需要办理核出口证件提出质疑，并可要求其向商务部申请办理是否属于核出口管制范围的证明文件；属于核出口管制范围的，应当依照本条例的规定申请取得核出口许可证。二是《核出口管制清单》所列物项及其相关技术从保税仓库、保税区、出口加工区等海关特殊监管区域、保税场所出口，适用本条例的规定。

进行了修订，目录中指出了我国禁止出口和限制出口的所有技术类别。2001 年，对外贸易经济合作部、科学技术部发布《禁止出口限制出口技术管理办法》（2009 年商务部、科学技术部对其进行了修订）。《禁止出口限制出口技术管理办法》（2009 年）中指出列入《中国禁止出口限制出口技术目录》中禁止出口的技术，不得出口；对列入《中国禁止出口限制出口技术目录》的限制出口技术实行许可证管理，凡出口国家限制出口技术的，应按管理办法履行出口许可手续；核技术、核两用品相关技术、化学两用品相关技术、生物两用品相关技术、导弹相关技术和国防军工专有技术的出口不适用该管理办法。

2005 年，商务部和海关总署发布《两用物项和技术进出口许可证管理办法》。该办法指出以任何方式进口或出口，以及过境、转运、通运《两用物项和技术进出口许可证管理目录》中的两用物项和技术，均应申领两用物项和技术进口或出口许可证；根据有关行政法规的规定，出口经营者知道或者应当知道或者得到国务院相关行政主管部门通知，其拟出口的物项和技术存在被用于大规模杀伤性武器及其运载工具风险的，无论该物项和技术是否列入《两用物项和技术进出口许可证管理目录》，都应当申请出口许可，并按照办法办理两用物项和技术出口许可证。

国际上最典型的文件为《瓦森纳协定》，美国、日本等国也专门出台相关制度。《瓦森纳协定》全称为《关于常规武器和两用物品及技术出口控制的瓦森纳安排》（*The Wassenaar Arrangement on Export Controls for Conventional Arms and Dual-Use Good and Technologies*），目前共有包括美国、日本、英国、俄罗斯等 40 个成员国。《瓦森纳安排》规定成员方自行决定是否发放敏感产品和技术的出口许可证，并在自愿基础上向“安排”其他成员方通报有关信息。美国商务部颁布了《出口管理条例》（*Export Administration Act*），具体规定原产于美国的产品、软件和技术的出口和再出口管制制度。1956 年，日本制定了《技术出口特别扣除制度》，规定企业向国外提供工业产权、技术窍门、著作权和咨询服务等获得的收入，可按一定比例计入亏损额。1964 年 3 月，日本政府为了振兴技术出口，扩大了制度适用范围，即在技术出口收入以外追加了咨询和运输等业务收入。同时，又把技术出口收入的“扣除额”从 5% 提高到 7%（咨询和运输收入的“扣除额”分别为 2% 利 3%）。以上对象范围后来在 1965 年和 1968 年再次扩大到对外修理加工收入、建设承包收入及农业技术指导收入等。1972 年，日本政府根据国际收支和外汇储备状况的变化，扶定缩小“特别扣除制度”的运用范围，但仍保留了对工业所有权、著作权和技术服务收入的“特别扣除”。

2009 年，北京市政府颁布《关于促进本市服务外包产业发展的若干意见》，对技术先进型的企业进行税收优惠政策，优化服务外包产业的发展环境，对技术先进型服务外包企业及培训机构人才培养给予资金支持等方面的支持利于强化北京市在国内服务外包产业的领先地位。

第五节　产业技术应用示范政策

在特定领域、特定区域开展技术和产品的先行先试，是发展产业的有效手段。这类政策的功能在于通过试点示范，破除限制新技术新产品新商业模式发展的不合理准入障碍，加快技术成果的商业化进程，为大规模的产业化和市场应用创造条件。近年来，这类政策多体现在新能源汽车、风电、光伏等领域。例如，《私人购买新能源汽车试点财政补助资金管理暂行办法》中明确，中央财政对试点城市私人购买、登记注册和使用的插电式混合动力乘用车和纯电动乘用车给予一次性补贴。插电式混合动力乘用车每辆最高补贴 5 万元，纯电动乘用车每辆最高补贴 6 万元。补贴资金拨付给汽车生产企业，按其扣除补贴后的价格将新能源汽车销售给私人用户或租赁企业。试点期内，每家企业销售的插电式混合动力和纯电动乘用车分别达到 5 万辆的规模后，中央财政将适当降低补贴标准。该暂行办法还规定，试点城市政府是私人购买新能源汽车试点的实施主体和责任主体，要安排一定资金并出台相应配套政策措施，重点对充电站等基础设施建设、新能源汽车购置和使用、电池的报废及回收体系建设等给予支持。2013 年，《关于继续开展新能源汽车推广应用工作的通知》《关于进一步做好新能源汽车推广应用工作的通知》等政策规定，将依托城市推广应用新能源汽车，重点在京津冀地区、长江三角洲地区、珠江三角洲地区等细颗粒物治理任务较重的区域，选择积极性较高的特大城市或城市群实施；对消费者购买新能源汽车给予补贴；对示范城市充电设施建设给予财政奖励。

利用此类政策打开新的市场在国外是常见的做法。例如，1990 年，德国议会通过了著名的《强制购电法》（*Feed-in-Tarrif*）。该法案规定：电力公司必须让风电接入电网，并以固定价格收购其全部电量；以当地电力公司销售价格的 90% 作为风电上网价格；风电上网价格与常规发电技术的成本差价由当地电网承担。到 2000 年，强制购电法的原则在新的《可再生能源法》（*German Renewable Energy Act*）中进一步确立。同时，德国政府开始对风电投资进行直接补贴。德国在 2001 ~ 2007 年保持风电装机容量世界第一，到 2010 年底累计超过 25 吉瓦①，直到 2008 年、2009 年才分别被美国和中国超越。对于土地面积只有约中国和美国土地面积 1/30 的国家而言实

① 1 吉瓦 = 1000 兆瓦。

属不易，德国风电发展的成功经验主要得益于其固定的上网电价政策。2011 年 7 月，德国通过了《可再生能源法》的修改。德国的《可再生能源法》是德国可再生能源发展的核心推动力，该法规每隔数年会对电价水平进行修改，以配合资源开发和产业发展的情况。《可再生能源法》对推动风电、太阳能光伏等可再生能源的发展发挥了决定性的作用。

我国各地针对新能源汽车等领域也出台了引导、补贴等政策。2014 年，北京市人民政府办公厅印发《北京市电动汽车推广应用行动计划（2014—2017 年）》，明确了北京市电动汽车推广应用的重点任务及责任分工；提出包括资金和用地保障、商业模式创新、鼓励商业模式创新在内的保障措施。《天津市新能源汽车财政补贴管理办法》，对纳入国家《节能与新能源汽车示范推广应用工程推荐车型目录》，符合《天津市新能源汽车推广应用实施方案（2013—2015 年）》相关条件和要求，在津销售的纯电动乘用车、插电式混合动力（含增程式）乘用车及纯电动专用车，按中央财政和地方财政 1∶1 的比例给予补贴。

第六节　与技术相关的基础设施政策

与产业技术发展相关的基础设施是新兴技术、产品正常运行和良性发展的物质基础，其对释放市场信号、促进新兴产业发展、完善商业模式、拓展市场空间、提高产业综合竞争力具有重要作用。近年来，这些基础设施主要体现在信息技术、新能源、智慧城市建设等领域。

我国在产业技术设施领域重点布局、带动新兴技术和产业发展。例如，在《国家创新驱动发展战略纲要》中提出，在发展海洋和空间先进适用技术、智慧城市和数字社会技术、现代服务业、信息技术等领域建设基础设施。在《中共中央关于制定国民经济和社会发展第十三个五年规划的建议》中，要求在新一代信息技术、无线传感网、行业云及大数据平台等方面拓展基础设施建设空间，构建高速、移动、安全、泛在的基础设施。以信息技术为例，1997 年制定《国家信息化“九五”规划和 2010 年远景目标》，将互联网列入国家信息基础设施建设。2020 年颁布《国民经济和社会发展第十个五年计划信息化重点专项规划》，重点推行电子政务、振兴软件产业、加强信息资源开放利用等。2005 年 11 月发布的《国家信息化发展战略（2006—2020 年）》要求，到 2020 年，综合信息基础设施基本普及，基本建成国际领先、多网融合、安全可靠的综合信息基础设施。近年来，根据信息技术发展趋势、战略性新兴产业快速发展，基础设施建设进一步得到重视和加强。2015 年《国务院关于积极推进“互联网+”行动的指导意见》要求，围绕固定宽带网络、新一代移动通信网和下一代互联网加快发展，物联网、云计算等新型基础设施加强建设。加快实施“宽带中国”战略，组织实施国家新一代信息基础设施建设工程。同年发布的《国务院办公厅关于加快电动汽车充电基础设施建设的指导意见》提出，到2020年，基本建成适度超前、车桩相随、智能高效的充电基础设施体系，满足超过500万辆电动汽车的充电需求。

美国、德国等国通过基础设施建设奠定产业先发优势。美国1996年左右开始建设的“信息高速公路”是贯通美国各大学、研究机构、企业以至普通美国人家庭的全国性信息网络，它是以信息交流为目的的基础设施。其政策的主要导向为鼓励私人企业增加投资，促进并保护私人企业间的竞争，公众都有机会获得服务，避免在信息拥有方面出现“贫富不均”现象，维护技术设计上的灵活性。近年来，围绕电动汽车的发展，德国从政策规划上提供支持，将基础设施的发展界定为充电站的建造与运营、电网配套设施、基础设施领域的人才培养和能力发展四个方面。在其中的充电站与电网配套设施方面，德国强调应尽早采取制定国际化标准的行动，使电动汽车能不受国界阻碍，在世界范围内推广。近年来，这种政策趋势在数字化领域尤为突出。2014年8月，德国联邦政府出台《数字议程2014—2017年》，倡导通过数字创新驱动经济社会发展，为德国建设成为未来“数字强国”部署战略方向。其还提出，在2018年之前建成覆盖德国全国的、下载速度在50秒每兆以上的高速宽带网络的目标，并计划进一步扩建数字化基础设施与智能化交通系统，为进一步促进农村和城市地区生活标准的平等奠定基础。

第七节　产业技术安全政策

掌握关键技术和重要产品的自主知识产权，确保重点产业技术能力持续提升，并具有国际竞争力。产业技术安全政策体现在反不正当竞争、防止不合理的外资并购、保护技术秘密等方面。

1993年9月出台的《中华人民共和国反不正当竞争法》目的是为保障社会主义市场经济健康发展，鼓励和保护公平竞争，制止不正当竞争行为，保护经营者和消费者的合法权益。第十条规定，法律经营者不得侵犯商业秘密。这类所指的商业秘密，是指不为公众所知悉、能为权利人带来经济利益、具有实用性并经权利人采取保密措施的技术信息和经营信息。该法律明确各级人民政府应当采取措施，制止不正当竞争行为，为公平竞争创造良好的环境和条件；鼓励、支持和保护一切组织和个人对不正当竞争行为进行社会监督；该法共列举10条不正当竞争行为，并规范了监督检查细则，明确了相应的法律责任。

《关于外国投资者并购境内企业的规定》设立的目的之一，就是引进国外的先进技术和管理经验。这项政策中，为防止外资并购造成产业垄断，进而限制我国相关产业技术自主发展空间，规定对相关情况进行反垄断审查。该政策第四条规定，依照《外商投资产业指导目录（2017年修订）》不允许外国投资者独资经营的产业，其并购不得导致外国投资者持有企业的全部股权；需由中方控股或相对控股的产业，该产业的企业被并购后，仍应由中方在企业中占控股或相对控股地位；禁止外国投资者经营的产业，外国投资者不得并购从事该产业的企业。

《关于加强科技人员流动中技术秘密管理的若干意见》要求正确处理科技人员流动中所涉及的国家、单位和个人三者的利益关系，鼓励正当的人才流动活动，制止在流动中对国家科技秘密和单位技术秘密的侵犯行为。具体包括：①企事业单位要加强对承担国家科技计划项目或者本单位重要科研任务的科技人员进行管理；②企事业单位应当对本单位拥有的技术秘密采取合法、有效的保密措施，并使这些措施有针对性地适用于科技成果的完成人、与因业务上可能知悉该技术秘密的人员或者业务相关人员，以及有关的行政管理人员；③科技人员在完成本职工作和不侵犯本单位技术权益、经济利益的前提下，业余兼职从事技术开发和技术创新等活动的，应当依照国家有关法律、法规等规定，正确处理本职和兼职关系，不得在业余兼职活动中将本单位的技术秘密擅自提供给兼职单位，也不得利用兼职关系从兼职单位套取技术秘密，侵害兼职单位的技术权益等方面。

美国为了有效地保护商业秘密，于1996年10月通过了《经济间谍法》。这是美国历史上第一部专门规定窃取经济秘密法律责任的联邦法律。《经济间谍法》禁止盗取犯罪者认为是商业秘密的信息，即使该信息事实上并不是商业秘密。《经济间谍法》对商业秘密范围的界定是非常广的，包括任何有形和无形的资料。制裁的违法行为主要是两种类型：一是外国政府、机构、单位刺探美国产业营业秘密的经济间谍罪；二是一般企业因竞争因素所出现的窃取营业秘密罪。《经济间谍法》对违法犯罪行为作了界定，共有5种。该法还规定了在追究这两种犯罪时美国联邦政府可以采取的一些程序上的手段如诱饵等和该法案的域外效力。

中国一些地区针对企业技术秘密保护也专门出台了法规。1995年，深圳市人民代表大会颁布《深圳经济特区企业技术秘密保护条例》，其中对企业员工保守企业技术秘密须签订书面保密协议做了详细的规定与说明；同时对合法拥有技术秘密需要保护的企业，要求对本企业的技术秘密进行规范化管理；并对侵权行为进行法律责任追究。

第十四章　科技创新区域政策

摘要：科技创新区域政策是通过划定一定范围的区域，在区域内实行优惠政策和突破制度障碍实现科技资源汇集，促进本区域科技和经济快速发展的一系列制度和政策安排。从最初的经济开发区和高新区到后来的自主创新示范区、全面创新改革示范区和科创中心，我国的科技创新区域体系不断丰富，科技创新政策也不断丰富和完善，涵盖了税收优惠、财政支持、股权激励和一系列简政放权等内容，覆盖了风险投资、研发投入、人才引进、成果转化、市场准入等科技创新全链条。近年来，科技创新区域政策从传统的财税支持向吸引创新创业投资、海外人才引进和“放管服”改革等方面发展，致力于构建创新创业的生态系统，与此同时，从区域政策试点到政策实现全国推广的时间间隔也正在缩短，政策普惠性趋势越发明显。

区域发展战略是后发展国家实现经济赶超的重要途径。在科技方面，选定一个区域，给予政策优惠，将优势资源汇集到该区域，实现该区域科技和经济的优先快速发展。从我国的实践看，这一措施效果显著。

为了实现高新技术产业赶超，促进我国科技进步，我国制定实施了一系列汇集科技创新资源，发展高新技术的区域发展战略。这类区域战略以经济技术开发区、国家新区、高新技术产业开发区、国家自主创新示范区、科技创新中心、全面创新改革试验区等为载体，区域面积小到几十平方千米，大到跨省域达到成百上千平方千米，通过税收减免、财政支持等政策优惠汇集创新资源，核心目标是通过发展高新技术产业带动地方经济发展。目前，此类区域已经成为地方经济发展的新动力和新引擎，成为提升区域竞争力的主要载体。

1984 年，我国开始在 14 个沿海开放城市建立第一批国家级经济技术开发区，开展对外经济合作、发展高新技术产业。1988 年，国家批准北京市新技术产业开发试验区（高新技术产业开发区的雏形），重点发展高新技术产业。1991 年，国家将高新技术产业开发区（简称高新区）的试验扩大，正式开启了以科技创新为核心的大规模区域发展战略。1992年，以浦东新区为起始点，我国开始合并原有的一些经济技术开发区，建立地理范围更大的国家级新区，作为新一轮开发、开放和改革的区域。2009年，以中关村高科技园区为试点，我国开始在一些高新区的基础上，建立国家自主创新示范区。2015年，《中共中央办公厅、国务院办公厅印发〈关于在部分区域系统推进全面创新改革试验的总体方案〉》发布，我国开始建设以实现创新驱动发展转型为目标，以推动科技创新为核心，统筹推进科技、管理、品牌、组织、商业模式创新，进一步促进生产力发展的全面创新改革实验区。纵观我国高新技术区域发展战略（简称科技区域战略）的历程，可以概括为“4个转变”。

（1）从地域范围看，从行政区划向经济区划转变。1988年开始建立的高新区主要集中于市（甚至是县、区）内部，在此基础上成立的国家自主创新示范区跨越市域范围，全面创新改革实验区则出现跨越省域范围的现象，以行政区划为范围的示范区建设逐渐被以经济区划取代。例如，中关村自主创新示范区一区多园，遍布北京全市，而珠江三角洲自主创新示范区涵盖广州、珠海、佛山、惠州、东莞、中山、江门、肇庆8个市，京津冀全面创新改革实验区则跨越三个省级行政区域。

（2）从发展动力看，从投资驱动向创新驱动转变。1984年开始建立的国家级经济技术开发区和后来的国家级新区主要通过吸引投资，尤其是外资来促进经济发展，产业领域虽涉及高新技术领域，但目标并不集中。而1988年建立的高新区和后来的自主创新示范区的核心目标则调整为汇聚创新资源、发展高新技术产业，投资仅仅是实现发展高新技术产业的作用途径，不再作为核心目标。

（3）从创新方式看，从技术引进向自主创新转变。国家级经济技术开发区和国家级新区建立的初衷主要是通过承接国际资本和产业转移实现进口替代，通过市场换技术来发展我国的高新技术产业。而自主创新示范区的定位是发挥创新资源优势，努力培养和聚集优秀创新人才，做强做大一批具有全球影响力的创新型企业，培育一批国际知名品牌。可见，由资本和技术引进到培养和聚集创新人才、培育国际品牌，我国科技创新区域战略正在由技术引进向自主创新和内生发展转变。

（4）从创新内涵看，从科技创新向全面创新转变。高新区主要围绕依靠科技资源，促进高技术成果的商品化、产业化，推动传统产业的改造，提高劳动生产率，增强国际竞争能力。自主创新示范区则将目标进一步扩展到人才等创新资源的培养和聚集、培育创新型企业和国际知名品牌等领域，并强调体制机制创新。全面创新试验区则以推动科技创新为核心，涵盖科技、管理、品牌、组织、商业模式创新，把科技创新和体制机制创新作为双重任务。

第一节　重大区域发展政策

重大区域发展战略既是我国充分发挥区域比较优势、提升区域发展水平的重要举措，也是平衡区域经济发展的重要安排。2014 年 12 月 11 日，中央经济工作会议指出，要重点实施“一带一路”、京津冀协同发展、长江经济带三大战略（倡议）。2016 年 4 月和 9 月，《上海系统推进全面创新改革试验　加快建设具有全球影响力的科技创新中心方案》及《北京加强全国科技创新中心建设总体方案》获批。至此，“一带一路”、京津冀协同发展、长江经济带和科技创新中心建设成为今后一段时期我国区域发展的重大战略部署。

一、“一带一路”倡议相关政策举措

2013 年 9 月和 10 月，国家主席习近平在出访中亚和东南亚国家期间，先后提出共建“丝绸之路经济带”和“21 世纪海上丝绸之路”（简称“一带一路”）的重大倡议，得到国际社会高度关注。“一带一路”区域发展倡议是新时期我国的重大区域发展战略，它将充分依靠中国与有关国家既有的双多边机制，借助既有的、行之有效的区域合作平台，积极发展与沿线国家的经济合作伙伴关系，共同打造政治互信、经济融合、文化包容的利益共同体、命运共同体和责任共同体。目前，综合分析相关政策和文件，在科技创新领域，推进和落实“一带一路”的政策主要体现在三方面。

一是创新创业投融资机制。《推动共建丝绸之路经济带和 21 世纪海上丝绸之路的愿景与行动》提出，通过创业投资等形式促进新兴产业合作，促进沿线国家加强在新一代信息技术、生物、新能源、新材料等新兴产业领域的深入合作，推动建立创业投资合作机制。

二是科技合作与人才交流。《推动共建丝绸之路经济带和 21 世纪海上丝绸之路的愿景与行动》提出，扩大相互间留学生规模，开展合作办学，我国每年向沿线国家提供 1 万个政府奖学金名额；深化沿线国家间人才交流合作；加强科技合作，共建联合实验室（研究中心）、国际技术转移中心、海上合作中心，促进科技人员交流，合作开展重大科技攻关，共同提升科技创新能力。

三是贸易合作与进出口便利。《国务院关于加快培育外贸竞争新优势的若干意见》（国发〔2015〕9 号）指出：带动大型成套设备及技术、标准、服务出口，顺应沿线国家产业转型升级趋势，加快机电产品和高新技术产品出口；通过拓展产业投资，推动我国优势产业产能走出国门，鼓励较高技术水平的核电、发电及输变电、轨道交通、工程机械、汽车制造等行业企业到沿线国家投资持。《财政部　国家税务总局关于国际水路运输增值税零税率政策的补充通知》（财税〔2014〕50 号）等文件为促进人员、商品和货物的流动对国际运输提供了税收减免。

二、京津冀协同发展战略相关政策举措

2014 年 2 月，京津冀协同发展（一体化）正式上升为国家战略。京津冀一体化由首都经济圈的概念发展而来，涉及京、津 2 市和河北省地区 12 个地级市。区域面积约为 21.6 万平方千米，人口总数约为 1.1 亿人。2015 年《京津冀协同发展规划纲要》审议通过。围绕京津冀协同发展，从国家到地方，政府出台了一系列的规划、意见。目前而言，这些规划内容主要集中在以下几方面。

一是政策互动机制。在京津冀区域内实现高新技术企业互认备案、科技成果处置收益统一化、推行创新券制度等相关政策。推动中关村自主创新示范区政策在京津冀相关地区落地；研究自主创新示范区、自贸区、保税区等多区政策叠加对协同创新的激励方式，探索“负面清单”“权力清单”等行政管理体制改革模式。配合各市相关部门研究促进创新人才跨区域流动的政策措施等。

二是资源共享机制。整合京津冀地区科技信息资源，建立工作信息沟通机制，跟踪发布科技合作动态、针对热点问题开展舆情分析，促进京津冀科技项目库、成果库、专家库、人才库等信息资源互动共享。进一步提高科研基础设施、科学仪器设备、科学数据平台、科技文献、知识产权和标准等各类科技资源的共享与服务能力；定期开展京津冀人才（高级研修班、技术经理人、技术经纪人等）培训班；推动成立产业、专业领域等多种形式联盟，充分整合联盟资源，发挥联盟在京津冀协同创新中的优势作用，促进京津冀产业对接合作，提升区域协同发展能力。

三是市场开放机制。建立统一的京津冀技术交易市场。加强技术交易团队培养和技术转移机构培育，促进京津冀技术市场交易一体化，向京津冀地区全境辐射。建立服务全国的京津冀新技术新产品（服务）采购平台。通过首购、订购等方式，支持京津冀新技术、新产品（服务）和首台（套）重大技术装备进入市场。推动京津冀科普资源进一步开放共享，打造科普旅游路线。促进京津冀投融资市场融合，配合科学技术部发起设立“京津冀科技成果转化联合投资基金”。

三、长江经济带战略相关政策举措

2014 年，随着《国务院关于依托黄金水道推动长江经济带发展的指导意见》（国发〔2014〕39 号）的发布，长江经济带发展战略正式进入政策密集窗口期，成为我国新时期三大区域发展战略之一①。根据指导意见，我国对长江经济带的定位是：具有全球影响力的内河经济带、东中西互动合作的协调发展带、沿海沿江沿边全面推进的对内对外开放带、生态文明建设的先行示范带。

目前，长江经济带建设的特点是：突出科技创新，以开发区为突破口，提升产业层级和创新实力。2015 年，《关于建设长江经济带国家级转型升级示范开发区的实施意见》（发改外资〔2015〕1294 号）提出：引导长江经济带产业转型升级和分工协作，促进产业转移和生产要素跨区域合理流动和优化配置，推动经济提质增效升级，对以长江经济带国家级、省级开发区为载体开展国家级转型升级示范开发区（简称示范开发区）建设工作。为落实该项规划，2016 年，《国家发展改革委关于建设长江经济带国家级转型升级示范开发区的通知》（发改外资〔2016〕1111 号）进一步明确了 33 个试点开发区的名单及试点具体要求。将强化企业技术创新能力和完善创业创新服务体系作为主要要求之一。产学研结合、科技同经济对接、创新成果同产业对接、产业技术创新平台建设、人才引进、公共技术服务平台、创业服务平台、科技创新发展基金、创业投资基金、产业投资基金等方式实现创新驱动。

四、科技创新中心建设相关政策举措

2014 年 2 月，北京市建设全国科技创新中心的计划被正式提上日程，2016 年 9 月，《北京加强全国科技创新中心建设总体方案》获国务院正式批复，明确北京全国科技创新中心的定位是全球科技创新引领者、高端经济增长极、创新人才首选地、文化创新先行区和生态建设示范城。2014 年 5 月，上海明确加快向具有全球影响力的科技创新中心进军。2016 年 4 月，国务院批准《上海系统推进全面创新改革试验加快建设具有全球影响力的科技创新中心方案》，指出：上海市系统推进全面创新改革试验，要围绕率先实现创新驱动发展转型，以推动科技创新为核心，以破除体制机制障碍为主攻方向。目前，两个中心的政策探索主要有以下特点。

① 其余两个为“一带一路”倡议和“京津冀一体化”。

一是突出人才为核心，尤其注重海外人才引进。例如，北京市和上海市与公安部等部委积极协商，分别就海外人才的工作居留等便利实施试点改革。上海市取消对申请人就业单位类别和职务级别限制，放宽居住时限要求，对在本市连续工作满4年，每年在境内实际居住累计不少于6个月，有稳定生活保障和住所，工资性年收入和年缴纳个人所得税达到规定标准的外籍人才，经工作单位推荐，可申请在华永久居留。北京市则设立永久居留“直通车”。对符合认定标准的外籍高层次人才及其配偶、未成年子女，经中关村科技园区管理委员会推荐，可直接申请在华永久居留资格。

二是利用先行先试优势，嵌入地方话语权。以人才政策为例，如上海市人才认定挂钩工资和税收，将上海市部门认定的人才及市科技创新“职业清单”认定的人才都作为高层次人才，认定方式中都嵌入了自己的话语权。中关村则实施外籍人才申请永久居留积分评估制度，而评分规则由中关村制定，达到一定分值的，可以申请在华永久居留。

第二节　国家自主创新示范区政策

国家自主创新示范区是指经国务院批准，在推进自主创新和高技术产业发展方面先行先试、探索经验、做出示范的区域。2009年3月，国务院印发《关于同意支持中关村科技园区建设国家自主创新示范区的批复》，明确中关村科技园区的新定位是国家自主创新示范区，并同意在中关村示范区实施股权激励、科技金融改革创新等试点工作。接着，武汉东湖、上海张江、深圳等示范区相继成立，到2016年6月，我国已经批准建设的国家自主创新示范区达到16个。根据《国家创新驱动发展战略纲要》中的“优化国家自主创新示范区布局”的要求，可以预期，在今后一段时期内，还会陆续建立一批国家自主创新示范区，形成全国布局，聚焦优势创新区域的局面。通过一系列的先行先试政策和机制体制创新，国家自主创新示范区在发展战略性新兴产业，推进创新驱动发展，加快转变经济发展方式等方面发挥着重要的引领、辐射、带动作用。

一、国家自主创新示范区的政策特征

纵观国家自主创新示范区的建设历史，可以看出，国家自主创新示范区本质上就是依托原有高新区的创新优势，通过政策优先试点，进一步汇集创新资源、激发

创新活力，实现国家自主创新示范区主要依靠创新实现产业发展，进而实现经济和社会快速发展的目标。因此，政策的先行先试既是国家自主创新示范区的特色，也是国家自主创新示范区赖以发展的重要支柱，甚至是决定性支柱。综合国家自主创新示范区现有的相关政策，可以发现国家自主创新示范区政策及其试点和推广主要体现为以下几点：

一是形成从国家到地方再到国家自主创新示范区的三层立体支撑的政策体系。国家层面授权试点政策一般涉及国家财政、税收、海外人才等，非地方政府所能协调突破。中关村国家自主创新示范区的“6+4”政策，“人才引进 20 条”等政策便是。例如，“对国家自主创新示范区中小高新技术企业以未分配利润、盈余公积、资本公积向个人股东转增股本时，个人股东一次缴纳个人所得税确有困难的，经主管税务机关审核，可分期缴纳，但最长不得超过 5 年”这类暂缓或分期缴纳个人所得税等税款的政策需要经过财政部和国家税务总局的批准同意才可实施。至今，在中关村示范区先行先试的国家层面的试点政策已经超过 10 余项，大大提升了国家自主创新示范区对创新资源的吸引力及激发创新资源活力的能力。

地方层面的政策一般聚焦产业、人才和政府采购等地方政府有话语权的领域和范围。例如，《关于在中关村国家自主创新示范区深入开展新技术新产品政府采购和推广应用工作的意见》（京政办发〔2014〕24 号）、《关于开展中关村国家自主创新示范区高端领军人才专业技术资格评价工作的通知》（京人社专技发〔2014〕45 号）等。但省级政策不仅仅是政策优惠和支持，还包含落实国家政策、明确规则、打造优势产业、营造营商环境的考虑。这对国家自主创新示范区国家试点政策的落地和有效发挥都有重要作用。

国家自主创新示范区层面的政策侧重于对创新的资金和服务支持，对国家及省级政策的对接细化。在资金支持方面，建立基金和专项资金成为最简单直接，被广泛应用的方式。例如，中关村国家自主创新示范区先后出台了《中关村国家自主创新示范区信用保险及贸易融资扶持资金管理办法》（中科园发〔2010〕42 号）、《中关村国家自主创新示范区大学科技园及科技企业孵化器发展支持资金管理办法（试行）》（中科园发〔2011〕22 号）、《中关村国家自主创新示范区战略性新兴产业中小企业创新资金管理办法》（中科园发〔2011〕39 号）、《中关村国家自主创新示范区人才公共租赁住房专项资金管理办法》（中科园发〔2012〕35 号）、《中关村国家自主创新示范区天使投资和创业投资支持资金管理办法》（中科园发〔2014〕41 号）、《中关村国家自主创新示范区社会组织发展支持资金管理办法》（中科园发〔2015〕38 号）等多项资金支持政策，涉及产业发展、创新主体发展、人才发展、风险投资发展、科技中介和服务发展等多方面。

二是政策涉及创新各层主体，遍布创新链各环节。不同样式的创新，创新的环节和链条有所不同。在传统的科技创新链方面，中关村通过《中关村国家自主创新示范区技术创新能力建设专项资金管理办法》等设立了扶植基金，重点就是激励研发，国家层面通过《对中关村科技园区建设国家自主创新示范区有关研究开发费用加计扣除试点政策的通知》（财税〔2010〕81号）、《财政部　国家税务总局对中关村科技园区建设国家自主创新示范区有关股权奖个人所得税试点政策的通知》（财税〔2010〕83号）、《财政部　国家税务总局对中关村科技园区建设国家自主创新示范区有关职工教育经费税前扣除试点政策的通知》（财税〔2010〕82号）和《对中关村科技园区建设国家自主创新示范区有关研究开发费用加计扣除试点政策的通知》（财税〔2010〕81号）等文件进行了“将企业为研发人员缴纳的‘五险一金’、医药企业发生的临床试验费等列入加计扣除范围；对以股份或出资比例等股权形式给予本企业相关技术人员的奖励，技术人员可在5年内分期缴纳个人所得税”等聚焦激励研发。在创新链条方面，通过《中关村国家自主创新示范区海内外优秀人才创业扶持工程专项资金管理办法（试行）》（中科园发〔2012〕50号）、《中关村国家自主创新示范区天使投资和创业投资支持资金管理办法》（中科园发〔2014〕41号）、《中关村国家自主创新示范区创业服务平台支持资金管理办法》（中科园发〔2015〕61号）等政策文件实现从创新创业启动到孵化的全链条支持。

三是政策试点和推广呈现三阶段模式，但三阶段时间间隔正在缩短。三阶段模式是指国家自主创新示范区的试点政策一般是由中关村国家自主创新示范区先行先试，进而推广至其他国家自主创新示范区及合芜蚌自主创新综合配套改革试验区，最后，推广至全国。例如，2010年，在中关村试点的职工教育经费税前扣除、研究开发费用加计扣除和股权奖励个人所得税试点三项政策，在2013年进一步推广至东湖国家自主创新示范区、张江国家自主创新示范区和合芜蚌自主创新综合试验区①，在2014年进一步推广至全国。2013~2014年，陆续在中关村国家自主创新示范区的“新四条”（包括给予技术人员和管理人员的股权奖励可在5年内分期缴纳个人所得税等），在2015年6月推广至其他国家自主创新示范区、合芜蚌自主创新综合试验区及绵阳科技城，进而在2016年1月推广至全国。可见，从三个阶段的政策推广时差正在变短。其中，第一阶段到第二阶段的推广时差由3年缩短到1年左右，第二阶段到第三阶段的推广从1年缩短到半年。这一趋势不仅表明我国经济下行压力对

① 当时，仅有这几个自主创新示范区。

政策红利释放的迫切要求，也暗示着国家自主创新示范区的政策先行先试优势的削减及国家自主创新示范区之间、国家自主创新示范区与非国家自主创新示范区之间竞争的加剧。

二、国家自主创新示范区的重点政策：“6+4”政策为例

我国国家自主创新示范区先行先试的政策大都起步于中关村国家自主创新示范区，进而推广至其他自主创新示范区和全国，所以，中关村国家自主示范区的典型政策基本上代表了我国国家自主创新示范区的重点政策。其中，最为著名的是“1+6”政策和“新四条”政策，合在一起简称“6+4”政策①。

“6+4”政策实际上是由第一阶段的“6”方面政策和第二阶段的“新四条”政策组成。其中，2010 年密集出台的“6”主要包括科技成果处置权和收益权、鼓励创新创业税收试点、股权激励、科研项目经费管理、高新技术企业认定、建设统一监管下的全国性场外交易市场方面实施 6 项新政策；而“新四条”则具体包括高新技术企业认定中文化产业支撑技术等领域范围试点、有限合伙制创业投资企业法人合伙人企业所得税试点、技术转让企业所得税试点和企业转增股本个人所得税试点 4 项政策。2014 年，通过《关于中关村国家自主创新示范区有关股权奖励个人所得税试点政策的通知》（财税〔2014〕63 号）、《关于开展深化中央级事业单位科技成果使用、处置和收益管理改革试点的通知》（财教〔2014〕233 号）及《科技部　财政部　国家税务总局关于在中关村国家自主创新示范区完善高新技术企业认定中文化产业支撑技术等领域范围的通知》（国科发火〔2014〕20 号）等文件，中关村国家自主创新示范区在税收优惠、科技成果转化和高新技术企业认定等方面的改革和试点进一步完善和深化。

目前，中关村国家自主创新示范区的“6+4”政策或者随着纳入新的国家法规等改革推广至全国，或按照试点推进推广至全国。通过梳理“6+4”政策，在政策目标性和政策演进方面主要体现为以下两个特点。

（1）在政策目标性方面，侧重于通过放权和让利等制度设计激励创新创业。不论是聚焦成果转化的成果收益权和处置权的改革，还是激励股权分红的税收政策，抑或鼓励融资的全国性场外交易市场政策，其目标均集中于鼓励创新创业。而激励主要是通过放权和让利两种方式进行。①在放权方面，《关于在中关村国家自主创新

① 由于“1+6”中的“1”指的是工作机制，所以，本书重点研究的是“6”和“新四条”政策。

示范区进行中央级事业单位科技成果处置权改革试点的通知》（财教〔2011〕18号）授予中关村国家自主创新示范区中央级事业单位对价值800万元以下科技成果的处置审批权限，在此之前，需要财政部授权主管部门进行审批，并由主管部门报财政部备案。②在让利方面，根据《财政部关于在中关村国家自主创新示范区开展中央级事业单位科技成果收益权管理改革试点的意见》（财教〔2011〕127号）：价值800万元以下的科技成果处置所获收益全部留归各单位；价值在800万～5000万元的科技成果处置所获收益，对超过800万元科技成果价值所对应的收益部分90%留归各单位；价值在5000万元以上的科技成果处置所获收益，对超过5000万元科技成果价值所对应的收益部分上缴中央国库，而在原来，科技成果转化（转让）收入，按照《国务院办公厅转发科技部等部门〈关于促进科技成果转化若干规定〉的通知》（国办发〔1999〕29号）的有关规定，在扣除奖励资金后全部上缴中央国库。

（2）在政策演进方面，放权和让利的程度不断加深。例如，在科技成果转化的放权方面，《财政部关于在中关村国家自主创新示范区进行中央级事业单位科技成果处置权改革试点的通知》（财教〔2011〕18号）授予中关村国家自主创新示范区中央级事业单位对价值800万元以下科技成果的处置审批权限，在此之前，需要财政部授权主管部门进行审批，并由主管部门报财政部备案。《关于开展深化中央级事业单位科技成果使用、处置和收益管理改革试点的通知》（财教〔2014〕233号）则取消了800万元的金额限制。在让利方面，根据《财政部关于在中关村国家自主创新示范区开展中央级事业单位科技成果收益权管理改革试点的意见》（财教〔2011〕127号）：价值800万元以下的科技成果处置所获收益全部留归各单位；价值在800万元以上的部分收益还是要中央国库，但在2013年，也取消了金额限制，不论成果价值大小，转化收益均归单位所有。

第三节　国家高新技术产业开发区政策

国家高新技术产业开发区的创建与发展，是党中央、国务院为开创改革新局面、迎接世界新技术革命挑战做出的重大战略部署。1988年5月，以“中关村电子一条街”为基础，国务院批准成立了我国第一个国家级高新区——北京市新技术产业开发试验区；同年8月，批准实施发展我国高新技术产业的指导性计划——火炬计划，明确把创办国家高新区作为国家火炬计划中的重要组成部分。1991年3月，国务院12号文件颁布，批准建立26个国家高新区并制定全国使用的扶持政策；在邓小平南方谈话的指引下，1992年11月，国务院又批准建立了25个国家高新区。自此以国家高新区为载体推进高新技术产业化的国家导向初步形成，国家高新区成为以智力密集和开放环境条件为依托，主要依靠国内的科技和经济实力，充分吸收和借鉴国外先进科技资源、资金和管理手段，通过实施高新技术产业的优惠政策和各项改革措施，实现软硬环境的局部优化，最大限度地把科技成果转化为现实生产力而建立起来的集中区域。

一、政策特征与发展历程

国家高新区的主要任务是促进高新技术与其他生产要素的优化组合，创办高新技术企业，运用高新技术改造传统产业，加速引进技术的消化、吸收和创新，推进高新技术成果的商品化、产业化、国际化。随着我国科技经济水平的发展，国家高新区逐渐转向注重原始创新能力、发展战略性新兴产业和现代服务业，提高我国产业和产品国际竞争力的主要区域载体。到目前为止，我国国家高新区的发展大体经历了三个阶段：初创发展阶段（1988～2001 年左右）、“二次创业阶段”（2002～2012 年左右）和“创新驱动提升阶段”（2013 年至今）①。不同阶段，国家高新区在战略目标定位、重点任务和组织实施等方面都有所不同。

（1）战略目标定位方面，始终定位于高新技术产业化基地，但实现途径由偏技术引进向注重自主创新转变。《关于加速国家高新技术产业开发区发展的若干意见》（国科发火字〔1999〕302 号）开始强调创新能力和自主知识产权，通过加快高新技术产业发展步伐，建立具有自主知识产权的高新技术支柱产业。《关于促进国家高新技术产业开发区进一步发展增强自主创新能力的若干意见》（国科发高字〔2007〕152 号）进一步明确了国家高新区应建设成为促进技术进步和增强自主创新能力的重要载体，成为带动区域经济结构调整和经济增长方式转变的强大引擎，成为高新技术企业“走出去”参与国际竞争的服务平台，成为抢占世界高新技术产业制高点的前沿阵地。随着创新驱动发展战略的实施，《国家高新技术产业开发区创新驱动战略提升行动实施方案》（国科发火〔2013〕388 号）将国家高新区定位进一步提升为建成自主创新的战略高地和实现创新驱动与科学发展的先行区域，要求国家高新区的原始创新能力需要加强。通过建成自主创新的战略高地，培育和发展战略性新兴产业的核心载体，转变发展方式和调整经济结构的重要引擎，实现创新驱动与科学发

① 根据《科学技术部关于印发〈关于国家高新技术产业开发区管理体制改革与创新的若干意见〉的通知》（国科发政字〔2002〕61 号）和《国家高新技术产业开发区创新驱动战略提升行动实施方案》（国科发火〔2013〕388 号）。

展的先行区域，抢占世界高新技术产业制高点的前沿阵地。

（2）重点任务方面，由创办高新技术企业、促进技术引进、消化、吸收，向管理体制机制改革创新、创新体系建设和创新环境营造转变。1996 年，国家高新区主要任务是促进高新技术与其他生产要素的优化组合，创办高新技术企业，运用高新技术改造传统产业，加速引进技术的消化、吸收和创新，推进高新技术成果的商品化、产业化、国际化。1999 年，国家高新区发展实现重点转移：由注重招商引资和基本建设向注重创新质量与优化配置科技资源转移；由扩大建设项目向优化创业、创新环境转移；由产业分散向集中优势、发展特色产业转移。《关于促进国家高新技术产业开发区进一步发展增强自主创新能力的若干意见》（国科发高字〔2007〕152 号）提出加强创新创业服务体系建设，进一步完善支持国家高新区增强自主创新能力的财税金融政策。2013 年，《国家高新技术产业开发区创新驱动战略提升行动实施方案》提出进一步探索有利于科技与经济社会发展紧密结合的体制机制；率先建立以企业为主体的技术创新体系；进一步完善科技创新服务体系建设；营造创新发展的良好环境。

（3）组织实施方面，进入退出机制逐渐建立，评审规则明确化、指标化。国家高新技术产业开发区应当办好创业服务中心，建立有关金融、外贸、法律、保险、审计、会计、知识产权、资产评估、计算、测试、信息咨询、人才交流与培训等支撑服务体系。国家高新技术产业开发区经有关部门批准，可建立风险投资、证券交易、产权交易、资金融通、物资、技术、人才市场，房地产市场，租赁公司，知识产权法律咨询等市场机制。1999 年，科学技术部对全国国家高新区要突出重点，抓好示范，根据国家高新区评价指标体系进行动态管理，建立优化机制，实行分类引导、定期评估、总量控制、优上劣下。对工作不力、进展缓慢的国家高新区，依据国务院有关规定限期进行整顿。整顿后改进不大的将被取消国家高新区资格。2013 年，针对建设世界一流高科技园区、创新型科技园区、创新型特色园区实施战略提升行动，《国家高新技术产业开发区创新驱动战略提升行动实施方案》（国科发火〔2013〕388 号）对国家高新区的建设在科技创新资源和成效等方面提出明确的数字目标（表 14-1）。

表 14-1　对建设世界一流高科技园区的具体指标要求

序号	指标	要求
1	企业研发投入占销售收入比例	8%
2	从业人员中硕士和博士占比	20%
3	从业人员中归国留学人员和外籍常住人员占比	3%

续表

序号	指标	要求
4	国家级研发机构数	100 家
5	万人年新增发明专利授权	40 件
6	国家级创新服务机构数	100 家
7	服务收入占营业收入比例	50%
8	产业集群与巨型企业数	2 个以上具有国际影响力的创新型产业集群，2 家超千亿企业或 4 家超 500 亿企业
9	从业人员人均增加值	70 万/人
10	高企出口额占营业收入比例	15%

资料来源：《国家高新技术产业开发区创新驱动战略提升行动实施方案》（国科发火〔2013〕388 号）。

二、重点政策分析：税收政策为例

国家高新区作为国家发展高新技术产业的特殊区域，在税收减免、土地使用、人才引进和创新奖励等方面享有特殊政策。其中，税收减免是使用较为频繁，对企业进驻和发展较为重要的政策。

税收减免是支持企业创立发展的重要措施，对风险相对较高的高新技术企业尤其如此。自 1988 年我国设立国家高新区试点以来，对国家高新区内被认定为高新技术企业的企业一直都享有减免企业所得税、进口原材料及部件税收减免等政策优惠。但随着近年来普惠制方向的改革，国家高新区企业税收减免的特征和趋势发生了一些变化。因此本书将就两类所得税优惠政策给出梳理和总结。

1. 税收优惠一：减按 15% 税率征收企业所得税

减税政策是按照优惠税率对企业所得税等税收进行减免，在国家高新区建立之初就开始实行，对聚集资源、减轻企业负担，提升企业竞争力有显著作用。实施以来，该政策具有以下特征。

（1）从实施历史看，历时最久且沿用至今。此政策自 1988 年在北京建立新技术开发试验区（简称试验区）时即开始施行，1991 年，随着其他国家高新区的建立被广泛推广到各地的国家高新区。值得注意的是 1988 年在试验区企业出口产品的产值达到当年总产值 40% 以上的，经税务部门核定，减按 10% 税率征收所得税；而在 1991 年，该门槛进一步提升到出口产品的产值达到当年总产值 70% 以上才可享受 10% 的优惠。但到 2008 年，10% 的优惠政策都被取消，统一为 15% 的所得税优惠。

（2）从政策效果看，显著降低了企业的生产经营成本。2008年之前，我国的企业所得税税率是33%①，按照15%的税率征收相当于减轻了企业一倍以上的所得税税收压力。2008年，新所得税法规定法定税率为25%，国家高新区企业所得税优惠同样大幅减轻了企业税收负担。

（3）从目标主体看，逐步从国家高新区聚焦到企业。1988年，试验区施行的税收优惠针对区内所有企业，但1991年开始，税收优惠范围限制为国家高新区内通过认定的高新技术企业，随着1996年国家高新区外高新技术企业认定标准的颁布，这一政策被推广到国家高新区外，进一步，2008年开始，高新技术企业认定不再区分区内区外企业。

（4）从适用范围看，逐步突破了国家高新区范围，实现普惠。从一层面看，2008年，随着高新技术企业认定实现园区内外标准统一和新的企业所得税法的施行，此政策不仅突破国家高新区的地理范围，而且对区内区外企业设立了相同的标准。这实现了对高新技术企业的税收普惠，从另一层面看，国家高新区在此项政策方面的特殊地位不再存在。

2. 税收优惠二：免税政策

免税政策是在企业成立之初，为减轻企业负担，在一定期限内免除企业所得税等税收的政策优惠。此政策在1988年开始施行，至今仍存在一定区域内施行。但在具体减免时间和地理范围上都发生了显著变化。

（1）从减免时间看，经历了由长到短的过程。具体而言，经历了“三免三减半”到“两免”再到“两免三减半”的历程。1988年，北京试验区的免税政策是三年内免征所得税，第四～第六年以15%减半征收；1991年开始，国家高新区的免税政策调整为“两免”，即新成立的企业在投产的前两年免除所得税。2008年开始，大部分国家高新区取消了此项免税政策，在部分国家高新区变为“两免三减半”，即前两年免所得税，第三～第五年减半征收。

（2）从减免范围看，享受政策的国家高新区数量急剧减少。1991年开始，所有新建的国家高新区都享有“两免”的税收优惠，但随着2008年新的企业所得税法的施行，这一范围被压缩到“五特一新”的地理范围内，即深圳、珠海、汕头、厦门、海南经济特区、上海浦东新区。减免的具体时间段也调整为“两免三减半”。也就是

① 另有两档优惠税率，全年应纳税所得额为3万～10万元的，税率为27%，应纳税所得额3万元以下的，税率为18%，但高新技术企业纳税额一般不在此范围内。

说，2008 年开始，全国大部分的国家高新区不再享有免企业所得税政策。

（3）从减免条件看，对企业的要求越来越严格。根据 1988 年和 1991 年的政策规定，只要在国家高新区范围内新成立的企业即可享受免税政策，但 2008 年之后，在保留“两免三减半”的国家高新区，又增加了具备拥有核心自主知识产权且通过高企认定的企业的条款，大幅压缩了享受免税政策的企业数量。

第四节　其他区域创新政策

除国家重大区域发展战略、自主创新示范区、国家高新区之外，我国还围绕科技创新，以城市、农业、科技帮扶为载体和内容，建立了多种试点和机制，促进了我国科技资源与其他资源的有效结合，成为构建我国国家创新体系的重要组成部分之一。这包括创新型城市、国家农业科技园区、科技援疆、科技援藏、科技兴县等多种，以下选取创新型城市、国家农业科技园区、科技援疆、科技援藏、国家可持续发展实验区进行政策梳理和成效展示。

一、科技援疆、援藏政策

国家科技援疆和援藏工程作为对口援疆援藏的重要组成部分，在援疆援藏工作的整体部署中发挥了重要的支撑和引领作用。新疆和西藏的稳定与发展事关我国和谐发展的大局，新疆和西藏实现跨越式发展与长治久安，不仅是两地自身的一项迫切任务，也是全党全国的一项重要政治任务。

1. 科技援疆政策

2000 年，全国科技界拉开了科技援疆工作序幕。特别是 2007 年科技援疆行动启动以来，各部门引导和支持大学、科研院所、企业与新疆开展多种形式的合作和对口支援。十五年来，围绕科技援疆，科学技术部等相关部委出台了一系列的规划、政策和举措落实项工程。

一是多部门参与，多领域支援。在国家层面，科学技术部、教育部、中国科学院、中国工程院、国家自然科学基金委员会和中国科学技术协会等科技口部门都基于各自的业务和职能范畴，大力推进援疆工作。科学技术部 2007 年同新疆维吾尔自治区和兵团建立了部区会商制度，启动了全国科技支疆行动，出台了《关于推进科技支疆工作的意见》并牵头编制了《全国科技援疆规划（2011—2020 年）》。教育部积极推进新疆高校学科和创新能力建设，同时组织内地高校采取多种方式同新疆开展了科研开发和人才培养等方面的广泛合作。中国科学院与新疆维吾尔自治区人民政府和兵团分别建立了高层领导定期会商机制，举办多届的“中科院—新疆科技合作洽谈会”，加速了科研成果向新疆的转移。中国科学技术协会在新疆开展了一系列重大科普活动，通过实施科普惠农兴村计划等，加大新疆科普能力建设。

二是以具体项目为载体落实支援。基于新疆本地资源禀赋和科技条件，科技援疆工作通过国家科技计划、星火计划、科技富民强县专项、国家重点实验室、国家高新区、国家创新型城市等多项目、多载体落地实施。其中，通过科技计划圈定了一批大型矿集区、找矿靶区和基地，有关成果为新疆矿产资源开发提供了科技支撑；以星火计划等项目为载体，支持了新疆特色农牧业技术推广及产业化示范；推动昌吉高新区升级为国家高新区等。

三是构建全国科技援疆大格局。首先，建立了科技口六部门与新疆的省部会商制度，成立全国科技援疆工作领导小组。2011 年，引导对口的 19 个援疆省份加大对新疆的支持，一批科技园区、孵化基地和成果转化中心开始筹建，构建起全国科技援疆大格局。例如，江西农业科技示范园、莎车县现代农业示范园等园区先后建成；上海市还编制完成了《上海市对口支援新疆喀什四县科技发展五年专项规划》。

2. 科技援藏政策

科技援藏是自 20 世纪 90 年代科技界积极响应全国支援西藏这一战略决策而开展起来的，是发达地区以科技无偿援助方式支持西藏科技发展的尝试和探索。科技援藏的主要内容包括：推动地域和民族特色的科技研发及其产业化，发展当地特色产业，普及推广各种科学技术，培养本地科技人才，通过科技造福当地群众。科技援藏实施以来，科学技术部和其他科技口部委及对口支援单位在项目支持、项目合作、人才培养、产业投资等多方面对西藏的经济和科技发展予以支持。在体制机制到具体政策点形成了一整套援助体系。概括而言，这些政策主要体现为以下几点。

一是建立会商机制。2009 年，科学技术部与西藏自治区建立部区会商机制。以部区会商为渠道，科学技术部在项目、资金、人才等方面给予西藏大力支持，仅两年间，西藏共承担国家计划项目 200 项，经费达到近 1.4 亿元。通过开展部区会商，形成了利用部区科技资源共同推动西藏科技创新、科技发展的良好局面，促进了西藏科技实力和创新能力的整体提升。

二是调动全国力量。强化对口支援在人才、技术、资金和物资方面的作用。青海省同西藏联合共建了太阳能光伏电站，解决了 3.2 万人的用电问题；广东省科技厅在西藏援建了久巴科技示范基地、甜玉米种植试验的项目；安徽省支援的藏椒已完成三代杂交等。

三是平台建设与产业项目并重。通过支持藏医药与高原生物重点实验室等省部共建重点实验室培育基地建设，通过 973 专项进行支持，支持国家科技图书文献中心西藏服务站等公共服务平台建设，支持西藏加强基层科技管理条件和能力建设。围绕地方特色资源，安排西藏农业科技成果转化项目和星火计划项目，包括青稞、牦牛、藏药等产业化示范和推广。

四是科技人员培训。为改变西藏科技人才缺乏的状况，从 2007～2011 年，科学技术部每年举办一期“科技兴藏人才建设培训班”。西藏各地市科技局也通过选派当地技术、管理骨干到北京市、辽宁省、浙江省等发达地区进行专业培训，拉近了与内地科技管理干部、技术人员的差距，提高了管理水平。

二、国家可持续发展实验区

国家可持续发展实验区（原名社会发展综合实验区）是在 1992 年起由国家科学技术委员会、国家经济体制改革委员会、国家计划委员会等国务院 28 个部委及团体共同开展的社会发展综合实验区工作基础上进行的一项工作。目的是从中央和地方两个层次，选择具有代表性和示范性的市、县，以及大城市的行政区，依靠科技进步、机制创新和制度建设，全面提高这些实验区的可持续发展能力，探索不同类型地区的经济、社会和人口、资源、环境协调和持续发展的机制和模式。逐步建立一批可持续发展的新型社区，为不同类型社区提供示范，为我国城镇的可持续发展探索经验。2001 年，科学技术部发布《国家可持续发展实验区管理办法》等系列文件，国家可持续发展实验区建设驶入快车道，时至今日，这些政策举措主要涉及以下几方面。

一是注重顶层设计，及时进行规划研究。2001 年，科学技术部出台了《国家可持续发展实验区管理办法》《国家可持续发展实验区工作指南》等基础性文件，在顶层设计方面对国家可持续发展实验区的目标、任务、重点及管理机制进行明确，为国家可持续发展实验区建设奠定了良好基础。此外，重视国家可持续发展实验区发展规划设计和研究。2015 年，根据新时期国家可持续发展实验区建设的新形势和新要求，开展“十三五”国家可持续发展实验区建设和发展规划研究，做好国家可持续发展实验区长远发展战略部署，进行国家可持续发展实验区发展顶层设计，优化国家可持续发展实验区布局，发展众创空间、营造良好环境，突出科技创新创业在国家可持续发展实验区建设中的引领带动作用，促进国家可持续发展实验区发展由数量扩张向能力提升转变。

二是以项目为依托，以联盟为纽带开展国家可持续发展实验区建设。国家可持续发展实验区建设主要以项目支持为依托，针对国家可持续发展实验区的科技需求，在城镇化、环境保护及资源可持续利用、人口健康等领域转化科技成果，进行试点示范。例如，在2012 年组织的23 个首批惠民计划中，国家可持续发展实验区直接组织实施的项目有7 个，项目总金额超过1 亿元。2015 年开始，科学技术部组织筹建国家可持续发展实验区协同创新战略联盟（简称联盟），旨在搭建国家可持续发展实验区创业创新服务平台，加强国家可持续发展实验区的政策联动、信息共享、产业互动，推动科技成果转化应用，落实国家可持续发展战略和创新驱动发展战略，营造大众创业、万众创新的局面。同时联盟还将建立与国家农业科技园区、国家高新技术开发区的协同创新机制，鼓励和支持科技特派员、大学生等在国家可持续发展实验区内创新创业。

三是国家可持续发展实验区考核注重科学化、指标化。2002 年，科学技术部发布《国家可持续发展实验区验收管理暂行办法》，设计了详细的社会经济与生态环境状况指标统计和考核机制，2014 年，根据公示的国家可持续发展实验区创新能力监测和评价指标体系，通过监测数据征集，完成《2014 年度实验区创新能力监测报告》和《2014 年度实验区创新能力评价报告》；2015 年，开展年度国家可持续发展实验区创新能力调查工作，并将该项工作作为一项长期工作任务，形成长效机制，以此引导和促进国家可持续发展实验区创新驱动发展，提升国家可持续发展实验区建设水平。

三、创新型城市政策

创新型城市是指主要依靠科技、知识、人力、文化、体制等创新要素驱动发展的城市，对其他区域具有高端辐射与引领作用。创新型城市的内涵一般体现在思想观念创新、发展模式创新、机制体制创新、对外开放创新、企业管理创新和城市管理创新等方面。2008 年6 月，国家发展和改革委员会将深圳列为全国第一个国家创新型城市试点，2010 年，《国家发展改革委关于推进国家创新型城市试点工作的通知》（发改高技〔2010〕30 号）将大连等16 个城市加入试点。同年，科学技术部《关于进一步推进创新型城市试点工作的指导意见》（国科发体〔2010〕155 号）发布，并在当年公布两批共38 个试点城市（区）。

从试点历程来看，国家发展和改革委员会与科学技术部两个部委先后发布试点名单及推进意见，足见国家层面对自主创新为核心的创新型城市的重视。总结两部委的推进意见及评审要求，该政策主要特征表现在以下几方面。

（1）建设内容方面。科学技术部强调要着重推进体系机制创新，提升自主创新能力，加强科技在经济社会发展关键领域的支撑作用，要始终坚持把自主创新作为经济结构调整和发展方式转变的中心环节，让科技引领可持续发展，走上创新驱动、内生增长的发展轨道。国家发展和改革委员会将创新型城市建设当作一项系统工程，从宏观管理与调控着手，系统推进、整体布局、统筹指导。创建内容包括经济、社会、文化、统筹城乡发展、体制机制等多领域的创新。

（2）指标体系方面。科学技术部创新型城市评价指标体系包括创新投入、企业创新、成果转化、高新产业、科技惠民和创新环境六大类近25项子指标进行评价和检测。国家发展和改革委员会创新型城市评价指标体系考核的内容涉及经济、社会及可持续发展等多方面。

（3）支持政策方面。科学技术部将把创新型城市建设作为省部会商优先议题，重点支持承担国家支撑计划项目、国家重大项目、支持国家工程技术研究中心、国家重点实验室、重大产业基地等重大创新平台建设，优先支持体制机制创新等相关政策，营造良好创新环境，培养和引进优秀人才、加强国际科技合作等。国家发展和改革委员会将设立创新型城市建设专项，支持创新型城市自主创新和产业结构升级；创业投资基金发展；优先在创新型城市布局国家工程研究中心、国家工程实验室、国家认定企业技术中心；优先安排国家高技术产业化重大项目；支持创新型城市先行先试相关优惠政策。

四、国家农业科技园区政策

国家农业科技园区是20世纪90年代我国农业现代化建设中涌现出的一种新型农业发展与农业科技成果转化模式。国家农业科技园区以技术密集、资金密集与产业聚集等为主要特征，以高新技术示范、科技成果产业化与示范应用为主要内容，对推动区域农业结构调整和产业升级具有重要作用。2000年，中央农村工作会议肯定了各地国家农业科技园区的实践成果，并明确指出“要抓紧建设科学园区，并制定扶持政策”。2001年，全国农业科技大会上将建设国家农业科技园区列为其中一项重大科技行动，并正式纳入了《农业科技发展纲要（2001—2010年）》。从国家农业科技园区的建设历程来看，大体分为三个阶段。

（1）试点建设阶段（2001～2005年）。按照《中共中央　国务院关于做好2000年农业和农村工作的意见》（中发〔2000〕3号）的要求，科学技术部会同农业部、水利部、林业局、中国科学院、中国农业银行等部门成立了国家农业科技园区部际协调指导小组，组建国家农业科技园区联合办公室，制定发布了《农业科技园区指南和管理办法（试行）》和《农业科技园区申报指南》。2001 年、2002 年，在地方申报、专家评审、部级协调领导小组审定基础上启动了第 1 批、第 2 批共 36 个国家农业科技园区试点建设工作。2003 年，科学技术部等 6 部门开展了国家农业科技园区试点建设用地整治和优化布局工作，并依据已出台的《关于加强“国家农业科技园区”工作的补充通知》等文件，对国家农业科技园区进行了严格的自查和整改。

（2）全面推进阶段（2006～2013 年）。按照 2008 年党的十七届三中全会报告“继续办好国家农业高新技术产业示范区”的要求，科学技术部联合农业部、水利局、林业局、中国科学院和中国农业银行等联合印发了《“十一五”国家农业科技园区发展纲要》与《国家农业科技园区综合评价指标体系》。以《中共中央　国务院关于加快推进农业科技创新持续增强农产品供给保障能力的若干意见》（中发〔2012〕1 号）明确提出要“推进国家农业高新技术产业示范区和国家农业科技园区建设”为契机，结合《中共中央国务院关于深化科技体制改革加快国家创新体系建设的意见》（中发〔2012〕6 号）精神，依据国家农业科技园“十二五”发展规划，科学技术部提出实施“一城两区百园”工程（简称 121 工程），启动建设北京国家现代农业科技城、杨凌国家现代农业高新技术示范区、黄河三角洲国家现代农业科技示范区及多个国家农业科技园区。2013 年，第 5 批 46 个国家农业科技园区获批，全国国家农业科技园区总数达 118 个，标志着国家农业科技园区工作已经从试点建设转向全面推进阶段。

（3）创新发展阶段（2014 年至今）。2013 年底，国家农业科技园区协同创新战略联盟成立，为推进国家农业科技园区社会化管理迈出了坚实的步伐。2014 年底，按照国家农业科技园区社会化管理的改革精神，依托国家农业科技园区协同创新战略联盟开展了第 6 批 46 个国家农业科技园区的认定工作，2016 年初，依托国家农业科技园区协同创新战略联盟，又认定了北京房山等 82 家国家农业科技园区为第 7 批国家农业科技园区。国家农业科技园区协同创新战略联盟打造农业科技创新、信息、金融、品牌、国际合作五大服务平台，带动国家农业科技园区之间信息互通、市场联合和资源整合，推动全国 216 个国家农业科技园区协同发展，将国家农业科技园区建设工作推向一个新的发展阶段。

除以上区域发展战略外，在科学技术部等部委支持下，我国依托地方资源和产业优势建立了一批特色产业基地和特色园区。例如，在实施火炬计划的基础上，发挥当地的资源和技术优势，依托一批产业特色鲜明、产业关联度大、技术水平高的高新技术企业而建立起来的高新技术产业集群，形成特色产业基地，2012 年全国核定的特色产业基地超过 102 家。

第六部分　创新环境政策

第十五章　科技金融政策

摘要：科技金融是指通过创新财政科技投入方式，引导和促进银行业、证券业、保险业的金融机构和创业投资等各类资本为初创期到成熟期各个发展阶段的科技企业提供融资支持和金融服务。该类政策主要涉及创业风险投资、科技担保和贷款、多层次资本市场、科技保险等方面。一方面，政府通过税收抵扣和减免、风险补贴和补偿、建立引导基金等方式激励金融资本投资科技企业，尤其是初创企业和中小型科技企业；另一方面，政府通过新三板市场、知识产权融资等金融制度和工具创新，扩宽科技企业融资渠道。同时，加强监管，促进风险把控、促进分险分担和利益分享。近年来，建立国有创投机构、引进外资风险投资、实现“孵化+创投”一体化及探索“投贷联动”等成为新的科技金融政策趋势。

大力推动科技创新与金融创新的紧密结合，是提高我国自主创新能力、发挥科技对经济社会发展支撑作用和提高我国国际竞争力的必然选择。自 1985 年《中共中央关于科学技术体制改革的决定》提出要“设立创业投资”和“积极开展科学技术信贷业务”以来，我国科技金融事业逐步开展并蓬勃发展，科技金融政策环境不断改善。2006 年，《国家中长期科学和技术发展规划纲要（2006—2020 年）》及其配套措施更是提出了建立包括财政税收、政府采购、创业风险投资、资本市场、银行、保险等在内的多元化国家科技投融资体系的目标和任务，把科技与金融的结合工作推向了新阶段，科技金融已经成为科技创新体系和金融体系的重要组成部分。2011 年 2 月，科学技术部与中国人民银行、中国银行业监督管理委员会、中国证券监督管理委员会、中国保险监督管理委员会共同启动促进科技和金融结合试点工作，出台了《促进科技和金融结合试点实施方案》，2011 年 10 月，《关于促进科技和金融结合加快实施自主创新战略的若干意见》出台，全面指导和推进“十二五”期间的科技金融工作。

第一节　创业风险投资政策

《规划纲要》和《配套政策》中，首次把创业和风险两种含义都写入政府文件。创业风险投资针对的对象往往是高科技企业，这些企业具有极高的成长性和效益性，关系到国家的综合竞争力，但是在其发展初期，往往缺乏资金且面临着较高的风险，因而亟须创业风险投资机构的资金支持。加大政府对创业风险投资的支持力度，进行制度创新，改善投资环境，是非常必要的举措。

一、我国创业风险投资政策的四个阶段

第一阶段（1985～1990 年），创业风险投资政策的初步形成阶段。1985 年，中共中央颁布的《中共中央关于科学技术体制改革的决定》指出，“对于变化迅速、风险较大的高技术开发工作，可以设立创业投资机制给以支持”，开启了政府支持创业风险投资的历程。1986 年，国家科学技术委员会在《中国科学技术政策指南科学技术白皮书》中首次提出了发展我国创业风险投资事业的战略方针。

第二阶段（1991～2001 年），风险投资机构和资本市场的发展受到国家政策的鼓励和支持，并逐渐由国家层面深入到地方层面。1991 年，《国务院关于批准国家高新技术产业开发区和有关政策规定的通知》指出，“有关部门可以在高新技术产业开发区建立风险投资基金，用于风险较大的高技术产业开发，条件成熟的高新技术开发区可创办风险投资公司”，拉开了我国风险投资行业的大幕。1995 年，《关于加速科学技术进步的决定》强调要“发展科技风险投资事业，建立科技风险投资机制”，并再次明确了投资目的与方向——高风险、高技术行业。1996 年，《促进科技成果转化法》颁布，其提出“鼓励设立科技成果转化基金和风险基金”，首次将风险投资概念纳入法律条款，并于同年颁布《国务院关于“九五”期间深化科学技术体制改革的决定》，提出“积极探索发展科技风险投资机制，促进科技成果转化”。1999 年，《关于建立风险投资机制的若干意见》出台，提出通过“支持创业的投资制度创新”来构建中国风险投资体制，并提出要研究制定有利于风险投资发展的财税、金融扶持政策，这标志着我国风险投资的政策法规实践步入了一个全面推进风险投资重创业、重创新的体制建设新阶段。

第三阶段（2002～2005 年），创业风险投资政策的设计和规定范围得到极大拓展。

第一，开始强调对中小企业的投资。2002 年，通过第一部关于中小企业的专门

法律——《中华人民共和国中小企业促进法》，其规定“国家通过税收政策鼓励各类依法设立的风险投资机构增减对中小企业的投资”；2005 年，科学技术部、财政部先后下发《科技型中小企业技术创新基金项目管理暂行办法》和《科技型中小企业技术创新基金财务管理暂行办法》，提出创新基金以贷款贴息、无偿资助和资本金投入的方式支持科技型中小企业的技术创新活动①，为支持科技型中小企业的技术创新提供了法律依据。

第二，关注外国投资者。2003 年，对外国投资者在我国的投资行为出台了一系列规定，包括《外商投资创业投资企业管理规定》《国家税务总局关于外商投资创业投资公司缴纳企业所得税有关税收问题的通知》《关于外商投资举办投资性公司的规定》《外国投资并购境内企业暂行规定》等。

第三，提出多层次资本市场的概念。2003 年 10 月，创业板首次出现在党的十六届三中全会文件，《中共中央关于完善社会主义市场经济体制若干问题的决定》指出要“推进风险投资和创业板市场建设”，并首次明确提出“建立多层次资本市场体系，完善资本市场结构”，为中小企业板市场的退出做了铺垫。除此之外，2005 年 11 月，国家发展和改革委员会、科学技术部、财政部等十部委联合发布了被称为中国第一部“创投法”的《创业投资企业管理暂行办法》，明确规定，“创业投资企业可以通过股权上市转让、股权协议转让、被投资企业回购等途径，实现投资退出。国家有关部门应当积极推进多层次资本市场体系建设，完善创业投资企业的投资退出机制”，首次通过法规的形式正式确认了创投资本的退出方式。

第四阶段（2006 年至今），以税收优惠和引导基金为代表的新政策引入，创业风险投资政策更为完善。2007 年，财政部、国家税务总局联合发布《关于促进创业投资企业发展有关税收政策的通知》，首次确立了促进创业投资企业发展的税收政策的基本原则，创业投资企业采取股权投资方式投资于未上市中小高新技术企业 2 年以上（含 2 年）且符合相关条件的可按其对中小高新技术企业投资额的 70% 抵扣该创业投资企业的应纳税所得额，当年不足抵扣的可在以后纳税年度逐年延续抵扣②。2009 年，国家税务总局公布《国家税务总局关于实施创业投资企业所得税优惠问题

---

① 创新基金是经国务院批准设立的支持科技型中小企业技术创新、促进科技成果转化的专项资金，旨在增强科技型中小企业创新能力，引导地方、企业、创业投资机构和金融机构对科技型中小企业技术创新的投资，逐步建立起符合社会主义市场经济规律、支持科技型中小企业技术创新的机制。贷款贴息主要用于支持产品具有一定的技术创新性、需要中试或扩大规模、形成小批量生产、银行已经贷款或有贷款意向的项目。无偿资助主要用于技术创新项目研究开发及中试阶段的必要补助。

② 需要说明的是，除了浙江省、江苏省、江西省、辽宁省等少数省份实施了创业投资税收优惠政策外，绝大多数省（自治区、直辖市）没有及时实施，而 2009 年出台的《国家税务总局关于实施创业投资企业所得税优惠问题的通知》则意味着这种情况将得到改观。

的通知》，简化了创业投资企业申请税收优惠政策的程序，并明确把外资创投公司纳入该政策。2011 年，《国家科技成果转化引导基金管理暂行办法》探索综合运用设立创业投资子基金、对银行贷款风险补偿及对企业、科研单位与人员绩效奖励等方式，推动财政性资金支持形成的科技成果转化。

二、创业风险投资政策特征

近年来，创业风险投资政策逐渐完善，出台了一系列促进创投业发展的政策措施，营造出了有利的政策环境。主要特征有如下几点。

第一，通过政策推动构建“孵化+创投”的创业模式，发展众创空间。依托现代信息技术，发展新型创业服务模式，建立一批低成本、便利化、开放式众创空间和虚拟创新社区，建设多种形式的孵化机构，构建“孵化+创投”的创业模式，为创业者提供工作空间、网络空间、社交空间、共享空间，降低大众参与创新创业的成本和门槛。

第二，地方性政策文件不断出台。2003 年，《深圳经济特区创业投资条例》通过并开始实施，成为第一个地方创投法规；2004 年，《关于加强发展资本市场工作的意见》出台，为进一步加速建立深圳多层次资本市场体系、强化深圳的区域金融中心地位和创业板的推出奠定基础；2010 年，《关于促进股权投资基金业发展的若干规定》发布，系统性提出对深圳私募行业的政策扶持。再如上海，2007 年，《上海市试行创业投资风险救助专项资金管理办法》发布，提出创业投资机构因投资失败而清算或减值退出的风险投资项目所发生的损失，可以从风险救助专项资金获得部分补偿；2008 年，《关于本市股权投资企业工商登记等事项的通知》发布，从工商登记、税收、投资者、行业自律、政府引导等多个方面制定了多项优惠政策，鼓励股权投资企业、股权投资管理企业落户上海发展国有创投机构。

第三，大力吸引外国投资，并不断规范其投资行为。2003 年，《外商投资创业投资企业管理规定》颁布并实施，同时，为配合该项规定，相应颁布了《国家税务总局关于外商投资创业投资公司缴纳企业所得税有关税收问题的通知》和《关于外商投资举办投资性公司的规定》。2005 年，《国家外汇管理局关于境内居民通过境外特殊目的公司融资及返程投资外汇管理有关问题的通知》发布，对涉及创投资本的关键问题做出进一步规定，重新开启外资创投投资境外注册中国企业及海外红筹上市的大门。

第二节　科技信贷与担保政策

科技信贷与担保政策主要是针对科技型中小企业的融资问题，根据科技型企业的融资需求和企业特点，鼓励和支持商业银行开展产品和服务创新，探索支持科技型企业融资发展的多种方式，从而通过贷款和担保推动科技型企业的发展。

一、科技信贷与担保政策的发展历程

1. 科技信贷政策

科技信贷政策主要是关于商业银行对科技型中小企业的贷款进行指导和规定。纵观我国科技信贷政策发展历程，大致分为四个阶段。

第一阶段，建立政策框架和基础。2006 年，中国银行业监督管理委员会发布《关于商业银行改善和加强对高新技术企业金融服务的指导意见》，规定了商业银行应当重点支持的企业①和可以予以授信的企业条件，并就信贷原则、银企关系、授信期限和还款方式等方面提出了指导意见。2009 年，《关于进一步加大对科技型中小企业信贷支持的指导意见》要求建立多方参与、科学合理的风险分担体系，建立和完善科技型企业融资担保体系，开展科技部门与银行之间的科技金融合作模式创新试点，完善银行对科技型中小企业信贷支持的有关政策，并提出通过制定补贴或风险补偿和奖励政策、定期推荐科技贷款项目、推动科技型中小企业信用体系建设等方式营造有利的信贷环境。

第二阶段，知识产权质押融资概念提出。2010 年，《关于加强知识产权质押融资与评估管理支持中小企业发展的通知》提出，要建立促进知识产权质押融资的协同推进机制，创新知识产权质押融资的服务机制，完善知识产权质押融资风险管理机

① 重点支持的企业包括：①承担《国家中长期科学和技术发展规划纲要（2006—2020 年）》确定的“重点领域及其优先主题”“重大专项”和“前沿技术”开发任务的企业；②担负有经国家有权部门批准的国家和省级立项的高新技术项目，拥有自主知识产权、有望形成新兴产业的高新技术成果转化项目和科技成果商品化及产业化较成熟的企业；③属于电子与信息（尤其是软件和集成电路）、现代农业（尤其是农业科技产业化及农业科研院所技术推广项目）、生物工程和新医药、新材料及应用、先进制造、航空航天、新能源与高效节能、环境保护、海洋工程、核应用技术等高技术含量、高附加值、高成长性行业的企业；④产品技术处于国内领先水平，具备良好的国内外市场前景，市场竞争力较强，经济效益和社会效益较好且信用良好的企业；⑤符合国家产业政策，科技含量较高、创新性强、成长性好，具有良好产业发展前景的科技型小企业，尤其是国家高新技术产业开发区内，或在国家高新技术开发区外但经过省级以上科技行政管理部门认定的，从事新技术，新工艺研究、开发、应用的科技型小企业。

制和评估管理体系，协助商业银行逐步建立知识产权质押融资信用体系。

第三阶段，对小企业支持进一步强化。2011 年，中国银行业监督管理委员会印发《中国银监会关于支持商业银行进一步改进小企业金融服务的通知》和《中国银监会关于支持商业银行进一步改进小型微型企业金融服务的补充通知》，从差异化监管和激励政策、筹建专营机构和网点、抵押质押要求等方面进行了规定，主要内容包括：①优先受理和审核小企业金融服务市场准入事项的有关申请；②在满足审慎监管要求的条件下，优先支持其发行专项用于小企业贷款的金融债，其发行金融债所对应的单户为 500 万元（含）以下的小企业贷款可不纳入存贷比考核范围；③在巴塞尔新资本协议的基础上，对运用内部评级法计算资本充足率的商业银行，允许其将单户为 500 万元（含）以下的小企业贷款视同零售贷款处理，未使用内部评级法计算资本充足率的商业银行，对单户为 500 万元（含）以下的小企业贷款在满足一定前提下，可视为零售贷款；④对小企业不良贷款比率实行差异化考核，适当提高小企业不良贷款比率容忍度。

第四阶段，政策综合推进，投贷联动等新工具出现。2012 年，中共中央、国务院印发的《关于深化科技体制改革加快国家创新体系建设的意见》提出，要加强对科技型中小企业的金融支持，引导金融机构加大对科技型中小企业的信贷支持力度，充分发挥资本市场支持科技型中小企业的创新创业的重要作用。投贷联动是指银行采用成立类似风险投资公司或基金的方式，对创新企业给予资金支持，并建立在严格的风险隔离基础上，以实现银行业的资本性资金早期介入。与此同时，还通过信贷投放等方式给创新企业提供另一种资金支持。国务院自 2015 年 3 月提出选择符合条件的银行业金融机构探索投贷联动，2016 年 4 月，《关于支持银行业金融机构加大创新力度开展科创企业投贷联动试点的指导意见》发布，鼓励和指导银行业金融机构开展投贷联动业务试点，并明确了首批 10 家试点银行。

2. 科技担保政策

科技担保政策的发展，主要从两个方面展开。

一方面，加强中小企业信用担保体系建设。2006 年，国家发展和改革委员会、财政部、中国人民银行、国家税务总局、中国银行业监督管理委员会发布《关于加强中小企业信用担保体系建设意见的通知》，要求建立健全担保机构的风险补偿机制，完善担保机构税收优惠等支持政策，推进担保机构与金融机构的互利合作，加强对担保机构的指导和服务；中国人民银行发布《中国人民银行关于中小企业信用担保体系建设相关金融服务工作的指导意见》，要求把支持中小企业发展作为一项长期战略，保持银行业支持政策的连续性、稳定性和可持续性，加强金融支持中小企业的数据信息的统计制度建设和信息沟通交流。2009年，工业和信息化部、国家税务总局发布《关于中小企业信用担保机构免征营业税有关问题的通知》详细规定了信用担保机构，特别是主要从事为中小企业提供担保服务的机构的免税条件。

另一方面，逐步规范担保行业。2011年，融资性担保业务监管部际联席会议（简称联席会议）下发《关于规范融资性担保机构客户担保保证金管理的通知》，要求从制度上消除客户保证金被挪用的风险隐患，促进融资性担保机构的健康发展。同年，联席会议出台《中国银监会关于促进银行业金融机构与融资性担保机构业务合作的通知》，要求通过促进和规范银担合作，推动融资性担保行业依法合规经营、健康发展；中国银行业监督管理委员会、国家发展和改革委员会、工业和信息化部等部门出台了《关于促进融资性担保行业规范发展的意见》，对融资性担保行业在“十二五”期间的发展进行了较为系统的规划，提出了明确的目标和措施，为行业的可持续健康发展创造了良好的内外部环境。

二、科技信贷与担保政策的特征

我国科技信贷与担保政策主要特征如下。

第一，强调差异化的贷款和监管政策。例如，2006年，《关于商业银行改善和加强对高新技术企业金融服务的指导意见》要求，对有效益、有还贷能力的自主创新产品出口所需的流动资金贷款根据信贷原则优先安排、重点支持；引入贷款的风险定价机制，实行差别利率。2011年，《中国银监会关于支持商业银行进一步改进小企业金融服务的通知》和《中国银监会关于支持商业银行进一步改进小型微型企业金融服务的补充通知》提出优先审批小微企业金融服务机构准入事项等一系列差异化监管和激励政策。

第二，强调对贷款风险的监管，创新风险管控技术。例如，2006年，《关于商业银行改善和加强对高新技术企业金融服务的指导意见》要求，引入贷款的风险定价机制，通过组织银团贷款等方式实现利益共享、风险共担，并实施有效的授信后管理，加强对高新技术企业贷款的风险分类管理，增强抵御风险能力。2009年，《关于进一步加大对科技型中小企业信贷支持的指导意见》要求建立政府部门、各类投资基金、银行、科技型中小企业、担保公司等多方参与、科学合理的风险分担体系。2010年，《关于加强知识产权质押融资与评估管理支持中小企业发展的通知》，要求建立完善知识产权质押融资风险管理机制。

第三，强调多方主体之间的利益共享和风险分担。例如，2006 年，中国银行业监督管理委员会《关于商业银行改善和加强对高新技术企业金融服务的指导意见》提出，加强与其他银行业金融机构的合作，通过组织银团贷款等方式实现利益共享、风险共担；2009 年，《关于进一步加大对科技型中小企业信贷支持的指导意见》要求建立政府部门、各类投资基金、银行、科技型中小企业、担保公司等多方参与、科学合理的风险分担体系。

第三节　资本市场政策

资本市场包括长期借贷市场和长期证券市场，前者通常指银行提供的信贷，由于在前面已详细论述，本节不再赘述；后者一般包括股票市场和长期债券市场，通常所说的证券市场是资本市场的主要部分和典型形态，是股票、债券、投资基金等有价证券发行和交易的场所。科技金融政策中的资本市场政策，就是借力资本市场推动科技金融融合，通过引导科技型中小企业进入多层次资本市场，为中小企业融资、实现股权流通提供便利的政策。

一、资本市场政策的发展历程

具体到科技金融，资本市场政策在科技与金融的结合方面提出了一系列指导性意见，针对质量、规模、风险程度不同的企业，建立其多层次资本市场体系，是借助金融推动科技发展的重要举措。目前，我国逐步形成了由主板、创业板、场外柜台交易网络和产权市场在内的多层次资本市场体系，特别是创业板和新三板，为中小企业的科技发展提供了强劲的资金支持。

一是创业板的发展。创业板是针对解决创业型企业、中小型企业及高科技产业企业等需要进行融资和发展而设立的证券市场，是为了给中小企业提供更为方便的融资渠道，为风险资本建立正常的退出机制，与主板市场相比，创业板上市要求更加宽松，最大的特点是低门槛进入、严要求运作，有助于有潜力的中小企业获得融资机会。1999 年 8 月，《中共中央、国务院关于加强技术创新，发展高科技，实现产业化的决定》指出，要培育有利于高新技术产业发展的资本市场，适当时候在现有的上海证券交易所、深圳证券交易所专门设立高新技术企业块。2009 年 3 月 31 日，中国证券监督管理委员会正式发布《首次公开发行股票并在创业板上市管理暂行办法》并于 5 月 1 日开始实施，10 月 30 日，中国创业板正式上市。2014 年 2 月，中国证券监督管理委员会审议通过《首次公开发行股票并在创业板上市管理办法》，对创业板市场中的发行条件、发行程序、信息披露、监督管理和法律责任进行了详细规定。目前，在创业板市场上市的公司大多从事高科技业务，具有较高的成长性，但成立时间较短，规模较小，创业板成为孵化科技型、成长型企业的摇篮。

二是新三板的发展。新三板市场，是指扩容后的全国中小企业股份转让系统，大致经历了旧三板市场到新三板市场再到全国中小企业股份转让系统的发展历程。2006 年 1 月 23 日，为进行利用资本市场支持高新技术等创新型企业的试点，中国证券监督管理委员会与北京中关村科技园区管理委员会开通了中关村科技园区非上市公司代办股份转让系统，中关村园区股份报价转让试点正式启动。随着 2009 年创业板的推出，场外市场建设的呼声渐高，中国证券监督管理委员会的工作重点转向新三板扩容，建设全国统一监管的场外市场，完善多层次资本市场建设。2012 年 8 月，中国证券监督管理委员会决定扩大非上市股份公司股份转让试点，上海张江国家自主创新示范区、武汉东湖国家自主创新示范区、天津滨海国家自主创新示范区三地园区也纳入试点；2013 年 1 月，全国中小企业股份转让系统正式挂牌；12 月 13 日，国务院发布《关于全国中小企业股份转让系统有关问题的决定》，标志着新三板正式扩容至全国；12 月 26 日起，中国证券监督管理委员会先后发布《关于修改〈非上市公众公司监督管理办法〉的决定》《非上市公众公司监管指引第 4 号——股东人数超过 200 人的未上市股份有限公司申请行政许可有关问题的审核指引》等七项配套规则。随后，新三板持续完善，如为吸引企业在新三板挂牌，财政部、国家税务总局、中国证券监督管理委员会联合发文，对个人持有全国股份转让系统挂牌公司的股票股息红利实施差别化个人所得税政策，持股期限在 1 个月以内（含 1 个月）的，其股息红利所得全额计入应纳税所得额；持股期限在 1 个月以上至 1 年（含 1 年）的，暂减按 50% 计入应纳税所得额；持股期限超过 1 年的，暂减按 25% 计入应纳税所得额，这是国家从税收层面鼓励企业到新三板挂牌，同时也鼓励社会资本参与新三板挂牌公司的投资；2016 年 6 月 27 日正式实施《全国中小企业股份转让系统挂牌公司分层管理办法（试行）》，明确了创新层的准入标准，就申请挂牌公司进入创新层设置了标准，就创新层设置了维持标准，明确了挂牌公司的层级划分和调整机制。

二、资本市场政策的方向

资本市场政策的未来发展方向主要是引导和支持企业进入多层次资本市场。具体如下。

第一，强调多层次资本市场体系的建设，推动创业板市场改革。多层次资本市场体系包括多层次的股权交易市场和多层次的债券交易市场，对中小企业融资问题的解决而言，要着重发展多层次的股权交易市场，特别是推动科技型中小企业在中小板市场、创业板市场及新三板市场上市。另外，加快创业板市场改革，健全适合创新型、成长型企业发展的制度安排，扩大服务实体经济覆盖面，培育和支持符合条件的高新技术企业在中小板、创业板及其他板块上市融资。

第二，探索开展知识产权证券化业务。开展股权众筹融资试点，组织符合条件的高新技术企业发行中小企业集合债券和集合票据，探索发行符合战略性新兴产业领域的高新技术企业高收益债券。发挥沪深交易所股权质押融资机制作用，支持符合条件的创新创业企业发行公司债券。支持符合条件的企业发行项目收益债，募集资金用于加大创新投入。

第三，进一步完善新三板市场，推动高新技术企业股份转让工作。逐步允许具备条件的国家高新技术产业开发区内未上市高新技术企业进入代办系统进行股份转让，完善非上市公司股份公开转让的制度设计。扶持发展区域性产权交易市场，统一交易标准和程序，建立技术产权交易所联盟和报价系统，为科技成果流通和科技型中小企业通过非公开方式进行股权融资提供服务。

第四节　科技保险政策

科技保险是指采取政策引导和商业化运作的经营模式，由政府提供财政补贴和税收优惠，通过保险公司的商业化运作，为高新技术企业提供财产、人员、责任及融资等方面的保险保障和服务，以提高企业的生存和发展能力。随着我国自主创新战略的确立和高新技术企业的快速发展，对科技保险的需求尤为迫切。科技保险能够有效分散科技创新风险，增强科技企业的自主创新能力，日益成为科技界、保险界共同创新、融合发展的新舞台。

一、科技保险政策的发展历程

《国家中长期科学和技术发展规划纲要（2006—2020 年）》及其配套政策明确提出，“鼓励保险公司加大产品和服务创新力度，为科技创新提供全面的风险保障”。《国务院关于保险业改革发展的若干意见》要求保险业要“推进自主创新，提升服务水平，为自主创新提供风险保障”。在这些文件的指导下，科技保险工作逐步开展。

第一阶段，推动在产品研发、成果转化和出口方面进行科技保险探索。2006 年，中国保险监督管理委员会下发《关于加强和改善对高新技术企业保险服务有关问题的通知》，首次提出要大力推动科技保险创新发展，逐步建立高新技术企业创新产品研发、科技成果转让的科技保险保障机制，并对科技保险的操作方面提出了总体要求。2007 年，《关于进一步发挥信用保险作用支持高新技术企业发展有关问题的通知》，强调重视信用保险在支持高新技术产品出口、高新技术企业“走出去”及高新技术企业融资等方面的作用，要求中国出口信用保险公司及其个分支机构发挥政策性保险机构的职能，与科学技术部建立经常性联系机制，为高新技术企业提供优惠保险费率和保险条件，帮助高新技术企业利用信用保险获得融资便利。同年，科学技术部、中国保险监督管理委员会下发《关于开展科技保险创新试点工作的通知》，提出了保险行业服务科技企业的具体要求，确定了开展科技保险的基本思路、工作要求和政策支持。

第二阶段，不断创新科技保险产品，加大对中小企业支持力度。2010 年，中国保险监督管理委员会发布《关于进一步做好科技保险有关工作的通知》，提出鼓励开展科技保险业务；支持创新科技保险产品；完善出口信用保险功能；加大对科技人员保险服务力度；提高保险中介机构服务质量；实施科技保险有关支持政策；创新科技风险分担机制；探索保险资金支持科技发展新方式八项要求，标志着科技保险工作正式在全国范围内进行推广。2011 年，科学技术部下发《关于促进科技和金融结合加快实施自主创新战略的若干意见》，提出要进一步加强和完善保险服务，保险机构根据科技型中小企业的特点，开发适合科技创新的保险产品，积累科技保险风险数据，科学确定保险费率，加快培育和完善科技保险市场，拓宽科技保险服务领域。

二、科技保险政策的特征

我国的科技保险政策主要有如下特征。

第一，出口信用保险公司的发展是关注点。2004 年，商务部、中国出口信用保险公司出台的《关于利用出口信用保险实施科技兴贸战略的通知》提出，建立有效协调机制以营造良好的出口环境；确定重点行业和产品；提供信用保险项下融资便利；积极支持创新研发，量身定做承保模式；发挥信用保险作用，防范技术性贸易壁垒风险；加强服务与宣传，提高企业抗风险能力。2006 年，财政部下发《关于进一步支持出口信用保险为高新技术企业提供服务的通知》，提出要优先为高新技术企业出口提供保险保障，加强出口信用保险宣传，强化海外风险信息的收集和分析工作，加强出口信用保险对自主创新的支持作用。同年，出台的《关于加强和改善对高新技术企业保险服务有关问题的通知》中，明确提出，把中国出口信用保险公司对列入《中国高新技术产品出口目录》的产品提供出口信用保险业务，在限额审批方面，同等条件下实行限额优先在保险费率方面，给予公司规定的最高优惠。

第二，经历了试点、全面推广，再到科技与金融结合升级发展的历程。2007 年 3 月出台的《科技部、中国保监会关于开展科技保险创新试点工作的通知》提出在国家高新区、保险创新试点城市和火炬创新试验城市中选择科技保险试点地区，并在此通知中制定了详细的申报条件和申报程序，为试点工作的开展打下了良好的基础。2008 年，科学技术部召开座谈会，对一批试点城市的推行效果进行总结分析，随后，发布《关于确定成都市等第二批科技保险创新试点城市（区）的通知》，增加成都市国家高新区、上海市国家高新区、沈阳市国家高新区、无锡市国家高新区、西安国家高新区和合肥国家高新区为第二批科技保险创新试点城市。在两年的探索实践后，参与科技保险的保险机构越来越多，保险产品日渐丰富，承包范围逐步扩大。2010 年，中国保险监督管理委员会发布《关于进一步做好科技保险有关工作的通知》，标志着科技保险工作正式在全国范围内进行推广，各地可根据自身实际，探索适合本地区的科技保险发展模式。

第十六章 知识产权与技术标准政策

摘要：知识产权政策包括知识产权创造、知识产权运用、知识产权保护、知识产权管理四类政策。经过几十年的发展，我国知识产权政策主要呈现以下几个特征：一是目前我国知识产权政策现在正处在主动的战略性设计阶段。二是我国对企业研发的支持越来越多，其中对中小企业、民营企业的支持逐渐加大，知识产权密集型产业、现代农业及代服务业是重点支持领域。三是我国形成了由知识产权行政管理机关、海关及司法机关共同保护的格局，行政和司法机关主动保护知识产权的力度在逐渐加大。四是我国知识产权案件管辖和确权类案件审理分工更加规范与合理。五是我国在积极培育、建设知识产权人才队伍，完善吸引、使用和管理知识产权专业人才相关制度及知识产权人才的专业技术评价体系。六是为了加强知识产权管理，我国知识产权管理逐渐从传统的行政管理和科技管理之中剥离出来，成为相对独立的一类政策范畴。七是我国正在逐步建立和完善国家专利标准化的制度规范。

知识产权也称为“知识所属权”，是指“权利人对其所创作的智力劳动成果所享有的财产权利”，一般只在有限时间期内有效，是关于人类在社会实践中创造的智力劳动成果的专有权利。其主要包括专利权、商标权、服务标志权、厂商名称权、原产地名称权、制止不正当竞争权，以及植物新品种权和集成电路布图设计专有权等。知识产权对经济发展具有重要作用，知识产权制度是创新发展的基本保障，建设知识产权强国是国家现代化发展的基本方略。2006 年 5 月 26 日，胡锦涛在政治局集体学习时指出，加强我国知识产权制度建设，大力提高知识产权创造、管理、保护、运用能力，是增强我国自主创新能力、建设创新型国家的迫切需要，是完善社会主义市场经济体制、规范市场秩序和建立诚信社会的迫切需要，是增强我国企业市场竞争力、提高国家核心竞争力的迫切需要，也是扩大对外开放、实现互利共赢的迫切需要。

从理论角度，知识产权政策包括知识产权创造、知识产权运用、知识产权保护、知识产权管理等方面。2008 年，国务院将“激励创造、有效运用、依法保护、科学管理”这十六字定为《国家知识产权战略纲要》的指导方针。《2015 年国家知识产权战略实施推进计划》提出了 5 个方面的政策，主要包括：①强化知识产权保护，鼓励创新创造；②促进知识产权创造运用，支撑产业转型升级；③加强知识产权管理和服务，促进创新成果转移转化；④拓展知识产权交流合作，推动国际竞争力提升；⑤加大支持力度，提高知识产权战略实施保障水平。综合知识产权政策的理论维度和现实特点，本章从知识产权创造、保护、管理这三个方面，对现有知识产权政策进行梳理论述。

第一节　我国知识产权政策的发展历程和趋势

从中华人民共和国成立初期到改革开放再到现在，我国的知识产权政策经历了从无到有，从学习模仿，到初步发展完善，再到与国际接轨的提升成长阶段，现在正处在主动的战略性设计阶段。中华人民共和国成立后，我国政府曾制定了一系列的知识产权行政规章，但是在20 世纪80 年代之前，我国并没有一部严格意义上的法律制度来保护知识产权。1978 年，中美贸易因知识产权问题陷入僵局，这引起了我国政府对知识产权法律制度建设的高度重视，同时也为知识产权建设奠定了基础。1980 年3 月，我国政府向世界知识产权组织（World Intellectual Property Organization，WIPO）递交了加入书，中国成为世界知识产权组织的成员方，我国开始逐步建立现代的知识产权制度。1982 年8 月，第五届全国人民代表大会常务委员会第二十四次会议通过的《中华人民共和国商标法》指出要加强商标管理，保护商标专用权，促使生产者保证商品质量和维护商标信誉，以保障消费者的利益，促进社会主义商品经济的发展，这是我国开始系统建立现代知识产权法律制度的一个重要标志。1984 年3 月，第六届全国人民代表大会常务委员会第四次会议通过《中华人民共和国专利法》指出要保护发明创造专利权，鼓励发明创造，促进科学技术的发展。1986 年4 月，第六届全国人民代表大会第四次会议通过了《中华人民共和国民法通则》，知识产权作为一个整体首次在中国的民事基本法中被明确，并被确认为公民和法人的民事权利，该法也首次明确公民、法人等享有著作权（版权）。1990 年9 月，第七届全国人民代表大会常务委员会常务委员会第十五次会议通过了《中华人民共和国著作权法》，首次对著作权（版权）进行保护。1992 年9 月，第七届全国人民代表大会常务委员会第二十七次会议通过了《中华人民共和国专利法（1992 修正）》，取消了对药品、食品、饮料、调味品和用化学方法获得的物质不授予专利权的规定，将发明专利权延长至20年，实用新型和外观设计专利权延长至10年。随后全国人民代表大会又在2000年8月、2008年12月对《中华人民共和国专利法》进行了修正，进一步完善了专利的授予及管理机制。同样的全国人民代表大会先后在1993年2月、2001年10月、2013年8月对《中华人民共和国商标法》进行了修正，扩大了商标保护的范围、加大了对商标侵权行为的打击力度、限定了商标的申请来源、完善了商标的管理制度等。1993年9月，第八届全国人民代表大会常务委员会第三次会议通过了《中华人民共和国反不正当竞争法》从制止不正当竞争层面对知识产权进行了保护。1994年7月，国务院出台的《国务院关于进一步加强知识产权保护工作的决定》提出要“进一步健全和完善我国知识产权管理制度，加强知识产权的宏观管理和统筹协调，建立国务院知识产权办公会议制度”，并要求“各有关部门在机制改革中加强知识产权的管理机构并理顺关系，在我国形成行政管理和司法保护两套体系‘双管’齐下、并行运作的体制”，以进一步增强保护知识产权的力度。1996年5月，第八届全国人民代表大会常务委员会第十九次会议通过《中华人民共和国促进科技成果转化法》指出“国务院和地方各级人民政府应当将科技成果的转化纳入国民经济和社会发展计划，并组织协调实施有关科技成果的转化”，我国知识产权政策开始由前期的注重保护向兼顾注重知识产权创造转变。1999年8月，中共中央、国务院发布了《中共中央、国务院关于加强技术创新，发展高科技，实现产业化的决定》指出要“加强技术创新，发展高科技，实现产业化，推动社会生产力跨越式发展；深化体制改革，促进技术创新和高新科技成果商品化、产业化；采取有效措施，营造有利于技术创新和发展高科技、实现产业化的政策环境；加强党和政府的领导，全面推进技术创新，发展高科技，实现产业化”。2002年3月，科学技术部、财政部发布的《关于国家科研计划项目研究成果知识产权管理的若干规定》进一步对“促进我国自主知识产权总量的增加，加速科技成果转化，保障国家、单位和个人的合法权益”出台了相关措施。2008年6月，国务院正式印发《国家知识产权战略纲要》，这标志着我国知识产权制度建设迈入了战略主动的崭新阶段。该纲要围绕“完善知识产权制度、促进知识产权创造和运用、加强知识产权保护、防止知识产权滥用、培育知识产权文化”这五个方面的战略重点提出了九条措施，包括：提升知识产权创造能力；鼓励知识产权转化运用；加快知识产权法制建设；提高知识产权执法水平；加强知识产权行政管理；发展知识产权中介服务；加强知识产权人才队伍建设；推进知识产权文化建设；扩大知识产权对外交流合作，并将专利、商标、版权、商业秘密、植物新品种、特定领域知识产权、国防知识产权这七个方面作为国家知识产权战略的重点关注内容。并且从 2009 年开始，国家每年都会出台《国家知识产权战略实施推进计划》，对当年国家知识产权战略实施进行部署。2015 年 1 月，国务院发布《深入实施国家知识产权战略行动计划（2014—2020 年）》，将“促进知识产权创造运用，支撑产业转型升级；加强知识产权保护，营造良好市场环境；强化知识产权管理，提升管理效能；拓展知识产权国际合作，推动国际竞争力提升”作为未来工作重点，并提出发展“知识产权信息服务工程”“知识产权调查统计工程”“知识产权人才队伍建设工程”。总体来看，党中央及政府对知识产权的认识不断加深，将“激励创造、有效运用、依法保护、科学管理”作为当前我国知识产权发展的方针，并且明确了“完善知识产权制度、促进知识产权创造和运用、加强知识产权保护、防止知识产权滥用、培育知识产权文化”的战略方向，将我国知识产权制度建设带入主动的战略性设计阶段。

经过多年努力，我国在知识产权创造、知识产权保护等方面取得了显著成效。2015 年，我国知识产权创造取得新进展，每万人口发明专利拥有量达到 8.0 件，我国发明专利申请受理量呈现平稳增长的良好态势，国内专利申请结构明显优化，企业知识产权创造主体地位持续稳固，知识产权运用、保护、管理和服务也取得显著成效。截至 2015 年，我国共受理发明专利申请 110.2 万件（国内申请总量+国外申请总量），同比增长 18.7%，连续 5 年位居世界首位，成为全球第一个在一年内收到超过 100 万份申请的国家，授权发明专利共 35.9 万件。其中，国内发明专利授权 26.3 万件，受理商标注册申请 228.54 万件。世界知识产权组织发布的 2015 年全球创新指数报告显示，中国内地以 47.47 分位列榜单第 29 名，与 2014 年排名持平，在中高收入国家中排名首位。根据 2017 年 7 月世界知识产权组织发布的《世界知识产权指数 2016》报告：2015 年，全球共提交了 21.7 万件 PCT（patent cooperation treaty，专利合作协定）申请，其中中国申请人提交了 29 837 件申请，位于全球第三（美国提交了 57 121 件申请；日本提交了 44 053 件申请；德国提交了 18 003 件申请）。

一、我国知识产权创造政策

《国家知识产权战略纲要》将“激励创造”作为指导方针，也就是要采取有力措施，促进我国自主知识产权大量涌现。《国家知识产权战略纲要》指出要运用财政、金融、投资、政府采购政策和产业、能源、环境保护政策，引导和支持市场主体创造和运用知识产权；要推动企业成为知识产权创造和运用的主体。《中华人民共和国国民经济和社会发展第十三个五年规划纲要》也指出要“构建激励创新的体制机制”，破除束缚创新和成果转化的制度障碍，优化创新政策供给，形成创新活力竞相迸发、创新成果高效转化、创新价值充分体现的体制机制。

在政策落实层面，我国对企业研发的支持越来越多；从支持对象来看，中小、民营企业的支持逐渐加大；从支持行业来看，知识产权密集型产业、现代农业及现代服务业是重点支持领域。为了鼓励中小企业发展，2002 年 6 月，第九届全国人民代表大会常务委员会第二十八次会议通过了《中华人民共和国中小企业促进法》，该法指出国家制定政策，鼓励中小企业按照市场需要，开发新产品，采用先进的技术、生产工艺和设备，提高产品质量，实现技术进步。中小企业技术创新项目及为大企业产品配套的技术改造项目，可以享受贷款贴息政策。并且要求政府有关部门应当在规划、用地、财政等方面提供政策支持，推进建立各类技术服务机构，建立生产力促进中心和科技企业孵化基地，为中小企业提供技术信息、技术咨询和技术转让服务，为中小企业产品研制、技术开发提供服务，促进科技成果转化，实现企业技术、产品升级，以及国家鼓励中小企业与研究机构、大专院校开展技术合作、开发与交流，促进科技成果产业化，积极发展科技型中小企业。2006 年 2 月发布的《国家中长期科学和技术发展规划纲要（2006—2020 年）》指出要实施激励企业技术创新的财税政策，鼓励企业增加研究开发投入，增强技术创新能力。在进一步落实国家关于促进技术创新、加速科技成果转化及设备更新等各项税收优惠政策的基础上，积极鼓励和支持企业开发新产品、新工艺和新技术，加大企业研究开发投入的税前扣除等激励政策的力度，实施促进高新技术企业发展的税收优惠政策。结合企业所得税和企业财务制度改革，鼓励企业建立技术研究开发专项资金制度。允许企业加速研究开发仪器设备的折旧。对购买先进科学研究仪器和设备给予必要税收扶持政策。加大对企业设立海外研究开发机构的外汇和融资支持力度，提供对外投资便利和优质服务。2015 年 4 月发布的《深入实施国家知识产权战略行动计划（2014—2020 年）》指出要推动知识产权密集型产业发展，注重知识产权质量和效益，优化产业布局，引导产业创新，促进产业提质增效升级；服务现代农业发展，加强植物新品种、农业技术专利、地理标志和农产品商标创造运用，促进农业向技术装备先进、综合效益明显的现代化方向发展；促进现代服务业发展，大力发展知识产权服务业，扩大服务规模、完善服务标准、提高服务质量，推动服务业向高端发展”。

专栏 16-1：对知识产权创造的奖励与支持

广东省“研发准备金制度”。启动年份：2015 年。主要内容：运用财政补助机制激励引导企业普遍建立研发准备金制度。对已建立研发准备金制度的企业，省、市、县财政通过预算安排，根据经核实的企业研发投入情况对企业实行普惠性财政补助，引导企业有计划、持续地增加研发投入。第一批核准建立研发投入机制的 1494 家企业共获得 12. 11 亿元补助。

江苏省“科技‘创新券’制度”。启动年份：2012 年。主要内容：将政府财政奖补资金转化为“有价证券”发给企业，企业购置研发设备或高校、科研院所向企业提供科研服务之后，都可持“创新券”到财政部门兑现。截至 2015 年，苏北五市累计向 755 家企业兑付省拨经费达 2748. 63 万元、兑付比率达 91. 6%，带动地方财政兑付经费为 3460. 82 万元，引导企业投入科技经费超 1. 4 亿元，有效激发了苏北地区企业特别是中小微企业的创新活力，营造了良好的创新环境。

上海市“上海工匠”千人计划。启动年份：2016 年；主要内容：建立职工创新成果按要素参与分配的制度，鼓励各类企业通过股权、期权、分红等激励方式，调动职工创新积极性。国有企业可与职工发明人事先约定科技成果分配方式和数额，职工科技成果转化收益归属研发团队所得比例应不低于 70%。高新技术企业和科技型中小企业职工通过科技成果转化取得股权奖励收入时，可在 5 年内分期缴纳个人所得税的税收优惠政策。每年培养选拔 100 名，到 2025 年共产生 1000 名“上海工匠”。

资料来源：《光明日报》2016 年 1 月 23 日 01 版；《江苏省“科技创新券”试点工作报告》；《关于推进一线职工岗位创新促进“大众创业、万众创新”的若干意见》。

二、我国知识产权保护政策

知识产权保护机制不外乎有三种选择：第一种是以司法机关的保护为主的模式。行政机关不主动管辖知识产权案件，或无知识产权案件的执法权，知识产权的保护由法院进行裁判并提供救济。第二种是强调行政机关的执法保护。其特点是赋予相关的行政机关较大的执法权限，可以进行广泛的管辖，并有较大的处理权。第三种是行政执法机关与司法机关平行管辖。从保护知识产权的制度安排来看，我国建立了行政执法与司法相衔接的知识产权保护体制。从知识保护机构来看，我国形成了由知识产权行政管理机关、海关及司法机关共同保护的格局。从保护形式来看，由最初的被侵权人自主举报的被动式保护，发展到由行政执法机关与司法机关开展专项行动主动保护。

1982 年 8 月，通过的《中华人民共和国商标法》中明确指出对注册商标专用权受到侵犯的“被侵权人可以向侵权人所在地的县级以上工商行政管理部门要求处理”“对侵犯注册商标专用权的，被侵权人也可以直接向人民法院起诉”，标志着我国开始建立现代知识产权制度。1984 年 3 月，通过的《中华人民共和国专利法》首次对知识产权行政执法机关的行为提出了约束，并指出专利局工作人员及有关国家工作人员徇私舞弊的，由专利局或者有关主管机关给予行政处分。1994 年 7 月，国务院发布的《国务院关于进一步加强知识产权保护工作的决定》指出要在我国形成行政管理和司法保护两套体系“双管”齐下、并行运作的体制，以增强保护知识产权的力度。我国政府于 2004 年首次开展知识产权保护专项行动。在加入世界贸易组织后，为了履行加入世界贸易组织的承诺，规范市场经济秩序。2004 年 8 月，国务院发布《保护知识产权专项行动方案》指出用一年左右的时间，在全国范围内开展保护知识产权专项行动，专项行动的工作任务主要包括：切实保护注册商标专用权；切实保护著作权；切实保护专利权；强化知识产权海关保护；强化对出口商品交易会、商品批发市场、定牌加工和印刷复制环节的知识产权保护；把假冒商标、侵权盗版活动相对集中和国际影响较大的地方作为重点地区；严厉查处重大侵权案件。并且借助专项行动开展的契机，建立起“全国统一领导，地方政府负责，部门指导协调，各方联合行动”的工作格局。2008 年，根据发布的《国家知识产权战略纲要》的要求，我国知识产权行政管理机关以“反盗版天天行动”“打击非法出版物专项行动”“打击网络侵权盗版专项行动”“山鹰行动”等系列专项行动为重点，不断加大对侵犯商标权、专利权和著作权等各类知识产权犯罪活动的打击力度。2014 年，国家工商行政管理总局部署在全系统集中开展了“2014 红盾网剑专项行动”，同时还开展了为期半年的保护地理标志商标专用权的专项行动。国家版权局联合国家互联网信息办公室、工业和信息化部与公安部开展了第十次专项行动——“剑网 2014”。

除了强化知识产权行政管理机关对知识产权的保护，我国司法机关也针对知识产权保护进行了相应的变革。通过不断的努力及一系列规范文件的发布，知识产权案件管辖和确权类案件审理分工更加规范与合理。2009 年，最高人民法院积极组织和规划在基层法院、中级人民法院探索知识产权民事、行政和刑事案件统一审理的“三审合一”体制，形成多种模式，积累了丰富的经验，为进一步改进知识产权审判组织结构提供了实例支持。2009 年 6 月，最高人民法院发布了《最高人民法院关于专利、商标等授权确权类知识产权行政案件审理分工的规定》，将涉及专利、商标、集成电路布图设计和植物新品种等授权确权类知识产权一审、二审和再审案件统一交由北京市有关中级人民法院、北京市高级人民法院和最高人民法院知识产权审判庭审理，结束了自2002年以来该类案件由有关法院知识产权审判庭和行政审判庭分别受理的历史。2009年以后，最高人民法院按年度发布《最高人民法院知识产权案件年度报告》，公布每年中国知识产权司法保护十大案件和50件典型案件，初步建立起了知识产权案件指导制度。2014年，围绕“加快建设公正高效权威的社会主义司法制度，维护人民权益”和“建设法治中国”的目标，不断深化司法体制改革，完善司法管理体制和司法运行机制，规范司法行为，为知识产权强国建设提供了有力的法治保障。2015年3月，最高人民法院知识产权司法保护研究中心在北京成立。2014年6月，中央全面深化改革领导小组第三次会议审议通过《关于设立知识产权法院的方案》。2014年8月，第十二届全国人民代表大会常务委员会第十次会议做出《全国人民代表大会常务委员会关于在北京、上海、广州设立知识产权法院的决定》，对知识产权法院的机构设置、案件管辖、法官任命等作了规定，为知识产权法院的设立和运作提供了法律依据。知识产权法院的设立，标志着中国知识产权建设进入一个全新的发展阶段，对加强知识产权保护，优化科技创新法治环境，实施创新驱动发展战略，建设创新型国家具有重大而深远的影响。

在强化司法机关知识产权执法专业化的同时，也在积极培育知识产权人才队伍。知识产权人才大体可划分为四个类型：教研型人才、管理型人才、执法司法人才和服务型人才。①教研型人才：主要是指各种类型的学校、科研机构、培训单位及其他部门中其本职工作就是从事知识产权教学研究的人才，包括各级各类学校从事知识产权教学工作的教师、各类科研机构进行知识产权研究的人员、各层次培训单位的教学人员及其他部门承担知识产权人才培养工作的专家学者等。②管理型人才：主要是指各级政府机关承担知识产权管理工作的人员，企业、事业单位从事知识产权管理工作的人员及其他机构从事知识产权管理工作的人员。③执法司法人才：主要是指在各级人民法院、检察院、公安机关从事知识产权审判、控诉和侦查等活动的人员。④服务型人才：主要是指专利代理人、商标代理人及知识产权诉讼或仲裁活动中的代理人、辩护人、知识产权鉴定人、知识产权中介机构、知识产权法律顾问或者其他从事知识产权实务工作的人员。我国的知识产权人才培养始于20世纪80年代，中国专利局和国家教育委员会培养了300余名我国首批专利代理人，但是初期主要是以高等院校、科研院所培养的形式为主。2006年5月，在中共中央政治局第31次集体学习会议上，胡锦涛关于“加强知识产权人才培养”的指示，对知识产权人才培养具有里程碑式的意义。2006 年 7 月，《知识产权人才“十一五”规划》正式发布，知识产权人才培养开始步入快车道。2007 年 3 月，国家知识产权局颁布了《2007—2010 年“百千万知识产权人才工程”实施方案》，指出分阶段遴选和掌握 150 名左右中青年优秀人才，作为重点培养对象，培养造就一批国内一流、具有世界水平的高层次专家、学者，使这批人才成为我国知识产权领域的专业和学术带头人；培养 1500 名左右具有较高专业水平和学术水平的业务骨干与专业及学术带头人后备人选；培训 30 000 名左右企事业单位知识产权工作者和知识产权中介服务人才，知识产权人才培养目标进一步明确。2008 年 6 月，国务院发布的《国家知识产权战略纲要》指出要“加强知识产权人才队伍建设”，同时该纲要还指出，要建立部门协调机制，统筹规划知识产权人才队伍建设；建设若干国家知识产权人才培养基地；广泛开展对党政领导干部、公务员、企事业单位管理人员、专业技术人员、文学艺术创作人员、教师等的知识产权培训；完善吸引、使用和管理知识产权专业人才相关制度；建立和完善知识产权人才的专业技术评价体系，知识产权人才培养上升到国家战略层面。2010 年 11 月 22 日，国家知识产权局正式印发了《知识产权人才“十二五”规划（2011—2015 年）》，指出要开展“知识产权人才培训基地建设工程”“知识产权人才信息化工程”“知识产权行政管理和执法人才培养计划”“专利审查人才能力提升计划”“企事业单位知识产权人才开发计划”“知识产权服务业人才支撑计划”“高层次人才引领计划”“高水平知识产权师资人才推进计划”，知识产权人才培养工作进一步细化。国家知识产权局从 2012 年开始连续发布《2012 年全国知识产权人才工作要点》《2013 年全国知识产权人才工作要点》《2014 年全国知识产权人才工作要点》，对每年知识产权人才工作进行指导。

三、我国知识产权管理政策

知识产权管理在整个知识产权工作中起着全局性的重要作用，系统建构知识产权管理理论，加强知识产权管理政策体系研究是进一步推进知识产权战略实施、增强我国自主创新能力和建设创新型国家的基础保障。知识产权管理的一般对象应当是涵括权利（intellectual property right，IPR）、财产（intellectual property，IP）和资源等多种形式的对象体系。

我国知识产权管理政策及其模式经历了知识产权保护的行政管理政策、激励科技创新的科技政策和作为独立政策范畴知识产权管理政策三个阶段。1994 年 7 月，国务院发布的《国务院关于进一步加强知识产权保护工作的决定》首次提出了要进一步健全和完善我国知识产权管理制度，加强知识产权的宏观管理和统筹协调。在此基础上，国务院办公厅发布《国务院办公厅关于建立国务院知识产权办公会议制度及有关部门职责分工问题的通知》进一步细化了知识产权管理制度，并就不同类型的知识产权初步设立了分立式的行政管理方式，还首次就“知识产权管理”的特点进行了阐述，明确提出“知识产权管理是一项涉及立法、司法、行政执法和行政管理等多方面的综合性工作”。1994 年，国家科学技术委员会、国家工商行政管理局、国家版权局、广播电影电视部也发布《国家科委、国家工商行政管理局、国家版权局、广播电影电视部关于加强科技知识产权法律贯彻实施和监督管理工作的通知》，对相关知识产权管理机构强化知识产权管理提出了要求。此后一般涉及知识产权管理的中央政策文件，均将知识产权管理同知识产权行政管理作为同一概念使用，专指按照部门职责分工明确具有某一类型或范围知识产权行政管理权限的专门性工作。

1996 年 9 月，国务院发布《国务院关于“九五”期间深化科学技术体制改革的决定》中首次将知识产权管理体系作为“进一步改革科技人员收入分配制度”的基础性举措置于科技管理体制中，同时，将知识产权管理体系与国家科技奖励、科技评价体系并列作为科技工作的重要激励制度。1999 年 8 月，中共中央、国务院发布的《关于加强技术创新发展高科技实现产业化的决定》进一步肯定了加强“知识产权管理”属于促进“技术创新和发展高科技、实现产业化”重要政策措施，并将知识产权管理从知识产权保护范畴中分离出来，将其引入科技计划和科技项目的管理，引入科技人员收入分配制度，纳入市场主体的行政管理框架，这对知识产权管理的政策理解具有里程碑意义。2002 年 4 月，科学技术部、财政部发布的《关于国家科研计划项目研究成果知识产权管理的若干规定》“对以财政资金资助为主的国家科研计划项目研究成果的知识产权管理”做出了新的规定，首次允许科研项目研究成果及其形成的知识产权，除涉及国家安全、国家利益和重大社会公共利益以外，科研项目承担单位可以依法自主决定实施、许可他人实施、转让、作价入股等，并取得相应的收益。同时，在特定情况下，国家根据需要保留无偿使用、开发、使之有效利用和获取收益的权利。这对改善知识产权管理体制，激励科技创新具有重要意义。

随着我国国家知识产权战略的制定和实施，知识产权管理逐渐从传统的行政管理和科技管理之中剥离出来，成为相对独立的一类政策范畴。2008 年 6 月，发布的《国家知识产权战略纲要》指出要加强知识产权行政管理、建立国防知识产权的统一协调管理机制、完善知识产权中介服务管理。2015 年 1 月发布的《深入实施国家知识产权战略行动计划（2014—2020 年）》也指出要强化科技创新知识产权管理，加强国家科技重大专项和科技计划知识产权管理，促进高等院校、科研院所知识产权转移转化；加强国防知识产权管理；引导企业加强知识产权管理，引导企业提高知识产权规范化管理水平，加强知识产权资产管理，促进企业提升竞争力。制定知识产权委托管理服务规范，引导和支持知识产权服务机构为中小微企业提供知识产权委托管理服务。

第二节　技术标准政策

1979 年 7 月颁布的《中华人民共和国标准化管理条例》将技术标准定义为“从事生产、建设工作及商品流通的一种共同技术依据”，并指出“凡正式生产的工业产品、重要的农产品、各类工程建设、环境保护、安全和卫生条件，以及其他应当统一的技术要求，都必须制订标准，并贯彻执行”。技术标准化对科研和创新具有重要作用，运用标准化手段，进一步夯实知识产权宏观管理基础，提升各类创新主体的知识产权综合能力，推进知识产权服务业健康发展，更好地支撑创新驱动发展和经济转型升级。运用标准化手段加强以知识产权为核心的知识资源规划和管理，已经成为现代化国家巩固和提升综合竞争力的战略选择。

我国现行的标准化法将标准按属性分为强制性标准和推荐性标准，除此之外，标准还可以分为市场主导的标准化和行政主导的标准化，我国目前实行的是行政主导的标准化。1988 年 12 月，第七届全国人民代表大会常务委员会第五次会议通过了《中华人民共和国标准化法》，这是我国针对标准化进行的一项专门立法，以法律形式规定了标准化的宗旨、标准的分类、标准化的界定、标准体系、标准化管理体制，明确了制订标准的对象与原则及实施标准的要求，同时还规定了违法行为的法律责任和处罚办法。《中华人民共和国标准化法》中指出国务院标准化行政主管部门统一管理全国标准化工作；对需要在全国范围内统一的技术要求，应当制定国家标准。国家标准由国务院标准化行政主管部门制定。同时，《中华人民共和国标准化法》也表明“国家鼓励采用国际标准和国外先进标准，积极参与制定国际标准”。国务院于 1990 年 4 月颁布了《中华人民共和国标准化法实施条例》进一步指出，“制定国家标准、行业标准和地方标准的部门应当组织由用户、生产单位、行业协会、科学技术研究机构、学术团体及有关部门的专家组成标准化技术委员会，负责标准草拟和参加标准草案的技术审查工作。未组成标准化技术委员会的，可以由标准化技术归口单位负责标准草拟和参加标准草案的技术审查工作。”1990 年 8 月，国家技术监督局颁布《国家标准管理办法》，进一步强化国家标准的管理。但是无论是《中华人民共和国标准化法》《中华人民共和国标准化管理条例》还是《国家标准管理办法》，对专利标准化问题并未有直接的论述。但是在现实中，专利标准化已经在我国引发了一些纠纷。2008 年 7 月，最高人民法院发布了《最高人民法院关于朝阳兴诺公司按照建设部颁发的行业标准〈复合载体夯扩桩设计规程〉设计、施工而实施标准中专利的行为是否构成侵犯专利权问题的函》指出鉴于目前我国标准制定机关尚未建立有关标准中专利信息的公开披露及使用制度的实际情况，专利权人参与了标准的制定或者经其同意，将专利纳入国家、行业或者地方标准的，视为专利权人许可他人在实施标准的同时实施该专利，他人的有关实施行为不属于《中华人民共和国专利法》第十一条所规定的侵犯专利权的行为。专利权人可以要求实施人支付一定的使用费，但支付的数额应明显低于正常的许可使用费；专利权人承诺放弃专利使用费的，依其承诺处理。这对我国建立和完善专利标准化制度具有良好的促进意义。

2013 年 12 月，国家标准化管理委员会、国家知识产权局联合颁布《国家标准涉及专利的管理规定（暂行)》，首次对国家标准涉及专利的相关问题作了规范，这对我国专利标准化制度的建设具有里程碑式的意义。该管理规定中对包括专利信息的披露、专利实施许可、强制性国家标准涉及专利的特殊规定等方面进行了规定，并指出，“在国家标准制修订的任何阶段，参与标准制修订的组织或者个人应当尽早向相关全国专业标准化技术委员会或者归口单位披露其拥有和知悉的必要专利，同时提供有关专利信息及相应证明材料，并对所提供证明材料的真实性负责。”同时进一步明确，“除了披露必要专利外，专利权人或者专利申请人还应当做出专利实施许可声明，其可以声明同意在公平、合理、无歧视基础上，免费或者收费许可任何组织或者个人在实施该国家标准时实施其专利，也可以不同意按照以上两种方式进行专利实施许可。没有获得专利权人或者专利申请人做出的同意许可的声明，国家标准中就不得包括基于该专利的条款，除非该标准是强制性的国家标准。”该管理规定还提出“强制性国家标准一般不涉及专利”。2016 年 1 月，最高人民法院颁布《最高人民法院关于审理侵犯专利权纠纷案件应用法律若干问题的解释》，进一步指出，“推荐性国家、行业或者地方标准明示所涉必要专利的信息，被诉侵权人以实施该标准无须专利权人许可为由抗辩不侵犯该专利权的，人民法院一般不予支持。”

第十七章　创新国际化政策

摘要：创新国际化政策是促进企业、高校科研院所等创新主体探索、利用、开发和整合全球创新资源，进而促进企业和其他创新主体在科技全球化体系中提升国际科技竞争力、实现国内创新驱动发展的一系列科技政策和产业政策的总和。经过几十年的发展，我国创新国际化政策主要呈现以下几个特征：一是我国的国际科技合作正向以需求为导向转变。二是企业在研发国际化中的作用被逐渐重视，正在逐渐成为我国国际科技合作主体。三是我国在积极引导企业向“引进来”和“走出去”相结合转变，支持有较强国际竞争力的企业通过建立海外研发中心、合资、参股等方式有效利用海外科技资源。四是对发展中国家的技术援助是我国国际科技合作的重要任务之一，能源、资源等方面是合作的重要领域。五是外商投资企业在我国享受的税收优惠等“超国民待遇”在逐渐消失。六是我国引进外资的目的不再仅限于获取海外的技术、资金、管理经验和营销方式，开始关注与外资建立研究开发中心、增强自身的创新能力，鼓励跨国公司在华设立地区总部、研发中心、采购中心、财务管理中心、结算中心及成本和利润核算中心等功能性机构。

1978 年，我国政府做出了改革开放的重大决策，在加大经济对外开放的同时，把加强国际科技合作当作国家科技事业发展的一项重要任务来抓。之后，我国出台了一系列政策和措施，按照“平等互利、成果共享、保护知识产权、遵从国际惯例”的原则，以双边、多边、官民并举等形式，深入广泛地开展国际科技合作。在政府的大力引导和支持下，我国的国际科技合作与交流蓬勃发展，已由改革开放初期的人员一般往来，到后来的项目合作发展再到当前的以我为主、全方位、多层次、宽领域的国际科技合作形势。

第一节　研发合作政策

1995 年 2 月，国家科学技术委员会发布的《关于对外科技合作交流中保护知识产权的示范导则》对合作开发（研发合作）做出了定义，合作开发是指“合作各方就某项工程或某项产品共同进行设计或分工协作完成设计任务”。改革开放以来我国的研发合作战略和政策经历了从恢复国际科技合作，到全面开展国际科技合作，再到互利共赢开展国际科技合作的转变。

一、恢复国际科技合作

在1978年召开的全国科学大会上，我国通过了《1978—1985年全国科学技术发展规划纲要》，提出了要“加强国际科技合作和技术交流”。该规划纲要提出要邀请外国科学家、工程技术专家来华讲学；加强我驻外机构的科技调研工作；积极参加国际学术组织和国际学术会议等学术活动；积极地、有计划地派遣科学技术人员等出国学习、进修、考察等，我国的国际研发合作开始恢复。这一时期，我国的国际研发合作主要是从四个方面展开的，包括：确定了该阶段国际科技合作的具体方针、调整了对科技外事工作的归口管理、建立了引进人才工作管理体制、加强了驻外机构的科技调研。

1981年8月，全国第二次科技外事工作会议中将“在独立自主、自力更生的前提下从国内实际情况出发，讲求实效，认真学习各国对我国适用的先进科学技术和科技管理经验，积极、稳妥、深入、扎实地开展国际科技合作与交流活动，为发展我国国民经济和科学技术服务”作为我国科技合作的方针。1977年，中共中央批准重新建立国家科学技术委员会。1984年7月，经过国务院的协调，国家科学技术委员会开始负责全国科技外事工作的计划协调、管理和统一对外，各主管部门和各省、自治区、直辖市分别按专业与地区组织项目的管理。1983年8月，中共中央、国务院发布《国务院关于引进国外智力以利四化建设的决定》，同年9月，国务院颁布《关于引进国外人才工作的暂行规定》，并在该规定中从经费、生活待遇、保密和安全及出入境手续等方面对引进国外人才进行了规定。

二、全面开展国际科技合作

随着我国对外开放的扩大，我国出现了引进西方设备和技术的高潮。1985年，为进一步加强和规范我国的技术引进和吸收工作，国务院出台了《中华人民共和国技术引进合同管理条例》，对通过贸易或经济技术合作引进海外技术的行为进行了规范。1988年，对外经济贸易部出台了《签订与审批技术引进合同指导原则》和《中华人民共和国技术引进合同管理条例实施细则》，进一步对引进海外技术进行了指导和强化。1993 年 7 月，第八届全国人民代表大会常务委员会第二次会议审议并通过的《中华人民共和国科学技术进步法》指出，中华人民共和国政府积极发展同外国政府、国际组织之间的科学技术合作与交流，鼓励研究开发机构、高等院校、社会团体及科学技术工作者与国外科学技术界建立多种形式的合作关系。以立法形式表明我国政府对开展国际研发合作的支持，并且《中华人民共和国科技进步法》规定研究开发机构可以依法在国外投资，设立分支机构。国外组织和个人可以在中国境内依法设立研究开发机构，也可以与中国的研究开发机构或者其他组织举办中外合资、中外合作研究开发机构。并针对为中国科学技术事业做出重要贡献的外国公民或者组织设立国际科学技术合作奖，以鼓励外国与我国开展研发合作。随着到我国以合资或独资形式开办的科研机构逐渐增多，1997 年 9 月，为加强对合办研究开发机构的指导和管理，国家科学技术委员会发布了《关于设立中外合资研究开发机构、中外合作研究开发机构的暂行办法》，对合办研究开发机构的条件、审批办法、合同内容、权利与义务、奖励与惩罚等作了具体规定。在努力与国外开展研发合作、引进海外技术的同时，我国也在积极地参加国际科技组织，与各国科技界之间开展交流，促进科技的发展。1986 年 4 月，国家科学技术委员会、外交部发布了《关于参加国际科技组织的若干规定》，对参加国际科技组织的条件、申请手续、复审批程序、组织管理及会费等做出了规定。为了促进我国对外科技合作事业的发展，保护研发合作中的知识产权，1995 年 2 月，国家科学技术委员会发布了《关于对外科技合作交流中保护知识产权的示范导则》，对合作研究、开发与设计中的知识产权保护进行了特别的说明。

三、互利共赢开展国际科技合作

进入 21 世纪，经济全球化、研究开发国际化和经贸一体化呈不可逆转的主要趋势，并且随着我国加入世界贸易组织，我国国际科技合作面临着新的机遇和挑战。这一时期，我国的研发合作政策出现了重大转变，主要体现在：从以政府和科研机构为主，向政府引导、多主体共同参与格局转变；从一般性国际科技合作，向以需求为导向的国际科技合作转变；从注重技术引进向“引进来”和“走出去”相结合转变；并从国家战略层面上推动国际科技合作；设立国际科技合作专项经费；积极参与并牵头组织国际大科学大工程计划；加强对发展中国家的技术援助。

2000 年 12 月，我国制定了《“十五”期间国际科技合作发展纲要》，这是首次以纲要形式对国际科技合作做出了整体部署和安排。该纲要从促进中国科技自主创新能力的提高；推动中国高新技术产业化的发展；以国际和国内两种市场与两种资源的合作开发为出发点，大力推进对亚洲、非洲、拉丁美洲的合作，实施技术出口与开发国外资源及市场品种的新战略；加强部门、地方及企业各层次的对外合作；大力开发和利用国外智力资源；积极推进西部对外科技合作，为西部地区开辟国际合作渠道、开发国际科技资源；为海外人才参与国内科技发展和经济建设创造条件；制定重大国际科技合作计划，设立国际合作基金；建设一支高素质的国际科技合作队伍等方面做出了部署。2006 年 2 月，国务院发布的《国家中长期科学和技术发展规划纲要（2006—2020 年）》指出，要扩大国际和地区科技合作与交流；鼓励科研院所、高等院校与海外研究开发机构建立联合实验室或研究开发中心；鼓励和支持企业在海外设立研究开发机构或产业化基地；积极主动参与国际大科学工程和国际学术组织。2006 年 12 月，科学技术部发布的《“十一五”国际科技合作实施纲要》指出，在战略目标上，从一般性国际科技合作，向以《规划纲要》为目标、以需求为导向的国际科技合作战略转变；在合作方式上，从注重项目合作，向整体推进“项目-人才-基地”相结合的战略转变；在合作内容上，从注重技术引进向“引进来”和“走出去”相结合的战略转变；在合作主体上，从以政府和科研机构为主，向政府引导、多主体共同参与的战略转变；注重发挥企业在国际科技合作中的主体作用，为企业利用全球科技资源，提升自主创新能力做好服务；形成政府搭台，企业、高等学校、研发机构和民间组织等多方参与，各主体作用得到充分发挥的国际科技合作新格局，并且首次提出要“建设一批高水平的国际科技合作基地”，这也就意味着我国正式开始从以往注重技术引进向“引进来”和“走出去”相结合的战略转变。2008 年 1 月，财政部、科学技术部关于印发《国际科技合作与交流专项经费管理办法》，指出专项经费来源于中央财政拨款，主要用于支持依法在中国境内成立，具有法人资格的科研院所、高等院校、内资或者内资控股企业开展的高水平国际科技合作与交流项目，这也是首次为国际科技合作设立专项经费。

2011 年 8 月，科学技术部发布了《国际科技合作“十二五”专项规划》，其指出要“引导企业成为国际科技合作主体，积极推动国际产学研合作”，进而使企业在国际研发合作的作用，进一步被强化。2011 年 8 月，科学技术部、财政部联合发布《国家国际科技合作专项管理办法》，对国际科技合作从管理机制、管理职责、立项管理、项目实施管理、合作成果与知识产权管理、项目信息与文档管理及信用管理与监督等方面进行了规定，也标志着我国对开展国际研发合作的重视程度进一步提升。同时科学技术部还发布了《国家国际科技合作基地管理办法》，指出国际科技合作基地是指由科学技术部及其职能机构认定，在承担国家国际科技合作任务中取得显著成绩、具有进一步发展潜力和引导示范作用的国内科技园区、科研院所、高等院校、创新型企业和科技中介组织等机构载体，包括国际创新园、国际联合研究中心、国际技术转移中心和示范型国际科技合作基地等不同类型。该管理办法还指出要发展“项目–人才–基地”相结合的国际科技合作模式，并且明确了国家国际科技可做基地的认定条件和程序，以及各科技管理部门的职责。

随着我国经济和科技的迅速发展，我国把对发展中国家的技术援助作为国际科技合作的重要任务之一。通过科技援助开展国际外交，改善国际形象，开拓国际市场，获取多方利益，是很多国家的成功经验。2000 年 12 月制定的《“十五”期间国际科技合作发展纲要》指出，要在亚洲、非洲、拉丁美洲选择合适的国家设立高科技和产品示范基地，充分利用我国已经具有的高新技术产业的相对优势，从政策上鼓励高新技术企业带技术和成套设备到发展中国家承包重大项目，创办企业。2006 年 12 月，科学技术部发布的《“十一五”国际科技合作实施纲要》也提出，要积极开拓对外科技援助的渠道和形式，扩大技术输出和高技术产品出口；利用国家对外援助资金和渠道；积极开展技术援助，促进与发展中国家在能源、资源等方面的合作，进一步加强我国与周边及发展中国家的外交关系和经济技术合作。2011 年 8 月，科学技术部发布的《国际科技合作“十二五”专项规划》，也指出要创新对外援助形式，启动并实施“科技伙伴计划”。

第二节　企业国际化创新政策

我国企业国际化创新政策主要有两个特点：一是我国参与国际研发的主体从以政府和科研院所为主，向政府引导、多主体共同参与转变，企业在研发国际化中的作用被逐渐重视；二是从注重技术引进向“引进来”和“走出去”相结合转变，在引导企业积极参与国际研发的同时，也在鼓励企业输出技术优势。

2000 年 12 月制定的《“十五”期间国际科技合作发展纲要》指出，积极支持企业在技术发展的前沿参与国际科技合作与交流，充分利用国际资源，帮助企业解决好产业关联度大、市场前景好及有利于产业发展的重点、热点和难点问题，促使企业真正成为技术创新的主体；中央各部委和地方省市的科技部门要采取各种措施，支持国内有实力的企业和科研院所“走出去”创办研究机构，但是同时该纲要也指出产业部门要组织科研院所和企业在政府与部门协议下开展国际合作，这也就意味着，这一时期企业开展国际研发合作主要在政府组织下进行，自主性不是太大。2006年2月发布的《国家中长期科学和技术发展规划纲要（2006—2020年）》指出，要扩大国际和地区科技合作与交流；鼓励科研院所、高等院校与海外研究开发机构建立联合实验室或研究开发中心。支持在双边、多边科技合作协议框架下，实施国际合作项目。建立大陆与港、澳、台的科技合作机制，加强沟通与交流。支持我国企业“走出去”。扩大高新技术及其产品的出口，鼓励和支持企业在海外设立研究开发机构或产业化基地。2006年12月，科学技术部发布的《“十一五”国际科技合作实施纲要》指出，要加大对国际科技合作的投入，形成多元化的投入体系；加大政府财政对国际科技合作的投入，鼓励与引导企业、科研院所、高等院校和社会各界对国际科技合作的投入，逐步形成多元化的国际科技合作投入体系，同时该纲要还指出要鼓励和支持我国科研院所、高等院校和企业通过各种渠道争取国外资金的投入，参与国际组织和其他国家（地区）设立的国际科技合作计划与项目研究，有效利用国外各类科技合作资金。企业在国际研发中的作用开始逐渐被重视。2011年8月，科学技术部发布的《国际科技合作“十二五”专项规划》中重点指出，要引导企业成为国际科技合作主体，积极推动国际产学研合作。支持有较强国际竞争力的企业通过建立海外研发中心、合资、参股等方式有效利用当地科技资源，增强专利技术储备，迅速提高科技创新能力；增加对企业开展国际科技合作研发的资助力度和范围，鼓励和支持企业研发机构通过人才引进、人员交流、合作研发、研发外包等方式提高国际化程度；鼓励企业引进关键技术，支持企业进行消化吸收再创新；充分利用各种科技交流和合作渠道，积极为企业国际化提供信息和咨询等服务。在现有国际科技合作基地基础上，创建一批以企业为主体、政府推动的国际产业技术创新联盟，并鼓励与外资企业、外资研发机构开展产业共性技术合作研发，使国际产业技术创新联盟成为我国科技融入全球化进程的重要载体。同时该规划还指出建立以企业为合作主体、产学研用相结合的项目实施机制，充分调动各方在技术、人才、产业、渠道等方面资源，加快合作成果应用和市场化进程；支持企业开展国际合作研发，促进国际产学研合作；加强以市场需求为导向的企业间科技合作研发，发展对外技术输出，增强对区域科技发展的辐射影响力；进一步推动制定关于鼓励和保护我国企业及科研院所“走出去”和实施研发国际化的相关政策与管理措施。

2006年12月，科学技术部发布的《“十一五”国际科技合作实施纲要》指出，要从注重技术引进向“引进来”和“走出去”相结合的战略转变。要在更加广阔的层面上把握国际、国内两个市场、两种资源。积极创造条件，吸引国外知名科研院所和大学的科研人员与国内同行在基础科学与前沿领域开展合作研究，鼓励国际风险投资、咨询机构参与国内高新技术产业化。支持有条件的企业和科研院所到海外建立研发基地，组建研发战略联盟，充分利用全球科技资源，包括人力、资金、技术及市场等资源，提高核心竞争力，开拓发展空间。2011 年 8 月，科学技术部发布的《国际科技合作“十二五”专项规划》中指出，要进一步推动制定关于鼓励和保护我国企业及科研机构“走出去”和实施研发国际化的相关政策与管理措施。

2014 年 4 月，财政部、工业和信息化部、科学技术部、商务部联合发布的《中小企业发展专项资金管理暂行办法》指出，发挥中央财政资金在中小企业国际合作中的统筹和协调作用，鼓励加快引进国际先进技术，避免盲目重复引进及恶性竞争。

第三节　引进外资创新政策

我国的引进外资政策经历了初期的“超国民待遇”，逐渐转变为与内资企业等同对待；引进的外资也由初期的以生产性为主要目的，发展到按需引进、鼓励研发。

1979 年 7 月，第五届全国人民代表大会第二次会议通过了《中华人民共和国中外合资经营企业法》，这是我国首部针对引进外资颁布的法律，但其主要目的是为了扩大国际经济合作和技术交流，因而针对的是同中国的公司、企业或其他经济组织共同举办的合营企业。1986 年 10 月，国务院发布《国务院关于鼓励外商投资的规定》，指出国家鼓励外国的公司、企业和其他经济组织或者个人（简称外国投资者），在中国境内举办中外合资经营企业、中外合作经营企业和外资企业（简称外商投资企业）。并且表明国家对外国投资者提供先进技术，从事新产品开发，实现产品升级代换，以增加出口创汇或者替代进口的生产型企业（简称先进技术企业）给予特别优惠。同时该规定从税收、土地使用费、劳务费、利润分配、生产经营的外部条件等方面也给予外国投资者优惠。1988 年 4 月，第七届全国人民代表大会第一次会议通过《中华人民共和国中外合作经营企业法》，其规定合作企业依照国家有关税收的规定缴纳税款并可以享受减税、免税的优惠待遇；外国合作者在履行法律规定与合作企业合同约定的义务后分得的利润、其他合法收入和合作企业终止时分得的资金，可以依法汇往国外；合作企业的外籍职工的工资收入和其他合法收入，依法缴纳个人所得税后，可以汇往国外。从法律上对外国投资者享有的“超国民待遇”给予保障。这一时期对外资的引进主要还是以生产性项目为主，以利用外国先进技术和管理经验为出发点。随着外资规模的逐渐增加，我国引进外资的目的不再仅限于获取海外的技术、资金、管理经验和营销方式，开始关注与外资建立研究开发中心、增强自身的创新能力。1998年4月，中共中央、国务院发布《中共中央、国务院关于进一步扩大对外开放，提高利用外资水平的若干意见》，其指出要大胆引进和积极引导跨国公司投资。继续实行以市场换技术的方针，进一步开放国内市场；鼓励与跨国公司合作建立研究开发中心，增强技术消化和创新能力。1999年8月，对外贸易经济合作部、国家经济贸易委员会、国家发展计划委员会、财政部、中国人民银行、海关总署、国家税务总局、国家外汇局、国家出入境检验局联合发布《关于当前进一步鼓励外商投资的意见》，指出要鼓励外商投资企业技术开发和创新，扩大国内采购，并对外商投资研究开发中心给予免征进口关税和进口环节税、全额退还国产设备增值税并按有关规定抵免企业所得税、对其转让技术比照国内科研院所免征营业税，并且该意见还指出外商投资企业技术开发费比上年增长10%以上（含10%）的，经税务机关批准，允许再按技术开发费实际发生额的50%抵扣当年的应纳税所得额。1999年9月，国家税务总局发布了《对外贸易经济合作部国家税务总局关于外商投资企业技术开发费抵扣应纳税所得额有关问题的通知》，对外商投资企业技术开发费比上年增长10%以上（含10%）的，经税务机关批准，允许再按技术开发费实际发生额的50%抵扣当年度的应纳税所得额，从税收制度上鼓励外资进行研发活动。2000年4月，对外贸易经济合作部发布了《关于外商投资设立研发中心有关问题的通知》，针对外资在我国从事研发活动，进行了专门的规定。该通知指出国家鼓励外商在华投资设立研发中心，并指出外商投资研发中心可以有条件地享受免征进口关税和进口环节税、免征营业税及国家规定的其他优惠政策。随着我国经济实力增强、市场环境日益完善、内资企业发展，我国已逐步减少对外商投资企业的税收优惠。尤其2008年推出“两税合一”政策后，我国已相继出台法律法规，要求外商投资企业与内资企业一样缴纳城市维护建设税和教育费附加、为在华就业的外国人缴纳社会保险金等。

2006年11月，国家发展和改革委员会发布《利用外资“十一五”规划》，指出实现利用外资方式多样化。继续鼓励跨国公司在华投资，设立地区总部、研发中心、采购中心、培训中心等各类营运中心和生产基地；鼓励跨国公司加强与我国本地企业的战略性合作，提高跨国公司本地化程度，更好地融入我国经济；鼓励跨国公司增加对我国本土企业的技术转移和扩散，防止跨国公司对我国重点行业和领域形成控制与垄断。2006年12月，科学技术部发布了《“十一五”国际科技合作实施纲要》，指出要加大对国际科技合作的投入，形成多元化的投入体系，即鼓励和引导企业、科研院所、高等院校与社会各界对国际科技合作的投入，逐步形成多元化的国际科技合作投入体系。鼓励和支持我国科研院所、高等院校和企业通过各种渠道争取国外资金的投入，参与国际组织和其他国家（地区）设立的国际科技合作计划与项目研究，有效利用国外各类科技合作资金。

2010 年，国务院发布《国务院关于进一步做好利用外资工作的若干意见》，要求鼓励中外企业加强研发合作，支持符合条件的外商投资企业与内资企业、研究机构合作申请国家科技开发项目、创新能力建设项目等，申请设立国家级技术中心认定；鼓励跨国公司在华设立地区总部、研发中心、采购中心、财务管理中心、结算中心及成本和利润核算中心等功能性机构。2011 年 8 月，科学技术部发布了《国际科技合作“十二五”专项规划》，指出要扩大国家科技计划的对外开放，完善国际科技合作专项管理模式；除涉及国家安全和敏感技术领域外，按照对等开放和有效管理的原则，逐步加大国家科技计划的对外开放力度，鼓励在华外资企业和科研院所申请承担国家科技计划项目；在现有国际科技合作基地基础上，创建一批以企业为主体、政府推动的国际产业技术创新联盟，并鼓励与外资企业、外资研发机构开展产业共性技术合作研发，使国际产业技术创新联盟成为我国科技融入全球化进程的重要载体；完善外资企业在华设立研发中心、开展合作研发及技术成果优先在华转化与扩散的相关管理政策。2012 年 7 月，国家发展和改革委员会发布的《“十二五”利用外资和境外投资规划》指出，要“构建开放的创新体系；支持科研机构和企业通过人才引进、技术引进、合作研发、研发外包等方式开展国际科技合作与交流，吸引跨国公司在华增加研发投入，培养研发人才，引入先进技术。”同时还指出，“加快实施境外技术提升战略；在政府间科技合作机制下，鼓励我国有条件的企业进行跨国研发布局，实施重大合作项目。支持境内优势单位与国外一流机构建立稳定合作关系。”

贯彻落实《国务院关于进一步做好利用外资工作的若干意见》，构建日益完善的外商投资环境。继续推进内外资公平竞争，清理涉及外商的审批事项，为外商投资营造稳定透明的政策环境、统一开放的市场环境和规范高效的行政环境。加强知识产权保护，构建更加完善的创新环境，打造研发国际化的重要承接地。制定规范和促进开发区发展的政策措施，发挥开发区在体制创新、科技引领、产业集聚、土地集约方面的载体和平台作用。

专栏 17-1：各地方引进外资政策

广东省“外资十条”。启动年份：2017 年。主要内容：进一步扩大市场准入领域、加大利用外资财政奖励力度、加强用地保障、支持研发创新、加大金融支持力度、加大人才支持力度、加强知识产权保护、提升投资贸易便利化水平、优化重点园区吸收外资环境、完善利用外资保障机构等方面来吸引外资。在加大人才支持力度方面，推行人才“优粤卡”，将外商投资企业高级管理人员等7类人才纳为服务对象，“优粤卡”持有人及其配偶、未成年子女与企业所在地户籍居民同等享受当地人才住房、教育、医疗、养老等政策待遇，其中境内持有人及其配偶、未成年子女可在广东省办理赴港澳签注及其他出入境证件。持有“优粤卡”的外籍人员，可申请办理5年以内的外国人来华工作许可和有效期为5年的居留许可，并将业务承诺办理时限较法定办理时限压缩1/2。

上海鼓励外资研发中心政策。启动年份：2017年。主要内容：从投资贸易环境提升、知识产权保护、人才政策便利化等方面，支持高能级研发中心在上海发展。在人才政策便利化上明确提出，为进一步便利外籍人才办理工作许可，简化手续，允许外资研发中心聘雇的外籍研发人员直接申请办理外籍人来华工作手续，这一政策为全国首创。同时，还明确鼓励研发新模式，支持跨国公司设立开放式创新平台；鼓励跨国公司参与重大项目研发，支持外资设立国家级技术中心，参与战略性新兴产业领域重大研发项目；鼓励外资研发中心的研发成果在本地转移转化。同时，还要求提升研发样品跨境流动的便利性，通过优先报检、提升信用分类管理等级等方式，简化研发样本、样品、试剂的进口手续，提升研发效率。

资料来源：《广东省进一步扩大对外开放积极利用外资若干政策措施》；《上海市人民政府关于进一步支持外资研发中心参与上海具有全球影响力的科技创新中心建设的若干意见》。

第十八章　文化环境政策

摘要：文化环境政策包括科研诚信政策、科普政策和科技奖励政策三个方面。在科研诚信政策方面，我国相关部门已经出台一系列科研诚信管理规范性文件，同时建立起科研诚信建设联席会议制度，并着手建立健全我国科技信用管理体系。在科普政策方面，主要政策抓手包括推进科普设施及配套条件建设、向农村及少数民族地区政策倾斜、加快向科普能力及环境建设转变、推进科普人才队伍建设及通过科普事业税收优惠促进科普产业发展等。在科技奖励政策方面，我国已经正式建立科技奖励制度，形成国家级、省级和社会力量设奖相结合的具有中国特色的科技奖励体系。随着政府部门放宽对社会力量设奖的限制，社会力量设奖将不断规范和壮大，成为今后我国科技奖励的重要来源。

营造有利于创新发展和人才成长的科技创新环境，是建设创新型国家的重要方面。改革开放以来，我国政府不断出台相关政策优化创新创业环境。2007 年颁布的《中华人民共和国科学技术进步法》，将国家发展科学技术普及事业，普及科学技术知识；科学技术人员应当弘扬科学精神，遵守学术规范，恪守职业道德，诚实守信；建立科学技术奖励制度，对在科学技术进步活动中做出重要贡献的组织和个人给予奖励提升到法律的高度。2011 年，《科技部发布国家“十二五”科学和技术发展规划》对强化科技政策落实和制定，优化全社会创新环境作出部署，要在加强科学技术普及工作、加强和改进基层科技工作等方面取得进展。2012 年，中共中央、国务院印发《关于深化科技体制改革加快国家创新体系建设的意见》，提出到 2020 年实现创新环境更加优化，创新效益大幅提高，创新人才竞相涌现，全民科学素质普遍提高，科技支撑引领经济社会发展的能力大幅提升，进入创新型国家行列的目标。综合文化环境政策的理论维度和现实特点，本章重点从科普政策和科技奖励政策两个方面，对现有政策进行梳理论述。

第一节 科研诚信政策

我国正处于建设创新型国家的关键时期，科学道德建设尤为迫切。不仅是在国家科技计划（项目）领域，还是在更广泛的学术研究领域，我国都制定了严格的科研诚信管理与规范政策，对科研违规及不端行为“零容忍”。2008 年 7 月 1 日起实施的《中华人民共和国科学技术进步法》是我国科技诚信管理方面的重要法律依据，其中包括了与诚信管理直接相关的条文，涉及了有关追究监管机构失职责任，还对科研不端行为及相应的经费问题做了明确规定。2008 年，科学技术部、教育部、中国科学院等六部委建立了科研诚信建设联席会议制度。其主要职责是：指导全国科技界科研诚信建设工作，研究制定科研诚信建设的重大政策，督促和协调有关政策和重点工作的落实。

在国家科技计划领域，国家自然科学基金委员会和科学技术部在探索科研诚信管理方面走在前列。科学技术部发布了一系列政策对科技计划参与者的行为进行约束和规范，不仅包括项目申请者，还包括项目的管理者及评审者。2003 年，科学技术部发布《国家科技计划项目评估评审行为准则与督查办法》，对国家科技计划项目（含课题）的评估评审组织者、项目评估评审活动承担者、项目评估人员和评审专家及项目申请者等多方主体的行为规范做出明确规定。为进一步从机制上约束和规范国家科技计划相关主体的行为，从源头上预防和遏制腐败，2004 年，科学技术部印发《关于在国家科技计划管理中建立信用管理制度的决定》的通知，标志着我国国家科技计划信用管理制度的建立。该决定要求重视国家科技计划信用信息的收集、记录与使用，并且把科技信用作为国家科技计划管理和决策的重要依据之一。2006 年 11 月，科学技术部发布《国家科技计划实施中科研不端行为处理办法（试行)》，对科学技术部归口管理的国家科技计划项目的申请者、推荐者、承担者在科技计划项目申请、评估评审、检查、项目执行、验收等过程中发生的科研不端行为，做出从警告到剥夺其相应权利等不同程度的处罚。

国家自然科学基金委员会科研诚信管理的最高依据是 2007 年 2 月出台的《国家自然科学基金条例》，其中涉及科研诚信的主要包括两个部分：一是建立项目负责人、依托单位、评审专家的信誉档案；二是对申请人、项目负责人及基金管理人员行为不端的处罚规定。此外，《国家自然科学基金委员会监督委员会对科学基金资助工作中不端行为的处理办法（试行)》是科研诚信管理的具体规定，对科研不端行为按照行为主体及违规事项做出了细致分类，为查处科研不端行为的具体执行提供了详细的操作依据。

此后，加强我国科研诚信建设的要求更加强烈，并且从科技计划领域扩大到整个科研学术共同体。2009 年，科学技术部、教育部、中国科学院、中国工程院、国家自然科学基金委员会和中国科学技术协会等 10 个部门和单位联合发布《关于加强我国科研诚信建设的意见》，明确指出加强我国科研诚信建设刻不容缓，并在推进科研诚信法制和规范建设、改革考核评价与奖励制度、建立健全科技信用管理体系、建立科研诚信教育制度等方面做出具体规定。

在我国，教育部并不直接承担机构或者个人的学术不端行为的监督与查处，而是将直接管理权限赋予了高等学校，教育部仅承担科研诚信建设的督促、指导与协调职能。2009 年，教育部下发的《教育部关于严肃处理高等学校学术不端行为的通知》，明确了高校对学术不端行为的直接管理责任，高校应依照国家法律法规和有关规定，建立健全对学术不端行为的惩处机制，制定切实可行的处理办法。此后，为进一步明确高校作为科研诚信管理责任主体的地位，2016 年，教育部发布《高等学校预防与处理学术不端行为办法》，主要涉及教育与预防、受理与调查、认定、处理、申诉与复查、监督等方面。

专栏 18-1：国内主要科研院所、高等院校科研诚信管理规定

北京大学：建立科研不端行为三级治理体系

北京大学 2003 年发布《北京大学教师学术道德规范》，规定北京大学对科研不端行为的治理分为三级管理：校长（校长办公室）、校学术委员会下设的校学术道德委员会、院系学术委员会。

华中科技大学：对学术不端行为的界定、举报和认定做出系统规定

华中科技大学 2010 年，发布《华中科技大学学术道德规范及学术不端行为处理规定》。主要涉及基本学术道德规范、学术不端行为的界定、不端行为的举报和认定、不端行为的处理、申诉和复查等。在校学术委员会中设立学术道德监督委员会，负责受理学术不端行为举报。

中国科学院：对科研不端行为实行二层管理

中国科学院 2007 年 2 月发布《中国科学院关于加强科研行为规范建设的意见》，在科研不端行为治理上，主要实行二层管理。诚信管理的直接权限交给院属机构，设立院属机构科研道德组织，负责科研道德建设和科学不端行为处理。同时，设立中国科学院科研道德委员会，承担指导和仲裁的责任。

第二节　科普政策

一、我国科普政策发展历程和趋势

科普是指以浅显的、公众易于理解、接受和参与的方式向普通大众介绍自然科学和社会科学知识、推广科学技术的应用、倡导科学方法、传播科学思想、弘扬科学精神的活动。总体上来看，我国科普工作起步较晚，正在从政策走向法制，从全民普及走向重点人群攻关。提升科学普及水平越来越成为促进我国经济社会发展与国家创新能力提升的重要途径。1994 年 12 月，《中共中央、国务院关于加强科学技术普及工作的若干意见》发布，这是中共中央和国务院共同发布的第一个全面论述科普工作的纲领性文件。2002 年 6 月，《中华人民共和国科学技术进步法》总则中明确提出国家发展科学技术普及事业，普及科学技术知识，提高全体公民的科学文化素质，充分体现了党和政府对加强科普工作的高度重视，标志着科普工作纳入了法制化轨道。2006 年 2 月，国务院发布了《国家中长期科学和技术发展规划纲要(2006—2020 年)》，提出“实施全民科学素质行动，加强国家科普能力建设，建立科普事业的良性运行机制”三项任务。同年，国务院制定出台《全民科学素质行动计划纲要（2006—2010—2020 年)》，提出到 2010 年，科学技术教育、传播与普及有较大发展，公民科学素质明显提高，达到世界主要发达国家 20 世纪 80 年代末的水平。到 2020 年，科学技术教育、传播与普及有长足发展，形成比较完善的公民科学素质建设的组织实施、基础设施、条件保障、监测评估等体系，公民科学素质在整体上有大幅度的提高，达到世界主要发达国家 21 世纪初的水平。2012 年，科学技术部制定发布了《国家科学技术普及“十二五”专项规划》明确了“十二五”时期我国科学技术普及的重点任务，包括推进重点人群科学素质工作、加强国家科普能力建设、增强大众传媒科技传播能力、强化若干重点领域科普工作、鼓励经营性科普产业发展、构建应急科普宣传机制及积极开展国际科普交流与合作等。

据《中国科普统计（2015 年版)》显示，经过多年努力建设，我国科普事业发展成效显著，科普人员队伍持续壮大，2014 年，全国共有科普人员 201. 23 万人，比 2013 年增长 1. 72%，每万人口拥有科普人员 14. 71 人；科普经费投入不断增加，2014 年，全社会科普经费筹集额为 150. 03 亿元，比 2013 年增加了 17. 84 亿元，增长 13. 49%；科普基础设施建设进展明显，2014 年，全国共有科技馆和科学技术博物馆

1133个，比2013年增加75个，增加7.09%；科普传播媒介形式多样，2014年，全国共出版科普图书8507种，比2013年增长1%；科普活动内容日益丰富，2014年，全国共举办科普（技）讲座89.97万次，举办科普（技）专题展览14.64万次，各类机构共举办科普（技）竞赛4.88万次；公民科学素质逐渐提高，2015年我国具备科学素质的公民比例达到了6.20%，圆满完成了“十二五”我国公民科学素质水平超过5%的目标任务。

二、我国现有重点科普政策

为贯彻实施《全民科学素质行动计划纲要（2006—2010—2020年）》，2006年至今，我国各级政府部门在推动科学技术普及方面制定了一系列政策，主要包括以下几个方面。

一是积极推进科普设施及配套条件建设，重视盘活现有资源，不盲目改建扩建。科普公共基础设施是科学技术普及工作的重要载体，是为公众提供科普服务的重要平台，2008年，国家发展和改革委员会等4部门联合发布了《科普基础设施发展规划（2008—2010—2015）》，从国家层面强化总体战略部署，加强对科普基础设施建设和运行的宏观指导。该规划还提出我国科普基础设施发展的指导方针是“提升能力，共享资源，优化布局，突出实效”，并提出到2015年，使我国科普基础设施的整体服务能力大幅度增强，公众提高自身科学素质的机会与途径明显增多。科普资源配置得到优化，科普基础设施总量明显增加，形成较为合理的全国整体布局；科普展教资源的研发能力和产业化水平明显提高，形成公益性和经营性相结合的展教资源研发体系，展教资源产业初具规模；科普基础设施长效发展的保障体系基本建立。为大力提升我国科学传播能力，切实提高国家科普公共服务水平，2014年，《中国科协关于加强科普信息化建设的意见》出台，提出要借助信息化技术手段，丰富科普内容，创新传播方式，并推动科普信息化建设机制创新。2015年，国务院办公厅印发《国务院办公厅关于推进基层综合性文化服务中心建设的指导意见》，指出基层综合性文化服务中心要采取盘活存量、调整置换、集中利用等方式进行建设，不搞大拆大建，凡现有设施能够满足基本公共文化需求的，一律不再进行改扩建和新建。同时还要明确功能定位、丰富服务内容和方式、创新基层公共文化运行管理机制。

二是向重点区域倾斜，根据农村、县域和少数民族地区实际情况制定具有针对性的科普政策。为了提高农民科学素质，助力社会主义新农村建设，2006年，中国科学技术协会制定了“科普惠农兴村计划”，在全国评比、筛选100个农村专业技术协会，100 个农村科普示范基地，100 名农村科普带头人，10 个少数民族科普工作队，给予 5 万 ~50 万元的奖补金额。同年，为与“科普惠农兴村计划”有机结合，全面促进县（市）科技进步，科学技术部发布了《关于加强县（市）科技工作和科普事业发展的指导意见》，提出要扎实推动全国科技进步示范市（县、区）和全国科普示范县（市）创建工作，同时结合星火计划等，切实加强面向农民的科技培训、科普宣传工作，提高农民科学素质。为进一步推动少数民族和民族地区科技事业发展，帮助民族地区提高自主创新能力，2008 年，国家民族事务委员会联合科学技术部、农业部、中国科学技术协会发布了《中国科协办公厅关于进一步加强少数民族和民族地区科技工作的若干意见》，提出了加强少数民族和民族地区科技工作的八项重点任务，主要包括加强向少数民族和民族地区科技项目的扶持力度、推进以改善少数民族和民族地区民生为重点的科技进步、加强面向少数民族和民族地区的科技基础条件建设等内容。

三是从强调科普硬件建设向重视科普能力及环境建设转变。为充分发挥科研机构和大学在科普事业发展中的重要作用，营造全社会激励自主创新的环境，2006 年，科学技术部等 7 部门联合印发《关于科研机构和大学向社会开放开展科普活动的若干意见》，提出到 2008 年底前，实现中国科学院所属科研机构、国务院部门所属社会公益类科研机构和进入“211 工程”的相关大学率先实现向社会开放。2010 年底前，其他部门、地方所属科研机构和大学要积极创造条件，借鉴先期开放的科研机构和大学的经验与做法，实现向社会开放。2007 年，科学技术部出台《关于加强国家科普能力建设的若干意见》，围绕营造一个激励全社会广泛参与科普事业发展的社会环境，推动我国科普能力的不断增强，促进公民科学素质不断提高的总体目标，提出“十一五”期间加强国家科普能力建设的 6 项主要任务，包括繁荣科普创作，大力提高我国科普作品的原创能力；完善中小学科学教育体系，提高科学教育水平；完善政府与社会的沟通机制，促进公众理解科学等。

四是大力推进科普人才队伍建设，为科普事业发展提供支撑。为改善我国科普人才无法满足需求的现状，中国科学技术协会组织制定了《中国科协科普人才发展规划纲要（2010—2020 年）》，提出到 2020 年，全国科普人才总量达到 400 万人，整体素质明显提高，结构明显优化，地区布局、行业布局趋于合理的目标，实施农村科普人才队伍建设、城镇社区科普人才队伍建设、企业科普人才队伍建设、青少年科技辅导员队伍建设、科普志愿者队伍建设及高端和专门科普人才队伍建设六大科普人才建设工程。科学技术与工程等专业人员也逐渐被吸纳到科普队伍来，作为推进我国科普工作的重要力量。2013 年，中国科学技术协会发布《中国科协办公厅关于组建科学传播专家团队的通知》，在全国范围内遴选科学传播专家，在开展科普创作、进行科普传播及拓展科普工作等方面发挥具体作用。

五是通过科普事业税收优惠，促进科普产业发展。2003年，财政部、国家税务总局、海关总署、科学技术部和新闻出版总署联合发布了《财政部 国家税务总局 海关总署 科技部 新闻出版总署关于鼓励科普事业发展税收政策问题的通知》，规定2005年底以前，对综合类科技报纸和科技音像制品在出版环节的发行收入，实行增值税先征后退办法；并对科技馆、自然博物馆等科普场所门票收入及这些机构从境外购买自用科普影视作品播映权而进口的拷贝、工作带做出免征相关营业税和关税、增值税等规定。为实施《关于鼓励我国科普事业发展税收政策问题的通知》，科学技术部、财政部等5部门又联合发布了《科普税收优惠政策实施办法》，就科普基地、科普活动等的认定工作做出明确规定。为了进一步促进科普产业发展，经国务院批准，2013年12月，财政部、国家税务总局印发了《关于延续宣传文化增值税和营业税优惠政策的通知》，明确规定国家对科普税收优惠政策延续至2017年。在进口税方面，2012年，财政部出台《关于鼓励科普事业发展的进口税收政策的通知》，规定2012～2015年底，科普场所购买相关科普影视作品免征进口关税，不征进口环节增值税。此后，2016年财政部发布通知，此项优惠政策延续至2020年底。

三、地方及国外科普政策

为了加强各地方科学技术普及工作，提高各地方公民的科学文化素质，推动地方经济发展和社会进步，我国各地方政府纷纷制定了本省份的科学技术普及条例，对科普工作定义、内容与形式、管理与组织、社会责任、保障措施等方面进行了详细规定。此外，还有一些地方制定了科学技术普及发展规划纲要和全民科学素质行动计划，进一步推动本地区科学技术普及工作。

专栏18-2：地方科学技术普及政策典型

北京市：明确规定科普工作者权利和义务

1998年《北京市科学技术普及条例》出台，对科普工作者的权利和义务做了详细规定。科普工作者享有依法创办或者参加科普组织，自主开展科普活动；从事科普研究、创作，参加科普学术交流；申请科普项目经费，获得科普创作、出版资金资助；评定专业技术职称并享受相应待遇等权利。同时，科普工作者应当履行按照本条例的规定，面向公众开展科普工作，传播科学技术知识、科学方法和科学思想；抵制反科学、伪科学，同封建迷信、愚昧落后现象做斗争等义务。

江西省：注重做好重点人群科普工作

2007年《江西省科学技术普及条例》由江西省第十届人民代表大会常务委员会审议通过。该条例着重强调做好重点人群的科普工作，规定未成年人、农民、城镇劳动者、公务员是科普工作的重点人群。各级人民政府、有关部门和单位应当采取有效措施，加强重点人群科普工作，提高重点人群的科学素质，带动全体公民科学素质的整体提高。

四川省：规定全省科普活动月和科技活动周

1999年8月《四川省科学技术普及条例》出台（2012年9月修订）。规定每年3月为全省科普活动月，主要开展面向农村的送科技下乡活动；每年5月的第3周为科技活动周，主要开展面向社区的系列科普活动。鼓励科学研究和技术开发机构、高等院校、农村基层组织及农村经济组织、高新技术产业开发区和各类科技产业园及企业结合实际，普及科学技术知识，推动省内科普工作。

浙江省：全省公民基本科学素质继续保持全国首位

2016年浙江省出台《浙江省科普事业发展“十三五”规划》。深入实施《中华人民共和国科学技术普及法》《全民科学素质行动计划纲要（2006—2010—2020年）纲要》，进一步加强科普服务能力建设，优化科普工作环境，全面提升全省公民科学素质整体水平。至2020年，全省公民具备基本科学素质比例超过13%，继续居全国各省（自治区、直辖市）前列。

内蒙古自治区：稳步提升全区公民具备基本科学素质比例

2016年内蒙古自治区制定《内蒙古自治区全民科学素质行动计划纲要实施方案（2016—2020年）》，提出到2020年，全区公民具备基本科学素质的比例达到10%的目标。并实施青少年科学素质行动、农牧民科学素质行动、城镇劳动者科学素质行动、领导干部和公务员科学素质行动及科技教育与培训基础工程六大工程。

随着时代发展，国家之间的竞争也越来越转向了国民素质的竞争。各国在开展科学技术普及，推进公民科学素质提升方面进行了积极实践。一是通过立法确立科普工作的目标和任务，并建立相应的政策体系。法国的《法国科学技术指导法》、日本的《科学技术基本法》、韩国的《科学技术振兴特别法》等法律中都包含了科普的内容，为推动科学技术普及发挥了重要的作用。一些国家的税法还对包括科普在内的各种公益事业的捐赠给予税收优惠，如美国规定，科技场馆通过卖门票、销售科普纪念品等获得的收入可以全部用于弥补场馆运行开支，社会组织和个人对科普公益事业的捐资，可以在年收入的一定比例内予以税收优惠，这些规定有效地激发了民间对科普事业的投资热情。二是通过政府长期经费支持与发展计划制定，保证科普事业发展。在“科学技术立国”政策影响下，从20世纪60年代末起，韩国推进了多种的科学技术大众化事业。第一，形成一种全国国民尊重科学、科学技术能用于日常生活当中的科学风气。组织“新村技术服务团”，开展指导农业生产和环境改善技术、普及一般科学常识等活动。第二，全国国民都要掌握一门以上的技能或技术，实现国家的发展、提高自己的生活质量。第三，通过研究界和产业界的共同协作，努力形成一种奖励企业技术开发的氛围。此后，1997年被宣布为“科学大众化元年”，韩国政府采取一切措施，促进科学文化的形成。为了5年之内实现科学技术的跨世纪发展，韩国制定《科学技术振兴特别法》，并以此法作为制定、推行重点课题的基本法，该法明文规定，韩国科学文化财团为科学技术事业的推进主体，并设立以科学技术文化事业振兴为目标的“科学技术文化基金”。

第三节　科技奖励政策

一、我国科技奖励政策发展历程和趋势

科技奖励在调动科研人员的积极性和创造性、促进科技发展和提高综合国力方面，具有重要作用。我国科技奖励事业与中华人民共和国科技发展同步，经过多年发展，科技奖励已经成为国家人才政策、科技政策的重要组成部分。

中华人民共和国成立之初，我国就建立了对科技人才的激励政策。1950年8月，政务院下达了首个奖励决定——《政务院关于奖励有关生产的发明、技术改进及合理化建议的决定》。1954年5月，政务院正式颁布《有关生产的发明、技术改进及合理化建议的奖励暂行条例》，由此，我国正式建立起科技奖励制度。1963年，国务院颁布了《中华人民共和国发明奖励条例》和《技术改进奖励条例》，同时废止了《保障发明权与专利权暂行条例》与《有关生产的发明、技术改造及合理化建议的奖励与所行条例》。此后，科技奖励工作一度停滞。1978年12月，国务院发布了重新

修订的《中华人民共和国发明奖励条例》，恢复了国家发明奖，并增大了对科技发明的奖励力度。1979年，国务院发布《中华人民共和国自然科学奖励条例》，专门奖励自然科学研究成果。1982年3月，国务院发布《合理化建议和技术改进奖励条例》，这是对1963年的《技术进步奖励条例》的修订。1984年9月，国务院发布了《中华人民共和国科学技术进步奖励条例》，该条例规定科学技术进步奖分为国家级和省、部级两级，标志了国家科技进步奖正式启动，这是对我国科技奖励制度的进一步完善。1985年，国家科学技术奖励工作办公室成立，对推动科技奖励工作的科学化、规范化、法制化起到了积极作用。1999年，《国家科学技术奖励条例》《省、部级科学技术奖励管理办法》和《社会力量设立科学技术奖管理办法》相继发布实施，标志着国家对科学技术奖励制度实行重大改革，中国特色科技奖励体系建立。

二、国家级科技奖励政策

1999年4月，国务院发布《国家科学技术奖励条例》，设立国家最高科学技术奖、国家自然科学奖、国家技术发明奖、国家科学技术进步奖与中华人民共和国国际科学技术合作奖五大国家科学技术奖。同年，科学技术部公布了《国家科学技术奖励条例实施细则》，对奖励范围和评审标准、评审机构、推荐、评审、异议及处理，以及授奖等环节做出具体规定。此后，2004年12月，对《国家科学技术奖励条例》及《国家科学技术奖励条例实施细则》进行第一次修订，对我国国家科学技术奖励政策及实施进行了一系列调整：①转变激励导向，评奖原则由原来的单纯鼓励自主创新，转变为鼓励团结协作、联合攻关及鼓励自主创新；②扩大奖励范围，一是对各类奖项的授奖人数做出了规定，国家自然科学奖、国家技术发明奖和国家科学技术进步奖特等奖可不受原来授奖人数限额的规定，数量不限；二是降低院士推荐标准，将中国科学院院士、中国工程院院士每年度可5人以上共同推荐1名（项）所熟悉专业的国家科学技术奖降低为3人以上；③严格评审流程及标准，一是对评审委员会专家做出更加严格的规定，要求国家科学技术奖评审委员会委员连续任期不得超过两届；二是国家科学技术奖初评由无记名投票表决改为记名投票；④重视评审监督，一是在国家科学技术奖励委员会中设立科学技术奖励监督委员会，负责对国家科学技术奖的推荐、评审和异议处理工作进行监督；二是国家科学技术奖励实行评审信誉制度。科学技术部对参加评审活动的专家学者建立信誉档案，信誉记录作为提出评审委员会委员和评审组委员人选的重要依据。

为进一步做好国家科学技术奖励工作，保证国家科学技术奖的评审质量，2008

年12月对《国家科学技术奖励条例》及《国家科学技术奖励条例实施细则》做了第二次修订，主要调整内容包括：①对社会力量设奖进行了进一步规定，社会力量设立面向社会的科学技术奖，应当在科学技术行政部门办理登记手续，具体办法由国务院科学技术行政部门规定。②更加明确激励导向，由促进科技成果商品化和产业化转变为促进科技成果向现实生产力转化，促进国家创新体系建设和创新型国家建设。③逐渐限制授奖数量，一是调整国家科学技术进步奖特等奖授奖人数和单位数，由数量不限改为单项授奖人数不超过50人，授奖单位不超过30个；二是国家自然科学奖、国家技术发明奖和国家科技进步奖每年奖励项目总数不超过400项。其中，每个奖种的特等奖项目不超过3项，一等奖项目不超过该奖中奖励项目总数的15%。④进一步提升项目评审标准，一是增加国家自然科学奖、国家技术发明奖、国家科技进步奖等成果产生的影响及应用的年限，由1年增加到3年；二是对经评定未授奖的国家自然科学奖、国家技术发明奖和国家科学技术进步奖候选人、候选单位，由连续2年参加评审未予授奖的，如再次推荐须隔1年进行，改为如果再次以相关项目技术内容推荐须隔1年进行。

为了调动国防科学技术工作者的积极性与创造性，促进国防现代化建设和国民经济的发展，根据《国家科学技术奖励条例》，国防科学技术工业委员会2004年制定了《国防科学技术奖励办法》，对在武器装备及其配套产品的科研、生产、试验及相关工作中取得的科学技术成果，在核、航天、航空、船舶、兵器、电子等国防科技工业主导产业的军民两用技术、产品开发中，完成科学技术创新、科学技术成果转化取得的科学技术成果等方面做出突出贡献的单位和个人给予奖励。国防科学技术奖设一等奖、二等奖、三等奖，奖励项目实行限额申报、限额授奖．每年评审一次。

我国国家科学技术奖励体系不断完善，营造了公平公正的创新环境，培育了崇尚创造的创新文化。1999～2014年，25位著名科技专家获得国家最高科学技术奖，42 305人次获得国家自然科学奖、国家技术发明奖、国家科学技术进步奖三大奖，汇聚了全社会建设创新型国家的强大合力；奖励了4706项科技成果，引导科技创新围绕国家发展战略发力，科技奖励引导科技工作面向经济建设主战场，促进了科技与经济社会发展紧密结合；中华人民共和国国际科学技术合作奖表彰了18个国家的76位外籍专家和2个组织，提高了我国科技创新的国际合作水平。

三、地方及民间科技奖励政策

在国家科技奖励之外，我国各地方政府及社会也设立了相应的科学技术奖励，共同形成我国科学技术奖励体系。1999 年，科学技术部发布《省、部级科学技术奖励管理办法》，规定省、自治区、直辖市人民政府可以设立一项省级科学技术奖，省、自治区、直辖市人民政府所属部门不再设立科学技术奖，同时，国务院所属其他部门也不再设立部级科学技术奖。省级科学技术奖根据本地区实际情况，可以自行设立奖励等级，但也要实行异议制度，接受社会监督。

专栏 18-3：地方科学技术奖励政策举例

广东省：设特等奖奖励特殊贡献的公民和组织

2000 年《广东省科学技术奖励办法》出台，规定广东省省科学技术奖分为自然科学类、技术发明类和科学技术进步类三类。省科学技术奖分为一等奖、二等奖、三等奖 3 个等级。在当代科学技术前沿取得重大突破或者在科学技术发展中卓有建树的；在科学技术创新、科学技术成果转化和高新技术产业化中，对省经济建设与社会发展做出特殊贡献的公民和组织，经省科学技术奖评审委员会评议提名，报省人民政府批准，可授予特等奖。广东省科学技术奖每年评审一次。

陕西省：省科学技术最高成就奖奖金 100 万元

2009 年《陕西省科学技术奖励办法》出台，2015 年第一次修订。陕西省科学技术奖分为最高成就奖、基础研究重大贡献奖和一等奖、二等奖、三等奖。其中，省科学技术最高成就奖和基础研究重大贡献奖每年授予人数不超过 2 名，可以空缺。省科学技术奖一等奖、二等奖、三等奖每年奖励项目不超过 260 项。省科学技术最高成就奖奖金为 100 万元，其中 20 万元属获奖者个人所得，80 万元作为获奖者的科研补助经费。省基础研究重大贡献奖奖金为 80 万元，其中 20 万元属获奖者个人所得，60 万元作为获奖者的科研补助经费。省科学技术奖一等奖奖金 6 万元，二等奖奖金 3 万元，三等奖奖金 1 万元。

云南省：在奖励委会员之外设立专业评审委员会

2000 年《云南省科学技术奖励办法》出台。规定在设立 10 ~ 15 人的奖励委员会之外，还根据当年评审工作需要，设立若干专业评审委员会。专业评审委员会的主要职责是：负责评审本专业范围内的云南省科学技术奖；向奖励委员会报告评审结果；对云南省科学技术奖评审工作中出现的有关问题进行处理；为完善云南省科学技术奖励工作提供咨询意见。专业评审委员会设主任委员 1 人、副主任委员 1 ~ 2 人，委员若干人。专业评审委员会委员实行资格聘任制，任期一年。

1999 年，科学技术部发布《社会力量设立科学技术奖管理办法》，对社会力量设奖的登记管理等方面进行了规定。2006 年，科学技术部对《社会力量设立科学技术奖管理办法》进行了修订，主要包括以下几个方面：①扩大了设奖者的范围，明确了设奖者地域范围。一方面，社会力量设立科学技术奖是从“国（境）内外企业事业组织、社会团体及其他社会组织和个人”转变为“国家机构以外的社会组织或者个人”；另一方面，由“面向社会设立”转变为“在中华人民共和国境内面向社会设立”的经常性的科学技术奖。②加强对社会力量设立科学技术奖的登记管理。一是管理更加规范，社会力量设立科学技术奖应当办理登记手续转变为社会力量设立科学技术奖实行登记管理制度；二是社会力量设立科学技术奖应当按照一定的周期连续进行相关授奖活动，奖励周期的间隔最长不得超过三年，且授奖活动开展次数不得少于 3 个周期；三是规定《中华人民共和国社会力量设立科学技术奖登记证书》的有效期为 3 年。③增加了社会力量设奖的资金规定。社会力量设立科学技术奖应当有与其科学技术奖励活动相适应的资金规模和资金来源，资金来源必须合法，不得利用国家财政性经费或者银行贷款，并且资金的使用必须与出资者相对独立。④加强社会力量设立科学技术奖的公众监督。新增“准予登记的社会力量设立科学技术奖，应当在科学技术部门户网站、国家科学技术奖励网站或者登记管理机关指定的其他报刊、媒体上公布，供公众查阅”的规定。

2013 年 5 月 15 日，国务院颁布《国务院关于取消和下放一批行政审批项目等事项的决定》，其中第 51 项要求取消“社会力量设立的面向全国、跨国境和跨省区域的科学技术奖登记”。2013 年 6 月以后，社会力量新设立科学技术奖项不需要再到国家科技奖励工作办公室登记备案。随着部门设奖的取消和国家科技奖励的不断收缩，以及社会力量设奖不断规范和壮大，政府及公众对社会力量设奖的重视和信任逐渐提升，社会力量设奖将成为今后我国科技奖励发展的重要趋势。

专栏 18-4：社会力量设立科学技术奖举例

神农中华农业科技奖

神农中华农业科技奖是经农业部、科学技术部批准设立的面向全国农业行业的综合性科学技术奖，是我国农业行业设立的唯一综合性科技成果奖，获奖成果在一定程度上代表着农业行业的科技发展水平。神农中华农业科技奖接受全国农业行业（农业、畜牧、兽医、水产、农垦、农机、农业工程、农产品加工等）及其他行业与农业相关项目的申报，奖励范围包括科学研究成果和科普类成果。神农中华农业科技奖每年评奖一次，一等奖不超过5项，二等奖不超过10项，三等奖约为50项。对有特大贡献、产生巨大效益和影响的农业科技成果，可视情况设立特等奖。

华夏建设科学技术奖

华夏建设科学技术奖由中国建筑设计研究院设立，建设部科技发展促进中心负责承办的建设领域科学技术奖。奖励范围是在城乡规划、村镇规划、工程建设、城市建设、村镇建设、建筑业、住宅房地产业、勘察设计咨询业、市政公用事业中的新技术、新产品、新工艺、新方法、新材料、计算机软件等建设科技成果；引进、消化、吸收、开发、应用国外先进技术与产品；为行业服务的标准、规范、科技信息、科技档案等科技基础性成果；为决策科学化与管理现代化的软科学研究成果；已有科技成果有组织、有措施进行大规模推广应用的成果等。

大禹水利科学技术奖

大禹水利科学技术奖是经国家科学技术部批准，由中国水利学会设立和承办，面向全国水利行业的科学技术奖。大禹水利科学技术奖的奖励设置包括应用研究及应用基础研究成果、技术开发与发明成果、应用推广先进科学技术成果及其他科学技术成果。评奖采取召开评审委员会评审会议的方式，与会专家人数不少于21人。大禹水利科学技术奖每年评审一次，分设一等奖、二等奖、三等奖，各等奖的奖项数量按推荐项目数量的适当百分比确定。一等奖获奖成果的受奖单位不超过9个，获奖人员不超过15名。二等奖获奖成果的受奖单位不超过7个，获奖人员不超过10名。三等奖获奖成果的受奖单位不超过5个，获奖人员不超过7名。

四、国外科技奖励政策

科技奖励是世界各国普遍采用的创新激励手段。美国、英国、日本、俄罗斯等国家制度化的科技奖励要早于我国，并且随着科学技术的发展不断完善，主要呈现以下几点特征。

第一，科技奖励活动种类繁多、模式多元。概括起来，世界科技奖励体系分为三种模式：以美国为代表的分散、多元模式；以俄罗斯为代表的集中分层模式；以日本为代表的集中与分散相结合的混合模式。以美国为例，与分散、多元模式的科技管理体制相对应，美国科技奖励呈现出多渠道设奖、资金来源多样、运行方式各异的分散、多元化特点。由政府、学术机构、私营企业设立了各个层面的奖励，以美国总统名义授予的美国总统奖是最高的官方科技奖励，与科研相关的商务部、能源部、农业部等各部也设有少量的科技奖，由学术机构、私营企业或个人等社会力量设立的科技奖则难计其数。军队也设立了本系统的科技奖励，美国国防部、各军种、国防部业务局和各军种下属的研究实验室都设有科技奖项，形成了种类繁多、数量庞大的军队科技奖励体系。

第二，重视建设与完善科技奖励法规体系。美国没有专门的科技奖励法，其关于科技奖励的法律、政策体现在与科技有关的各个门类的法律、法规和政策性文件中。例如，《美国法典》的 50 个专题中，涉及科技奖励的主要有“政府机构与雇员”专题中对联邦雇员的奖励政策和“武装力量”专题中对军队人员的奖励政策。在执行层面，往往不同的奖项都有相应的规章规范其具体内容，各种奖励的权威性不完全依赖授奖主体的行政级别，主要看此奖项的声誉和公信力。1881 年，日本政府就颁布“太政官公告第 63 号”并制定了“奖章条例”，对奖章授予工作进行官方规定。1937 年，日本颁布了“文化勋章令”制定设立“文化勋章”，授予在科学技术和艺术文化方面有显著功绩者。2004 年，日本文部科学省通过了“科学技术领域文部科学大臣表彰规程规定”，同时设立该奖项，奖励为日本科技发展、科技研发和科普做出突出贡献的研究人员。

第三，科学设置符合本国实际的科技奖励奖项。英国是最早开展制度化科技奖励的国家，自然科学奖励要多于技术发明奖励，如世界闻名的“科普利奖”“达尔文奖”“赫胥黎奖”等科技奖项。随着对技术转化需求的加强，英国的科技奖励拓展到技术、工程等各个领域，如“女王奖”“科学与工程合作奖”“工业与学术界合作奖”等。以“技术立国”的日本善于激励发明创新，设立的绝大多数科技奖都用于奖励发明创造，最有名的“国家科技奖”中的“紫绶奖章”用来奖励重大技术发明人员，同时，还将享有很高声誉的“全国发明表彰”分为“恩赐发明奖”“内阁总理大臣发明奖”“通商产业大臣发明奖”“科技厅厅长发明奖”等不同等级的发明奖。印度则十分重视对基础研究的奖励，尤其是对物理学、农业科学和生物科学的奖励。

第四，普遍采取形式多样的科技奖励形式。美国科技奖励包括奖品、奖章、奖金和资助等多种形式，但获奖者除奖金和荣誉外，基本不能享受晋升、加薪等其他福利。俄罗斯则主要以科技人员工资的倍数来计算奖金，但是，科技奖的地位和影响并不仅仅由奖金的多少决定。此外，很多科技奖注重对获奖者的荣誉奖励和社会宣传，主要发挥对获奖者的精神鼓励作用。例如，德国的科技奖中，有上百种奖项并不颁发奖金。英国“女王奖”也没有奖金，但是规定获奖者可享有使用女王奖标志作为广告等的特权。

参 考 文 献

陈劲等 . 2013. 科学、技术与创新政策 . 北京：科学出版社 .

方新 . 2001. 论科技政策与科技指标 . 科技管理研究，(1)：6-9.

科学技术部 . 2009. 中国科技发展 60 年 . 北京：科学技术文献出版社，科学出版社 .

刘凤朝，孙玉涛 . 2007. 我国科技政策向创新政策演变的过程、趋势与建议——基于我国 289 项创新政策的实证分析 . 中国软科学，(5)：34-42.

彭纪生，孙文祥，仲为国 . 2008. 中国技术创新政策演变与绩效实证研究（1978–2006）. 科研管理，4，134-150.

苏竣 . 2014. 公共科技政策导论 . 北京：科学出版社 .

王秋菊 . 2010. 我国技术创新政策的发展趋势 . 科技成果纵横，(5)：33-35.

薛澜 . 2014. 顶层设计与泥泞前行：中国国家治理现代化之路 . 公共管理学报，(4)：1-6.

OECD. 2011. 创新系统的治理 . 上海：同济大学出版社 .

Atkinson R D, Ezell S. 2015. Principles for national innovation success//Cornell University, INSEAD, WIPO. Effective Innovation Plicies for Development Frontainebleau Ithaca and Geneva, 89-98.

Atkinson R D, Mckay A S. 2014. Digital Prosperity: Understanding the Economic Benefits of the Information Technology Revolution, March. Washington, DC: ITIF. 2014. http://www. itif. org/files/digital_ prosperity. pdf.

Borrás S, Edquist C. 2013. The choice of innovation policy instruments. Technological Forecasting and Social Change, 80 (8): 1513-1522.

Engel K, Shepherd J, Ruppert M. 2015. Innovation and policy: a business perspective//Cornell University, INSEAD, WIPO. The Global Innovation Index 2015: Effective Innovation Policies for Development, Fontainebleau Ithaca and Geneva, 99-104.

Hitt L, Tambe P. 2006. Measuring spillovers from information technology investments. ICIS 2006 Proceedings. 108. http://aisel. aisnet. org/cgi/viewcontent. cgi? article=1229&context=icis2006.

Lundvall B A, Borrás S. 2006. Science, technology and innovation policy//Fagerberg J, Mowery D C, Nelson R R. The Oxford Handbook of Innovation. Oxford: Oxford University Press.

Opare-Atakora D, Donkoh S A, Alhassan A. 2014. Farmer field fora and adoption of Yam integrated pest and disease management technologies in Northern Ghana. Journal of Agricultural Extension and Rural Development, 6 (5): 143-152.

van den Bosch S J M. 2010. Transition Experiments: Exploring Societal Changes Towards Sustainability. Doctoral dissertation.